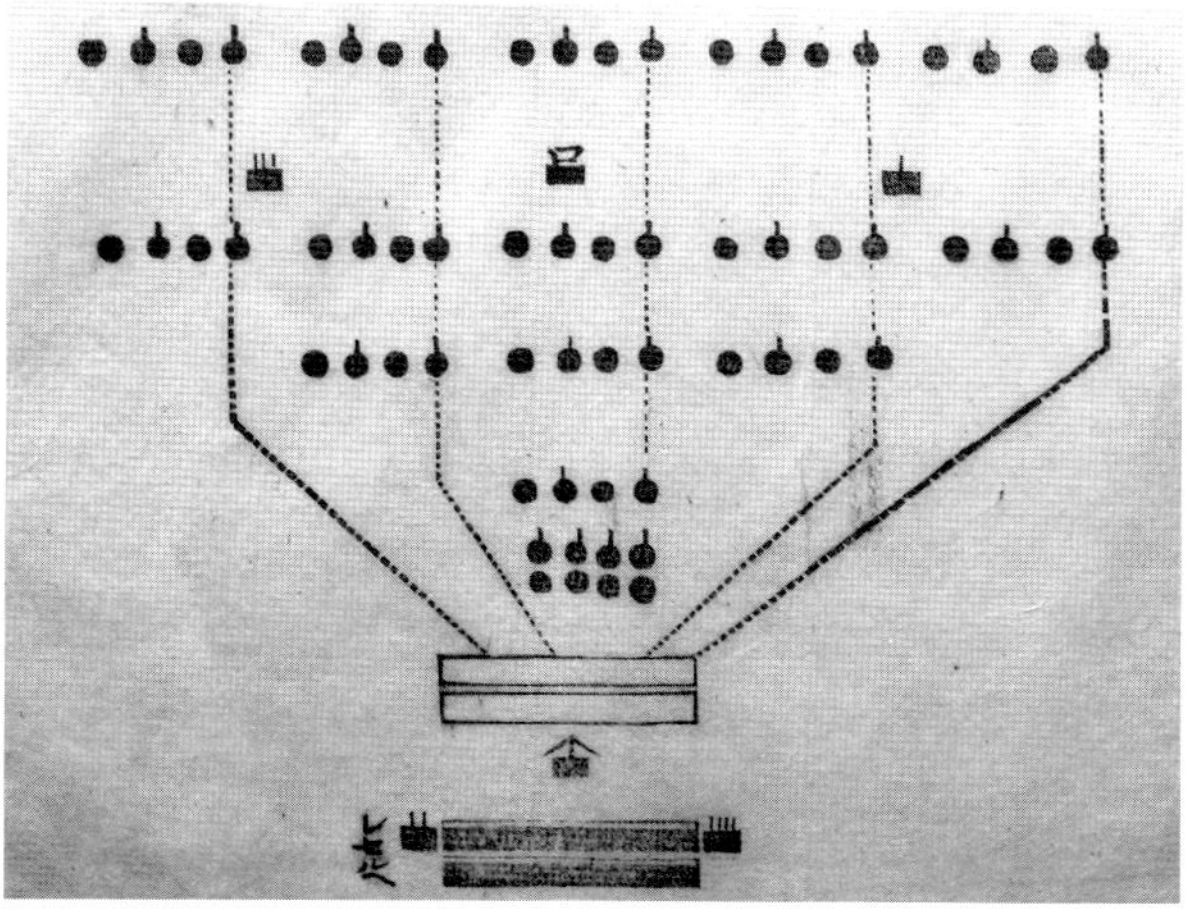

散兵前方展開（「散兵教練書」，山口県立山口図書館蔵）

大島ぐんの図会（山口県立山口博物館蔵）
周防大島を砲撃する幕府軍艦

幕府歩兵隊（「徳川十四代将軍上洛之図」，東京大学史料編纂所蔵）

奇兵隊隊士（明治２年９月下関裏町で撮影，武広家蔵）

日本歴史叢書 新装版

幕長戦争

三宅紹宣［著］

日本歴史学会編集
吉川弘文館

目次

口絵

散兵前方展開
大島ぐんの図会
幕府歩兵隊
奇兵隊隊士

挿図

挿　表

はじめに

幕長戦争は、長州藩を攻撃した幕府側が敗退したことにより、その権威を失墜させ、幕府権力解体の上で重要な転換点となった戦争である（小野正雄『幕藩権力解体過程の研究』）。イギリスの通訳官アーネスト・サトウは、西郷隆盛に「此《こ》の度《たび》長州征討の様、誠に柔弱の次第にて、彼の一国（長州藩―三宅注。以下、三宅注は省略する）さえ破り得ざる幕府、迚《とて》も日本を制御《せいぎょ》致すべき道理もこれなく、ケ程弱いものを援けらるるものにてはこれなし」（慶応三年八月四日付、桂右衛門宛西郷隆盛書簡『西郷隆盛全集』二）と語り、一藩でさえ打ち破ることができなかった幕府では、とても日本を制御することはできないと、幕府を見限る姿勢を鮮明にしている。もちろん、サトウの見解がイギリス公使館を代表するものではないが、西洋列強の帰趨《きすう》を決する上でも大きな影響を与えた戦争であった。

しかし、その実証的研究は進んでいない。そのため明治維新史研究においては、慶応二年（一八六六）の研究は空白のままとなっている。たとえば、長州藩を軸とした明治維新の政治過程を体系化した田中彰『明治維新政治史研究』では、慶応元年に討幕派が成立したとみて、その慶応改革を分析した後、幕政改革と対比しつつ慶応三年の政治的対抗の分析に移っている。田中氏を批判する青山忠正『明治維新と国家形成』においても、島津家盟約（薩長盟約）の後は、徳川慶喜の将軍職就任など政局の分析に移っている。同様に高橋秀直『幕末維新の政治と天皇』も、薩長同盟の後は、慶応三年の政治過程の分析に移っている。一方、慶応期の幕府側の政治過程については、久住真也『長州戦争と徳川将軍』によって、新しい分析視角から精緻化が図られている。しかし、いずれにしても慶応三年の政局の前提となる幕長戦争の実証的研究は進んでいないのである。

実証研究が進まない原因は、敗退した征長軍側の史料が、まとまった形で残存しておらず、もっぱら長州藩側の史料に依拠して戦争の過程が叙述され、また、史料が当事者による報告・記録か、他地域での伝聞か、あるいは後代の回想録かなど、史料の性格に留意しないで使用され、事実の確定が出来ていないためである。

幕長戦争の代表的叙述として『修訂防長回天史』があり、今日でもよく利用されるが、誤記があり、また引用史料の典拠が明記されておらず、史料の性格が判明しないなどの問題点がある。また、戦場となった大島口、芸州口、石州口、小倉口の地元の各自治体史は、地元地域の戦争の動きを伝えていて貴重であるが、戦争の全体像が浮かびあがってこない。なお近年、野口武彦『長州戦争』が出版された。これまで記述されることの少なかった幕府軍の動向が詳細に紹介されていて有益であるが、長州軍側の記述は『修訂防長回天史』を踏襲している。

本書では、このような研究状況を克服するため、幕長戦争の四方面の戦争について、長州藩側の史料はもとより、交戦した幕府や諸藩の史料を広く全国的に調査収集し、相互に突き合わせることによって客観的分析を目ざしたい。戦争史料は、自己の戦果を誇大に記述する傾向が強く、事実の確定にはとりわけ困難が伴うが、史料の相互突き合わせを地道に積み重ねることによって実像に迫りたい。

その上で、長州藩の勝因について、もっぱら西洋式兵器の優秀さで説明する従来の通説について再検討したい。西洋式軍隊は、兵士に最新の西洋銃を持たせれば済むという単純なものではなく、銃の操作や組織運動を日常訓練によって体に覚え込ませなければ有効なものにはならない。そのため本格的な西洋式軍隊を作ろうとすると、封建身分制の改編までも必然化させることになる。

本書では、特に長州藩が駆使した散兵戦術について、兵士の自発性という視点から深く掘り下げてみたい。さらに、戦闘状況のみならず、兵站《へいたん》や村落の視点を重視し、非戦闘員である軍夫の動員や戦場での働き、戦争の背後における民衆の動向についても分析し、幕長戦争を総合的に明らかにしたい。

幕長戦争は、結果的には長州藩が勝利したので、今日から見れば、長州藩の勝利は当然のことと思われがちである。しかし、兵力数はもとより、西洋式兵器においても、幕府側が長州藩を上回っており、長州藩が勝利できる可能性は低かった。そのため、開戦前においては、幕府は圧倒的な軍事力を背景にした威圧により、長州藩は屈服してくるものと過信していた。しかし、長州藩は、正当性の論理を貫くことが重要であると考え、処分の受諾《じゅだく》を拒否した。このことは、敗戦により藩がつぶれることとは覚悟していたということであり、藩の存在より正当性の論理を重視する段階に到達していると見ることができる。幕長戦争は、本文でも詳述するように、討幕のための戦争ではなく、幕府に抗戦する抗幕戦争であり、このことは従来の明治維新史研究とのかかわりにおいて明確にしたいと考えているが、その後の政治過程への展望についても触れてみたい。

また、従来の幕長戦争の叙述においては、高杉晋作や奇兵隊の活躍した小倉口戦争が注目されてきているが、四つの口の戦争規模は、長州軍側の配備兵力は、大島口・石州口・小倉口が各一〇〇〇人弱に対し、芸州口は二〇〇〇人規模であり、約二倍の比重をもっている。また幕府側は、広島に征長先鋒総督府を置き、幕府陸軍や海軍および和歌山藩軍などの西洋式精鋭部隊を配置し、大手口と位置づけている。この芸州口において四つの口の中では最も大規模な激戦が繰り広げられた。このような戦争の実態についても、諸史料を突き合わせることによって、可能な限り正確に復元してみたい。

なお、幕長戦争の呼称については、長州戦争、四境戦争、長州征討、長州征伐などがある。長州戦争は、戦争が長州地域で行われたことから呼ばれているものであるが、実際の戦争は、周防大島を除いてすべて長州藩の領域外で行われており、歴史的名辞としては正確ではない。四境戦争は、長州藩側の呼び方で、戦争が長州藩を取り囲む四つの境で行われたことからの名前であり、一つの立場からの名称である。長州征討・長州征伐は、幕府側の呼び方で、当時の幕府側の史料ではよく見られるものであるが、「服従しない者を攻め込んで討つ」「正しい者が悪い者を懲らしめる」という価値観が入っており、客観的なものではない。

「征伐」の名称については、慶応元年（一八六五）九月二十一日に勅許を得ているので、適当であるとする考えかたもありうるであろう。しかし、この勅命については、大久保利通が「非義《ひぎ》の勅命」とよび、至当《しとう》の筋を得、天下万人が御尤《ごもつとも》と存じ奉りてこそ勅命ということができると批判し、勅命として認めない立場を鮮明にしている（佐々木克『幕末政治と薩摩藩』）。勅命であるから「征伐」が正当であるという段階ではなくなっているのである。

また、幕府側の中においても、征伐の論理について、その正当性に疑問を抱く考えがあった。慶応二年（一八六六）七月、板倉勝静《かつきよ》（老中、備中松山藩主）の諮問を受けた備中松山藩の山田方谷《ほうこく》は、慶応元年（一八六五）十月五日に至って初めて交易の条約が勅許されたのであるから、逆にいえば、それ以前における長州藩の攘夷は勅命を奉じたことになり、それを表彰して半賞半罰の裁許をするのが大挽回につながると回答している（『山田方谷全集』三）。

このように政治的立場によって多様な呼び方があるが、本書では、客観性を重んじる歴史研究の立場から、両交戦団体を示す幕長戦争に統一して記すこととしたい。

このことと関連して、現行の高等学校日本史教科書においては、長州征討と表記しているものが多いが、これも学術的な名称に改めてほしいと念願している。

なお、本書で使用する用語について最初に若干の解説をしておきたい。

征長軍　幕府の征長総督府の指揮下にある軍隊で、幕府直轄軍（歩兵隊、持小筒組《もちこづつぐみ》、騎兵組、大砲組、別手組、講武所隊、千人隊、海軍など）および諸藩軍を総称して征長軍と表記することとする。諸藩軍は、内部編制は各藩の軍制に応じて多様であるが、幕府軍目付《いくさめつけ》の指揮のもと、藩単位で作戦に従事している。単なる兵士の寄せ集めではなく、藩の正規軍であるから、たとえば和歌山藩軍のように藩軍と表記を統一する。

長州軍　防長両国には、長州藩（本藩、宗藩）および支藩の長府藩、徳山藩、清末藩《きよすえ》、岩国藩があった。幕長戦争においては支藩の軍隊も参戦したが、統一的指揮は長州本藩が行った。したがって、本藩・支藩の軍を総称して長州軍と表記することとする。なお、長州藩については、城下町名を藩名とする通例に従って、萩藩と称す方法もあるが、文久三年（一八六三）四月十六日、萩から山口へ移《い》鎮《ちん》し、七月二十日には移鎮を藩内に令しているので、通例に従えばこれ以降は山口藩と称することになる。元来「藩」という呼称そのものが江戸時代においては公式なものではないが、本書では、幕末の文書によく見られ、一般にもよくなじんでいる長州藩を用いることとする。

長州軍の編制は、本論のなかで詳述するが、隊や時期によって異なるものの、小隊を基本単位とし、二小隊で一中隊、四中隊で一大隊、すなわち八小隊で一大隊を原則とした。小隊はほぼ三〇人で構成し、隊長（司令士）、押伍、嚮導と兵士から成っていた。また、各小隊の中に五人前後の伍が編制されている。一伍は伍長が率い、押伍はそのあとおさえの役で、伍の後ろあるいは横に位置する。小隊長の副官としての役割を果たした。嚮導は、隊列の整頓や行進、あるいは方向転換のときなどの目標あるいは基準の兵士の役割をつとめる。各隊の本陣は、総管・総督、軍監、参謀、書記などから構成された。

岩国藩　岩国藩は、幕府から藩としての扱いを受けていなかったが、本書では、独自の支配領域（寛永検地で六万石余）を持ち、支配機構、軍制、財政、裁判などを掌握して、政治的・経済的に独立し、藩としての体裁を有していると考えるので藩と呼称することとする。岩国藩は、慶長五年（一六〇〇）毛利氏が防長二国に移封《いほう》された時、東の守として吉川広家《きつかわひろいえ》を配置したことに始まり、同年十一月二日付で、広家宛に領地打渡注文《うちわたしちゅうもん》が出されている。徳川家康からは、城持大名として遇された。寛永十一年（一六三四）、徳川家光の上洛に際し、二代広正は上洛して家光への御目見を希望し、これは実現した。しかし、登城《とじょう》の願いは、無用と却下され、幕府が吉川氏を陪臣《ばいしん》と位置づける画期となり、その後もこの扱いが定着していった。これが本藩による吉川氏の扱いにも影響した。幕末の政治激動の中、長州藩主毛利敬親《たかちか》は吉川氏との関係改善をはかろうとし、文久三年（一八六三）二月七日、萩へ帰着の途中、岩国に立ち寄り、吉川経幹《つねまさ》に今後は支藩の礼をもって遇することを約束した。これにより以後は支藩と同格で長州藩の政治に関与し、幕長戦争では、他支藩と同等に参戦している。なお、岩国藩は、明治元年（一八六八）三月十三日、明治政府によって藩屏《はんぺい》に列せられた。

時刻　戦争史料では、戦闘の展開過程を考える上で、時刻は重要な意味を持つが、時《とき》はすべて現在の二四時間制に換算して記すこととしたい。ただし、当時は不定時法であり、昼夜の長さが季節によって違い、時刻の換算は月日によって異なってくるが、煩瑣になるので、春分・秋分の昼夜が同じ時刻で換算して記す。なお、幕府軍側の史料には、二四時間制の定時法で記したものもある。この場合は、原文の表記をそのまま用いる。

また、子丑などを用いた辰刻《しんこく》制は、本来は定時法であるが、江戸時代、不定時法と混用されていた。また、時間帯を示す用法の場合もある。しかし、いずれにしても多くの場合、時計による計時ではないので、大まかな時刻を示すに過ぎない。なお、十二支の時《とき》をさらに細分する場合に用いる上刻・中刻・下刻が何時《なんどき》に相当するかは、江戸時代においても混乱があって一定していない。ここでは大野広城『青標紙』（天保十一年）に従い、時の初めを上刻、中央を中刻、末を下刻、すなわち午の上刻は四ツ半時（午前十一時）とする説によって換算した。

第一　禁門の変と第一次長州出兵

一　禁門の変

禁門の変の原因　幕長戦争は、元治元年（一八六四）七月十八〜十九日の禁門の変の後、幕府の要請を受けて、七月二十三日、朝廷が長州藩の追討を命じたことに始まる。ここでは、幕府と長州藩の対立点を明確にするために、まず禁門の変をめぐる両者の動きを明らかにしておこう。

禁門の変における長州藩の主張は、七月八日、真木《まき》和泉《いずみ》・久坂《くさか》玄瑞《げんずい》・寺島忠三郎・入江九一《くいち》・中野円太が連署して、朝廷へ提出した嘆願書によく表れている。その要点は、次のようなものである。

アヘン戦争（一八四〇〜四二）以来、対外的危機が起こっている。弘化三年（一八四六）には対外防備を整えるようにと勅命が出された。嘉永六年（一八五三）、ペリー来航以降、西洋列強の圧力はさらに強まり、とくに貿易が開始されて、物価騰貴が起こり、日用品が欠乏し、民衆は困窮している。それを救うため、文久三年（一八六三）、長州藩は外国船を打ち払う行動を実行した。ところが八月十八日政変によって京都から政治勢力を追われた。今は早急に攘夷の国是《こくぜ》を確立すべきである。

（『真木和泉守遺文』）

このように長州藩は、対外的危機が強まる状況において、幕府は充分に対外政策の役割を果たしていないと批判し、それに対してこれまでの長州藩が攘夷に取り組んだ正当性を主張し、早急に攘夷国是を確立すべきことを嘆願しているのである。

長州藩は、文久三年（一八六三）五月、朝廷および幕府の命令を受けて、下関海峡（関門海峡）において外国船を砲撃した。これに対し、六月、アメリカやフランスによる報復攻撃が行われ、近代的軍隊の攻撃によって、長州藩はなすすべもなく大敗した。しかし、朝廷からは勅使正親町公董《おおぎまちきんただ》が下向して攘夷決行を賞賛され、意気はおおいにあがった。これに危機感を強めた公武合体派は巻き返しをはかった。

文久三年八月十八日の早朝、会津藩を中心とする兵は、御所の門を固め、それまで長州藩の担当であった堺町門の警備を免じ、退京を命じた。朝廷内の尊王攘夷急進派公卿は参内《さんだい》・他行・面会を禁止された。八月十八日政変である。これによって三条実美《さんじょうさねとみ》、東久世通禧《ひがしくぜみちとみ》、三条西季知《さんじょうにしすえとも》、四条隆謌《しじょうたかうた》、壬生《みぶ》基修《もとなが》、錦小路頼徳《にしきのこうじよりのり》、沢宣嘉《さわのぶよし》の七人の公卿は、京都を脱して長州藩へ亡命した。いわゆる「七卿落《しちきょうお》ち」である。

長州藩は、京都における政治勢力の回復をめざした。その回復の方法をめぐって、二つの勢力が対立した。一つは、武力を背景にして京都の再制覇をめざそうとする来島《きじま》又兵衛らの激派である。もう一つは、周布《すふ》政之助や高杉晋作らの慎重論を唱えた派である。高杉は、来島の説得を試みたが不調に終わった。京都への進発論はしだいに高まっていった。また、元治元年（一八六四）三月、京都における公武合体派は内部対立を起こし、有力大名は帰国し、隙が生じた。

長州藩の京都進発　京都の情報を久坂玄瑞・入江九一が山口に帰って藩庁へ伝え、五月三十日、当役中が進発論について藩主毛利敬親《たかちか》・元徳《もとのり》父子に伺ったが決定に至らず、さしむき家老福原《ふくばら》越後（元《もと》僴《たけ》）に幕府へ攘夷の嘆願のため江戸行きを、家老国司《くにし》信濃（親相《ちかすけ》）に進発準備について公家へ周旋するための上京を命じた。しかし、老臣浦靱負《うらゆきえ》がその日記に「不決事《ことけつせず》難題千万」（「浦靱負日記」元治元年五月三十日条）と苦衷《くちゆう》の心情を書き留めているように、進発は確固たるものではなかった。ただその準備は進められ、六月四日、世子《せいし》毛利元徳を上京させることとし、六月六日、元徳は小郡宰判《さいばん》（一代官の管轄する行政区域）台道《だいどう》村の繁枝《しげし》原《はら》で軍事操練を行った。

このようななかで六月五日、池田屋事件が起こった。尊王攘夷派は、前年の八月十八日政変によって京都における政治勢力を失ったが、一部は京都に潜伏して勢力回復のための地下工作を行っていた。その志士の一人である枡屋こと古高《ふるたか》俊太郎が新選組に捕えられ、そこから計画が発覚する恐れが生じた。志士たちは善後策を協議するため、三条小橋近くの池田屋へ集まった。そこへ近藤勇以下の新選組が斬り込み、乱闘が二時間余りにわたってくり広げられた。それによって熊本藩の宮部鼎蔵《ていぞう》、長州藩の吉田稔麿《としまろ》、杉山松介ほか、尊王攘夷派の志士が多数犠牲となった。

池田屋事変の報は、六月十二日夜、山口にもたらされた。翌十三日、藩庁政事堂において池田屋事変の詳細が広く伝えられた。浦靱負の日記によれば、池田屋事変は、会津藩その他の勢力七〇〇人余が出動したと記され、まさに戦争状態であった。この情報がもたらされたことにより、進発論はとどめられなくなり、六月十五日、福原越後が兵を率いて進発することが決断された。

福原越後の進発にあたって出された「覚」には、表向きは江戸へ向け出発するとしつつ、京都に用事もあり、伏見にしばらく滞留し、情況によっては戦闘もありえるとして覚悟を求めている。翌十六日、福原越後は山口を進発した。真木和泉・久坂玄瑞は、忠勇・集義・八幡《やわた》・義勇・宣徳《せんとく》・尚義隊を率いて進発した。福原の隊四〇〇余は、六月二十二日大坂を経て、二十四日伏見に着いた（三宅紹宣「福原越後と禁門の変」）。

同日、真木・久坂の隊は京都の南西に位置する山崎《やまざき》に達した。そして、宝積寺《ほうしやくじ》を本営として付近の寺院に分かれて屯営した。さらに、真木等は、老中で淀藩主の稲葉正邦を頼り、嘆願書を朝廷および幕府へ差し出した。その要は、攘夷の国是を立てること、毛利敬親父子および三条実美などの入京許可であった。

家老国司信濃は、兵八〇〇余を率い、六月二十五日山口を出発し、七月八日、兵庫に着いた。九日夕、山崎に至り、福原越後と会した。さらに十一日、京都の西の嵯峨の天龍寺に入った。この時は、総勢五七〇人（内七人病気在国）であった（「京師変動以来控」）。

七月六日、家老益田右衛門介《えもんのすけ》（親施《ちかのぶ》）は兵六〇〇を率いて三田尻を出帆し、七月十四日、山崎の対岸の橋本に着き、石清水《いわしみず》社付近に駐屯した。

禁門の変への動き　長州藩の進発の動きに対し、六月二十七日朝議が開かれた。一橋慶喜は、嘆願は許すべきではなく、長州藩兵を撤退させるべきと主張した。これによって二十九日、慶喜に対し、福原越後に藩兵を退けて朝旨を待つようにと達せよとの勅諚《ちょくじょう》が下された。また、長州藩士の処置については一任することとした。

京都をとりまく形で位置した長州勢は、対馬藩、鳥取藩などの親長州派の諸藩を頼って嘆願運動を続けた。七月八日、前述した嘆願書および「長防両国之士民」と署名した嘆願書を提出した。さらに、この嘆願書を諸藩の在京留守居《るすい》に送って、嘆願が達成されるよう周旋を請うた。

十七日、長州藩の諸将は、京都の南方の男山《おとこやま》に会した。久坂などは、いったん大坂に退き、世子毛利元徳の本隊の上坂を待ち、事を挙げようと主張したが、言路《げんろ》を塞《ふさ》ぎ正論を弾圧している松平容保《かたもり》を討伐するほかないとする論が多く、真木和泉は、この機会を逃せば再びこれを得ることは出来ないと主張し、行動に移ることに決した。よって、松平容保の罪状を記載した福原・益田・国司の三家老の陳情書を朝廷および幕府に上申した。また、在京の諸藩へも伝えた。

朝議はこれを受け入れず、七月十八日、朝廷は長州藩京都藩邸留守居の乃美織江《のみおりえ》を召し出して、最後の撤兵の朝旨を伝えた。乃美は伏見に向かい、福原に会ったが、すでに出軍の準備に着手していた。

禁門の変　十八日夜半、長州藩兵は京都へ入る三方から行動を開始した。伏見の福原越後は、七〇〇余の兵を率い、午後一〇時出陣し、伏見街道を北上した。翌十九日午前四時、藤森《ふじのもり》付近で守備する大垣藩兵と戦端を開いたが、撃退された。福原も顔に弾丸を受け、未明に伏見へ退却した。朝になって、佐久間左兵衛と大田市之進が兵を率い、改めて竹田街道から京都に入ろうとしたが、丹波橋において彦根・会津藩兵のために撃退され、山崎へ退陣した（「京師変動始末」）。

このとき福原の領地宇部から従軍した石川範之の「伏水《ふしみ》行日誌」によれば、戦闘が始まると砲声が山谷に響き、銃声は市中に轟き、天地も崩れるかと思うほどであったと、激しい戦いのありさまを記している。そして敗因については、この段階での長州藩の銃器はゲベール銃で、不完全なものであったためとしている。敵軍も同様にいまだ不完全な武器であったため、大軍であったにもかかわらず、小軍の長州軍をみな殺しにすることができなかったと述べている。

嵯峨の天龍寺に陣した国司信濃は、兵八〇〇余を率い、十八日夜半に出陣した。北野から一条に至り、隊を分け、来島又兵衛の率いる一隊は、下立売《しもたちうり》から蛤門《はまぐりもん》に向かった。国司の隊は、中立売から蛤門に至り、来島の隊と合流した。そして、そこを守備する会津藩兵および応援の薩摩藩兵や桑名藩兵と激戦を展開したが、敗退した。来島又兵衛は、蛤門に迫ったが、弾丸を受けて戦死した。

山崎から十八日午後八時進発した真木和泉・久坂らの隊五〇〇余は、堺町門に迫り、桑名・会津・越前藩兵と激戦を展開したが敗れた。久坂は、鷹司《たかつかさ》邸において負傷し、戦闘を続けることは不可能と覚悟して自刃した。

三方面から京都へ進んだ長州軍は、各方面で敗れ、総退却した。真木和泉ら一七士は、天王山《てんのうざん》まで退き、七月二十一日、会津・桑名等の諸藩兵に包囲され、屯営に火を放ち、自刃した。

本隊を率いて瀬戸内海を上洛しつつあった毛利元徳は、讃岐の多度津《たどつ》沖の与島《よしま》付近で敗報を聞き、七月二十一日、長州藩へ引き返した。

御所に向かって進んだ長州軍は、そこを守備する諸藩の軍と交戦したため、御所に向かって発砲する形となった。七月二十二日、慶喜は、毛利敬親が国司信濃に授けた軍令状を分捕り品の中から見つけて、これを朝廷に提出した。七月二十三日、朝廷は長州藩の責任を追及するため、追討の命を慶喜に下した。慶喜は直ちに追討の準備に着手した。そして翌日、西国の二一藩に対して、追討のための軍勢を国許に備えて、指揮を待つようにと達した。ここにおいて諸藩を動員した第一次長州出兵が行われることになった。

禁門の変以後の民衆動向　禁門の変により、京都の二万八〇〇〇戸が焼失した。「ドンドン焼け」と呼ばれている。これは、長州兵のたてこもった堺町門東の鷹司邸に向けて、会津藩や桑名藩の兵が大砲を撃ち、火をかけたことによって起こったものである。鷹司邸から燃え広がった火は、南は仏光寺、西は西洞院東側、東は寺町まで焼けつくした。二十日朝にいたり鎮火した。ところが、二十日午前七時過ぎ、残敵掃討のため会津・彦根藩兵が、大砲を撃ちかけたため、ふたたび火を発し燃え広が

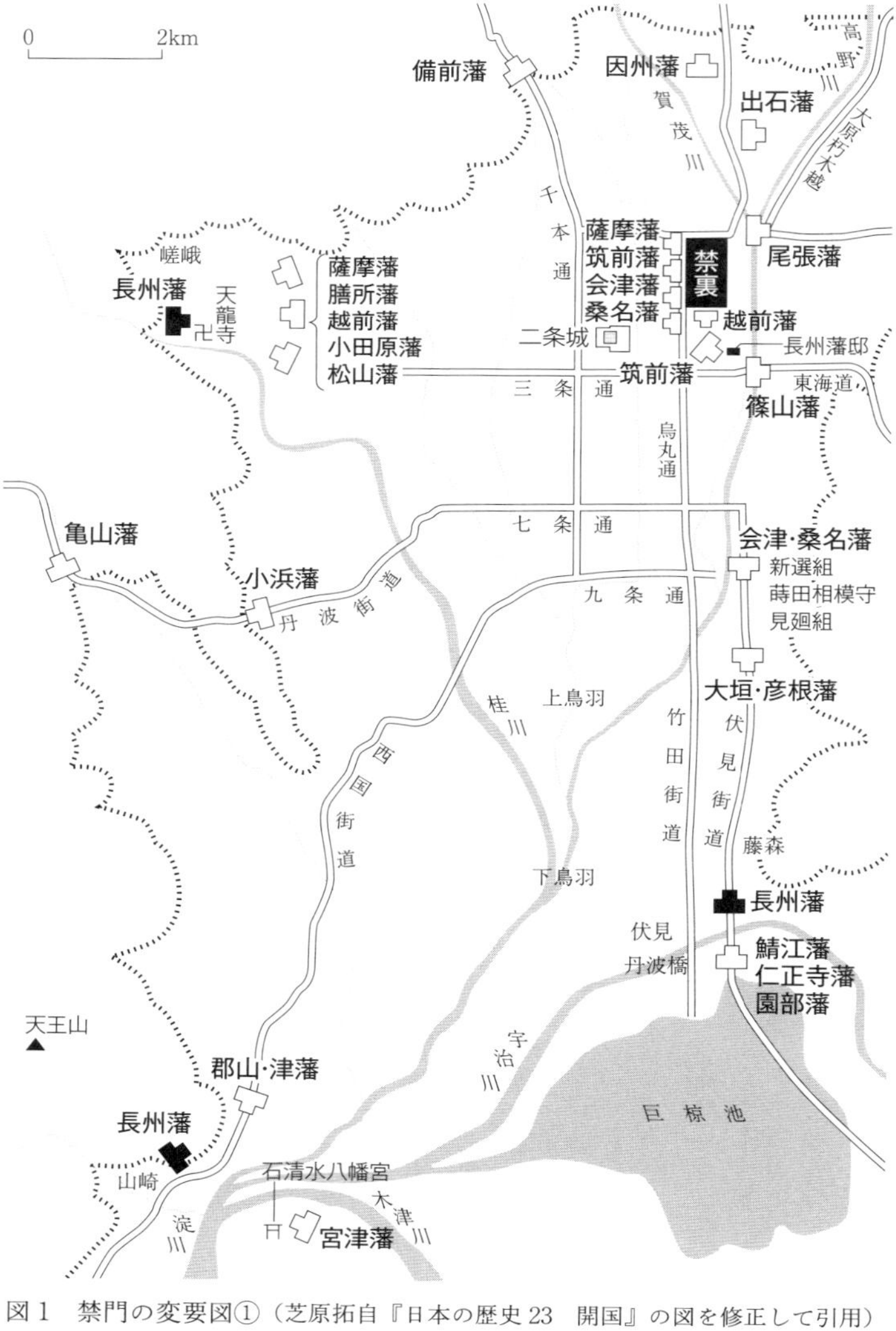

図１　禁門の変要図①（芝原拓自『日本の歴史23　開国』の図を修正して引用）

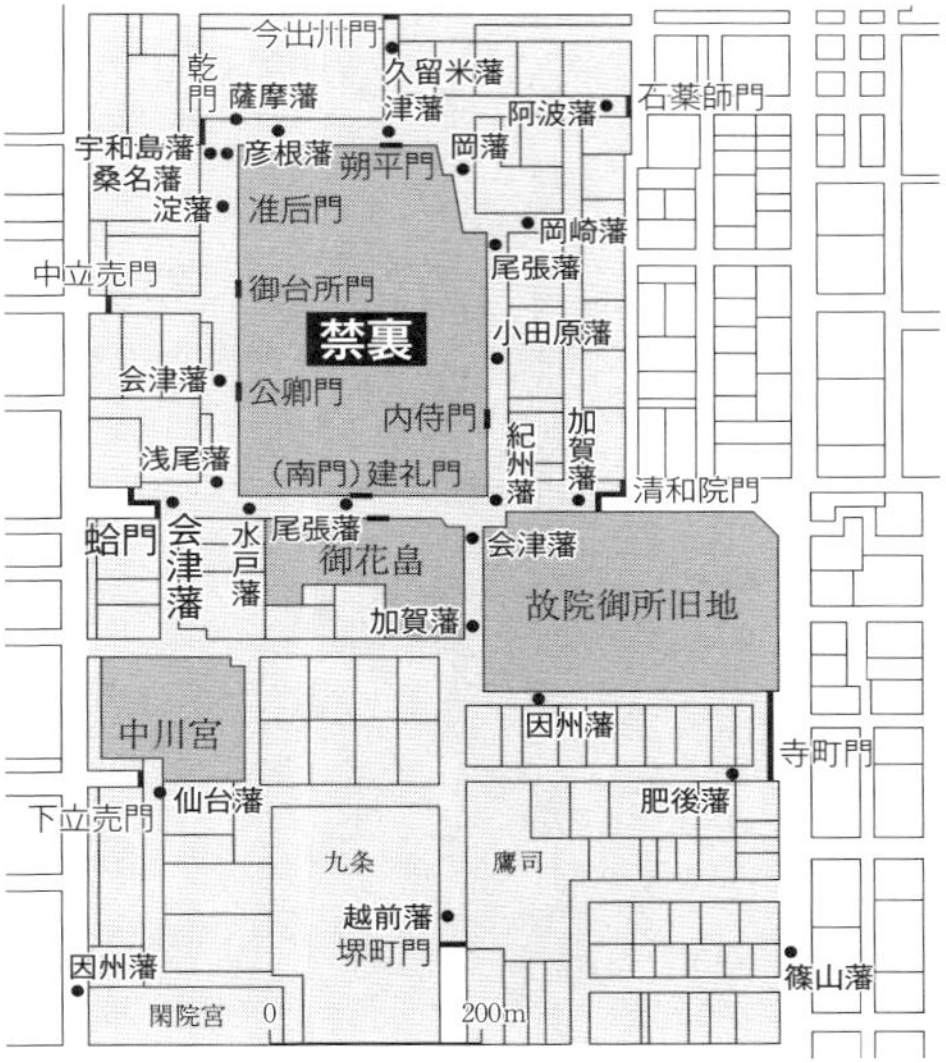

図1　禁門の変要図②

った。京の町は大きな被害をこうむることになった。

ただし、禁門の変の後、京都の民衆の間には根強い長州藩支持の意識が存在した。九月には京都で「長州おはぎ」が爆発的に売れる現象を生み出している。これは「御飯ヲ丸メ赤豆ヲ付、盆ニ三ツ宛入、長州お萩三拾六文売、無負《まけなし》と申て売出候由之所、長州様お萩ならは戴《いただ》き度旨、殊之外《ことのほか》大流行」（「秋良貞温《あきらさだあつ》雑記」）と、おはぎを盆に三つならべて売るもので、おはぎは長州藩城下町の萩、盆に三つならべるのは毛利家家紋の「一字三星《いちじみつぼし》」、三六文は長州藩公称石高の三六万石を象徴している。

また買うときの作法として、「直段まけくれ候へと云へば、いや負けぬと云ふを楽しみに諸人競ひ買ふ」（松島益軒「松氏春秋」）のように、わざと「まけてくれ」（値引してくれ）といい、これに対して「まけん」と言わせるようにして、長州は負けないことを公然と言わせるようにするものであって、民衆の長州藩支持の意識が読みとれる。この話を書き留めた松島益軒は、石見国邑智《おおち》郡宮内村《ぐんみやうち》（浜田藩領）の在村医であるが、このような山間部にも伝聞していることは、長州おはぎの話はかなり全国的に流布し、長州藩支持の意識を形成していたと考えられる。

四国連合艦隊の下関砲撃　長州藩は、禁門の変の敗退に加えて、さらに困難な事態に追い込まれた。八月五日、イギリス・フランス・オランダ・アメリカの四国連合艦隊は、下関を砲撃した。下関戦争である。これは、前年五月に長州藩が行った攘夷決行に対する本格的な報復攻撃である。イギリス公使オールコックは、西洋列国の代表と協力体制を樹立した。七月、イギリス九、フランス三、オランダ四、アメリカ一の総計一七隻、兵員五〇〇〇人の艦隊は、横浜を出航した。

八月五日、連合艦隊は下関への砲撃を開始した。長州藩は主力部隊が京都で敗退した直後であり、守備は手薄であった。さらに近代的軍隊との差は歴然としていた。長州藩は砲撃戦によって大きな打撃を受け、連合艦隊は陸戦隊が上陸して長州軍を打ち破った。砲台の破壊、大砲の奪取を徹底して行った。長州藩は休戦交渉を申し入れ、八月十四日、和議が成立した。これによって、列強の下関海峡通航の保証や賠償金の支払い等が締結された。なお賠償金については、前年の攘夷決行は幕府の命令によるものであると、長州藩が幕府の命令書を提示して主張した。列国は、幕府に対し、下関開港もしくは賠償金支払いを迫ったが、幕府は賠償金を選択し、三〇〇万ドル支払うことになった。

二　長州藩追討令と第一次長州出兵

長州藩追討令と出兵準備　七月二十三日、長州藩追討の朝廷の命令が出された。その前日、幕府は大坂の長州藩邸留守居《るすい》北条瀬兵衛に退去を命じ、建物を破却した。ついで七月二十六日、長州藩江戸藩邸を没収し、邸内にいた一二一人を拘束し、建物を徹底的に破却した。ここに江戸留守居を通して行われてきた外交経路は、幕府の手によって閉ざされた。拘束は、慶応二年（一八六六）六月まで続いたが、そのうち五二人が病死した（「江戸藩邸没収一件」）。

八月二日、江戸において徳川家茂《いえもち》は、在江戸の諸大名等を登城させ、長州藩の追討を命じた。四日、幕府は、和歌山藩主徳川茂承《もちつぐ》に征長総督を、福井藩主松平茂昭《もちあき》に副将を命じた。しかし七日、茂承に代わり前尾張藩主徳川慶勝《よしかつ》を征長総督とした。

八月十三日、幕府は三五藩の攻撃部署を決定した。これに対応して前線基地となる広島藩では、長州藩に対する非常警戒態勢がしかれ、諸藩軍の受け入れ準備や、軍夫・人夫などの村落への割り当てが開始された。しかし、徳川慶勝の着任は遅れ、十月三日、京都において副将松平茂昭等と軍議を開いた。そして、十月十一日、諸藩に対し、来る十一月十一日までに命令を受けた地に参着することを達した。

この間、参謀となった西郷隆盛は、九月十一日、大坂で勝海舟と面会した。勝は、幕吏は私利私欲を求めすっかり荒廃している内情を語り、明賢の諸侯が四〜五人集まり、共和政治（雄藩連合による日本全体を支配する政権）を行わないといけないという考えを伝えた。西郷は勝の考えに深く感銘したが、この段階では、幕府そのものを見限り、討幕の思想をもつには至っておらず、長州征討はまず第一番に行うべきであると考えている。その方法として、「長人《ちょうじん》を以、長人を処置」と、長州藩保守派を利用し、藩内の離反を強め、戦わずして勝つ作戦をとろうとした（元治元年九月十一日付、大久保利通宛西郷隆盛書簡『西郷隆盛全集』二）。

長州藩保守派の台頭　長州藩内でも、禁門の変や四国連合艦隊下関砲撃事件の敗北のなかで、これまで藩の政策を主導してきた尊王攘夷派は政権を追われ、幕府へひたすら謝罪することによって藩の保全を図ろうとする保守派が台頭してきた。

毛利元徳《もとのり》は、七月二十一日、上京の途中で禁門の変の敗報を聞き、直ちに船を長州藩に戻すことに決し、二十三日、藩領東部の上関《かみのせき》に帰った。一方、山口の藩庁へは、禁門の変の敗報は同日達した。二十六日、毛利敬親《たかちか》は、元徳と会見するため山口を出発したが、藩領中央部の三田尻まで出たところで、山口に帰る途中の元徳と出会った。さらに徳山藩主毛利元蕃《もとみつ》、長府藩主毛利元周《もとちか》も加わり、二十八日に会議が行われた。そして、このたびのことは上京した出先の福原・国司・益田の三家老以下参謀が、藩主の主意を取り違えて起こしたものであることにして、朝廷へ申し開きをすることと決した。

これにより八月二日、三家老の職を免じ、次いで徳山に監禁した。

八月五日からの四国連合艦隊下関砲撃の危機のなかで、保守派は内外の危機の責任を尊王攘夷派に帰し、台頭してきた。八月二十日、保守派の毛利出雲が登用されたのを皮切りに、保守派に近い人物が、つぎつぎと藩の要職についた。

これに対し、九月十二日、奇兵隊・膺懲隊《ようちようたい》・集義隊などの諸隊は、幕府に対して恭順するが、もし攻撃を受けた時は武力で戦うという武備恭順の方針をとるべきと藩庁に上書した。さらに、以後も嘆願を続けた。

九月二十五日、山口藩庁において藩是《はんぜ》を審議する大会議が開かれ、保守派は、幕府にひたすら謝罪して許しを請うという純一《じゆんいつ》恭順を主張した。これに対し井上馨《かおる》は、武備恭順を主張して譲らず、会議は容易にまとまらなかった。午後六時になって、翌日に継続して審議することになり、ひとまず閉会した。午後八時、井上馨は、山口藩庁から湯田《ゆだ》の自宅へ帰る途中を襲われ、重傷を負った。その夜、藩の政務に通じた実力者で志士たちにも信頼されていた周布《すふ》政之助は、山口近郊の矢原《やばら》村の豪農吉富《よしどみ》家で自刃した。幕府の征討を受けるに至ったのは自己の責任として、死をもって責任をまっとうしようとしたのである。これによって、藩庁における急進派の勢力は減じ、保守派はさらに力を伸ばした。

この動きのなかで、十月三日、毛利敬親は山口をたって萩城に移り、藩の要職も萩に移って、萩がふたたび藩政の中心となった。以後は、この保守派政権を萩政府と表記する。保守派はますます力を得て、要職を保守派へ交代させる人事が続いた。さらに急進派への弾圧を開始した。

諸隊の嘆願　三田尻にいた奇兵隊・膺懲隊は、十月二十日、山間の徳地《とくじ》へ転営した。そして、翌日諭示《ゆし》を発して、民衆の理解を得ることに努めつつ、藩庁への嘆願を続けた。その諭示は次のようなものである。

一、礼譲を本とし、人心にそむかざる様肝要《かんよう》たるべく候。礼譲とは尊卑の等をみださず、其分《そのぶん》を守り、諸事身勝手無之《これなく》、真実丁寧にしていばりがましき儀無之様《これなきよう》いたし候事。

一、農事の妨《さまたげ》少しもいたすまじく、猥《みだ》りに農家に立寄べからず、牛馬等小道に出遇候はゞ道べりによけ、速《すみやか》に通行いたさせ可申《もうすべく》、田畑たとひ植付無之《これなく》候所にても、踏あらし申まじく候。

一、山林の竹木・櫨《はぜ》・楮《こうぞ》は不及申《もうすにおよばす》、道べりの草木等にても伐取申まじく、人家の菓物鶏犬等奪候抔《など》は以の外に候。

一、言葉等丁寧に取あつかい、聊《いささ》かもいかつがましき儀無之《これなく》、人より相したしみ候様いたすべく候。

一、衣服其外の制、素より質素肝要候。

一、郷勇隊のものはおのづから撃剣場へ罷出《まかりいで》、農家の小児は学校へも参り、教を受け候様なずけ申べく候事。

一、強き百万といえどもおそれず、弱き民は一人と雖《いえ》どもおそれ候事、武道の本意といたし候事。

（「大田戦争一件」）

この諭示は、奇兵隊をめぐる研究史の上で、奇兵隊は民衆的軍隊かそれとも封建武士的軍隊かという論争の典拠史料として有名なものである。評価が分かれるのは、一条の礼譲を本とすることと、二条以下の農民に徹底して配慮するという異なった思想が混在しているからである。しかし、諭示のみ取り出して論ずるのは正確ではなく、この時期の全体状況の中で把握すべきである。その場合、二十二日、隊士二人が陣屋において不作法の趣があったため謹慎に処せられたが、その理由に「此度《このたび》転陣ニ付ては、場所柄彼是別《かれこれべつ》て人心を不失《うしなわず》候様申渡候処」（『定本奇兵隊日記』上、元治元年十月二十二日条）とあることに留意する必要がある。要するにこの時期の奇兵隊は、とりわけ人心を失わないよう努めていたのであり、諭示が出された主眼は、転陣に際して民心に配慮することを徹底させることにあった。したがって、この諭示からストレートに奇兵隊が民衆的か封建武士的かを判断するのは適切ではない。この史料からは、奇兵隊は民衆に配慮することを目指した軍隊であったことに限定して解釈するのが、最も客観的であろう。

萩政府と諸隊の対抗　萩政府は、藩内各地に駐屯している諸隊の総督を萩に集め、十月二十一日、解散を命じた。十月二十四日、急進派の宍戸左馬介・竹内正兵衛《しょうべい》・中村九郎・佐久間佐兵衛を野山獄に投じた。高杉晋作は身の危険を察知して二十四日萩を脱出し、山口を経て、十月二十七日徳地の奇兵隊を訪れ、十月二十九日、下関に出た。十一月二日、船で下関を出帆し、博多に渡り、野村望東尼《もとに》（「ぼうとうに」ともいう）の平尾山荘に潜伏した。

諸隊は萩政府の解散命令に従わず、山口に集結して藩論の回復を図ろうとした。十一月四日、奇兵隊・御楯隊《みたてたい》・膺懲隊《ようちょうたい》・力士隊は、山口に集結した。そして山県有朋・時山直八《ときやまなおはち》（奇兵隊）、大田市之進（御楯隊）、赤川敬三（膺懲隊）、久保無二三《ぶじぞう》（遊撃隊）、堀真五郎（八幡隊《やわたたい》）、野村靖之助（五卿御用掛）は、夕方、老臣浦靫負《うらゆきえ》を訪ね、敬親父子への嘆願書を差し出した。その要は、天下万世の公論を依頼して、朝廷へ恭順して四境の賊軍を待つという藩是を守るなら、必ず開運の機会があるというものである。

三家老の自刃　長州藩の内部抗争が深まるなか、征長軍参謀西郷隆盛は、十一月四日、岩国を訪れて岩国藩主吉川経幹《きつかわつねまさ》に会い、開戦の危機が迫っていることと恭順の必要性を説き、禁門の変において兵を率いて上洛した三家老および参謀の処分を迫った。経幹はその内容を萩に伝えた。

萩政府は、幕府へ謝罪の意を表すために、三家老に自刃を命じた。益田右衛門介《えもんのすけ》・国司《くにし》信濃は十一月十一日徳山において、福原《ふくばら》越後は十二日岩国において自刃した。野山獄に投ぜられていた宍戸・竹内・中村・佐久間の四参謀は、十一月十二日、獄中において斬首された。

三家老の首級は十四日、広島城下の征長軍のもとへ持参され、征長総督名代の成瀬正肥《まさみつ》（犬山藩主）が受け取った。その上で、出兵の諸藩に十一月十八日を期しての攻撃を延期するよう達した。さらに十八日、広島の国泰寺《こくたいじ》において、老中稲葉正邦以下の首実検が行われた。

広島の民衆の動向　前進基地となった広島の民衆は、征長軍の開戦に対して批判的であった。全国から征長軍の広島入り込みが行われ、広島藩村落は、宿泊、人夫、食料、薪、わらじ、松明《たいまつ》、縄、わ

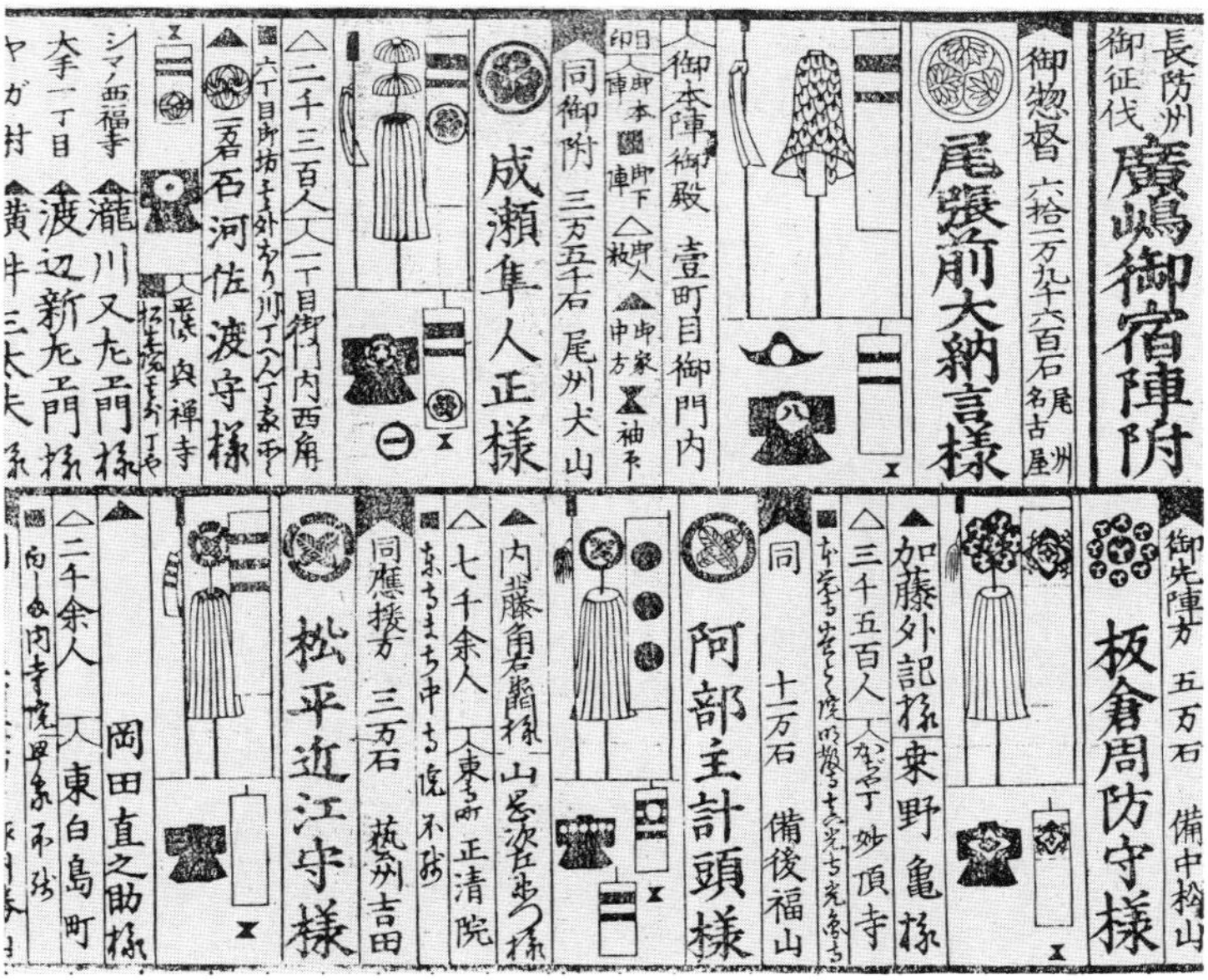

図２　長防州御征伐広島御宿陣附（東京大学史料編纂所蔵）

ら、布団、椀、風呂釜などの供出を強制された。その中で、何者かによって、広島城一丁目御門に「判《はん》じ物《もの》」が張り出された。それは丸の中に八の字を書いたものが三つ並ぶ絵で、征長総督徳川慶勝の尾張徳川家の家紋をパロディ化したものである。判読は、「此度　軍《いくさ》かハじ丸《まる》そうな、軍ハや丸げな（広島弁で「中止になるそうだ」）、いやいや軍ハわや（めちゃめちゃ）に成ります」（「編年雑録」三九）となり、はじまる（八まる）、やまる（八まる）、わや（わ八）を尾張徳川家の家紋に掛けたものである。これによっても、征長軍の開戦を批判する民衆意識がうかがえる。

征長軍の撤兵　征長軍は、三家老の

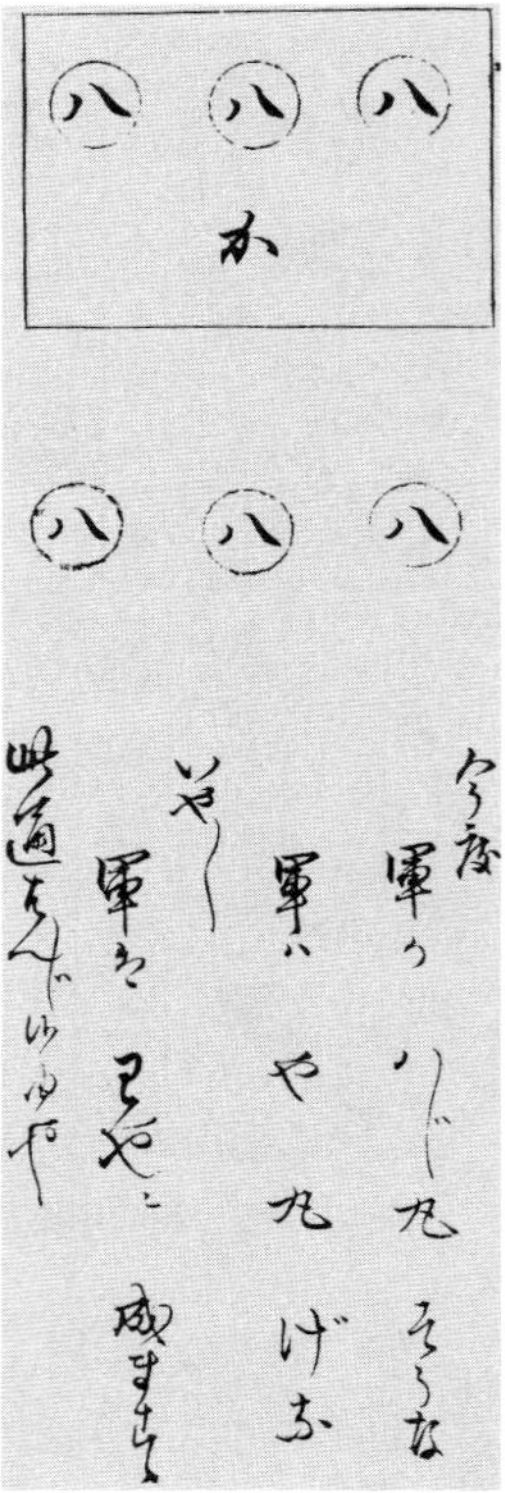
図３　広島一丁目御門張札（「編年雑録」39，東京大学史料編纂所蔵謄写本，臼杵市教育委員会原蔵）

自刃によって一応責任者の処分は済んだとし、十一月十九日、吉川経幹に長州藩降伏の条件として、藩主毛利敬親・元徳父子から伏罪書《ふくざいしょ》を提出すること、山口新城を破却すること、長州藩に寄寓中の五卿（「七卿落ち」公卿のうち、沢宣嘉《のぶよし》は但馬生野《いくの》の変に参加して一行を離れ、錦小路頼徳《にしきのこうじよりのり》は下関で病死）を差し出すことの三カ条を提示した。

吉川経幹はこれを萩に伝えた。敬親父子は十一月二十五日、萩城を出て天樹院《てんじゅいん》に蟄居し、恭順の意を表した。ついで伏罪書および請書を差し出した。征長総督徳川慶勝は、名代の石河佐渡守、目付戸川鉡三郎《はんざぶろう》（安愛《やすなる》）らを長州藩に派遣して、降伏条件の実行状況を巡視させた。一行は十二月十九日、山口に至り、山口城破城の跡を確認した。もっともこの段階では、先を急いでいたこともあり、瓦の二、三枚を壊すというまさに形式的なものであったと伝えられている。ついで二十日、萩に至り、翌二十一日、萩城中を巡視した。二十三日、萩をたって二十六日広島に帰った。その結果、降伏条件は達成されたと認め、二十七日、征長総督府は撤兵令を発した。征長軍は解兵帰休することとなった。翌慶応元年（一八六五）一月四日、総督徳川慶勝は広島を発して大坂へ向かった。諸藩軍も続々と広島を去った。ここに第一次長州出兵は戦闘にいたらずに終結した。

征長軍は、宿陣した広島城下周辺村落への支払いをしないまま引き揚げたので、その支払いを求める嘆願が長く続けられた。しかし、その後支払われた形跡はなく、結局踏み倒されてしまった（三宅紹宣「幕末の海田」『海田町史 通史編』）。

三　長州藩元治の内戦と抗幕政権の成立

高杉晋作の決起　十一月十一日・十二日の三家老の自刃、四参謀の斬刑により、諸隊は藩論回復の方策を失った。よって長府藩主毛利元周《もとちか》を頼って挽回の策をはかろうとし、十五日、奇兵隊・御楯隊・遊撃隊・八幡隊《やわたたい》・膺懲隊《ようちょうたい》は、五卿を警固して山口を出発した。十七日、諸隊は長府に着き、功山《こうざん》寺《じ》を本営とした。そして十九日、諸隊は、毛利元周に藩論挽回の機会を得られるよう嘆願した。

一方、高杉晋作は、保守派による弾圧のなか、身の危険を察知して萩を脱出し、福岡城外平尾村の野村望東尼《もとに》のもとに潜伏していた。しかし、三家老が自刃させられたとの報を聞くと大いに憤り、十一月二十五日下関に帰り、諸隊とともに挙兵しようとした。高杉は長府に至り、諸隊の総督に挙兵して保守派の打倒を行うべしと説いた。諸隊は時期尚早として同調せず、遊撃隊のみが応じた。これに伊藤博文が率いていた力士隊が加わり、十二月十五日夜、功山寺で決起した。

高杉は、功山寺に滞在していた五卿に別れを告げ、遊撃隊・力士隊を率いて下関へ進撃した。翌十六日暁、下関伊崎《いざき》の新地会所《しんちかいしょ》を襲って藩の役人を追放した。十七日、長府に屯集していた諸隊は、陳情の筋ありとして萩を目指して進発し、十九日、美祢郡《みねぐん》河原・四郎ヶ原・秋吉・伊佐《いさ》あたりへ進出した。

萩政府の鎮静軍出陣　一方、萩においては、十二月十六日、尾張藩士長谷川惣蔵らは、征長軍巡見使の先発として長州藩家老毛利伊勢と会談した。そして諸隊が暴発する動きがあるのを知って、態度を硬化させた。ここにおいて、萩政府は、兵力を以て諸隊を鎮撫することを決断した（『吉川経幹《きっかわつねまさ》周旋記』）。ついで十八日、前田孫右衛門・毛利登人《のぼる》・山田亦介・渡辺内蔵太《くらた》・楢崎《ならさき》弥八郎・大和国之助《くにのすけ》・松島剛蔵の急進派七政務員を、野山獄に投獄した。これは、諸隊が進発したとの情報が萩に伝わる以前に実行したものである。翌日、七人を斬刑に処した。十二月二十五日には、清水清太郎《せいたろう》が自刃を命ぜられ、萩の自宅において自刃した。清水清太郎は寄組《よりぐみ》の重臣であるが、尊王攘夷運動に参画していた。保守派の台頭後も、尊王攘夷派勢力の挽回に努めていた。

萩政府は、二十四日、毛利宣次郎を諸隊鎮静手当総奉行に任じた。二十五日、諸隊鎮静令を発し、二十六日、前軍として粟屋帯刀《たてわき》は選鋒隊《せんぼうたい》三〇〇人そのほか荻野隊《おぎのたい》・力士隊（萩側の力士隊）の軍勢を率

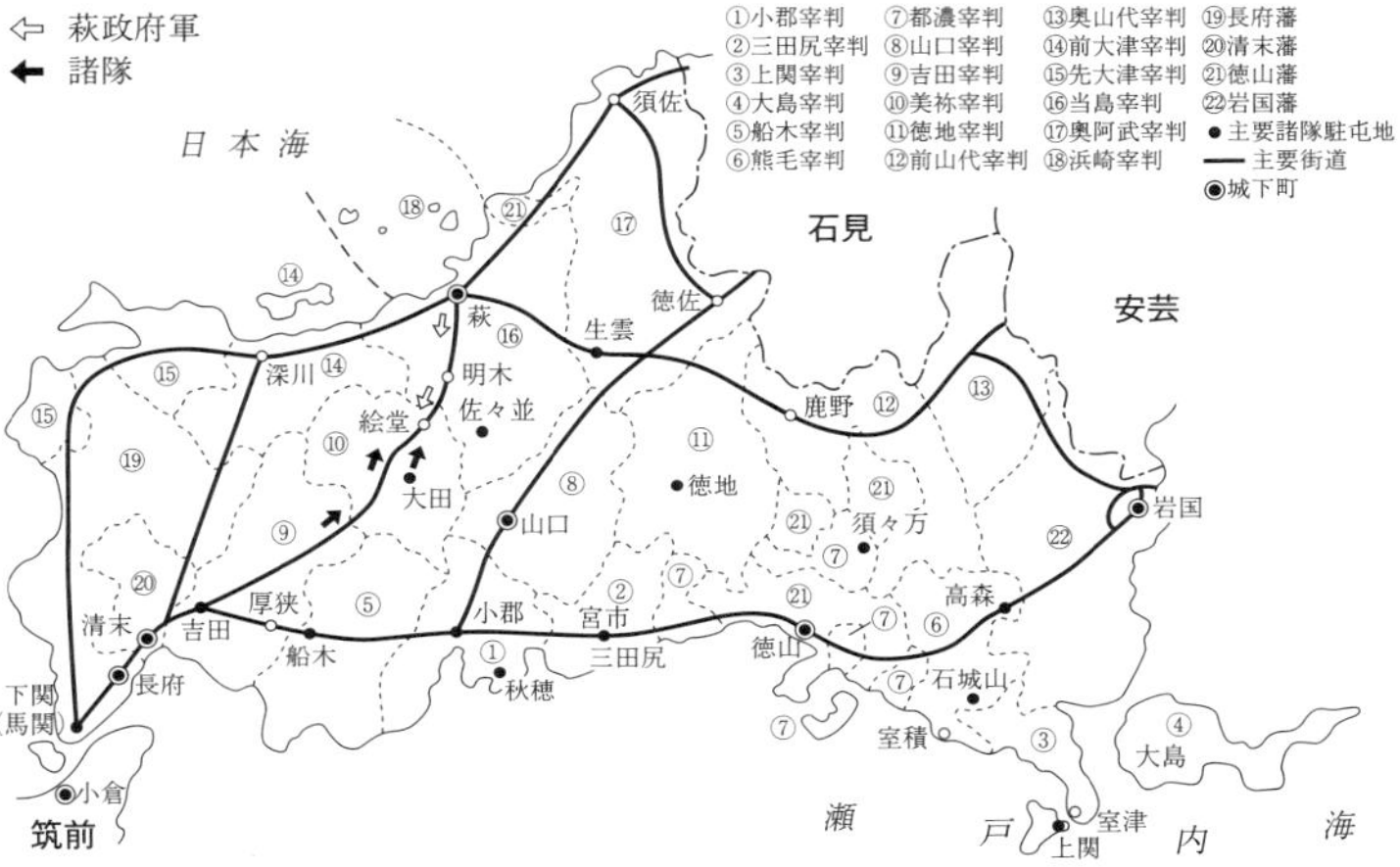

図４　長州藩元治内戦要図

いて美祢郡絵堂《えどう》へ向かった。二十七日、後軍として児玉若狭が選鋒隊三〇〇人そのほかの軍勢を率いて出軍した。二十八日には中軍として、総奉行毛利宣次郎が選鋒隊三〇〇人そのほかの軍勢およそ一〇〇〇人を率いて明木《あきらぎ》まで進軍した。そして児玉若狭の一隊は深川正明市《ふかわしょうみょういち》に、粟屋帯刀の一隊は美祢郡絵堂に滞陣した。

慶応元年（元治二年、一八六五）一月二日夜、高杉晋作は、遊撃隊三〇人余を率い新地の長州藩会所を襲い、空砲を発し門内に入って占拠した。さらに挙兵の趣旨を宣言した高札を掲げた。その要は、保守派の恭順方針を批判し、義兵を起こし、藩主の正義を回復し、国民（藩民）を安撫するというものであった。

大田・絵堂の戦い　鎮静軍の粟屋帯刀は、伊佐周辺に駐屯していた諸隊に対し、下関の遊撃隊を討つため、道を開いて我軍を通すべしと命じた。諸隊はこれを受け入れず、萩に至り陳情する所あり、もし鎮静軍が強行しようとするならば、不測の事態を生ずるであろう、道を北浦に取れと、返答した。鎮静軍は、一月六日、再び使者を伊佐に派遣し、藩主敬親《たかちか》は、深く鎮静を望み、陳情を許し、隊士に対しての物品販売禁止および宿泊厳禁の令を解くという書を交付した。ここにおいて、諸隊は武器納付を承諾し、退いて待つと返答した。その夜半過ぎ、河原《かわら》村屯集の先鋒諸兵（奇兵隊の一部、南園隊《なんえんたい》、膺懲隊《ようちょうたい》）を合し、天宮慎太郎（奇兵隊陣場奉行）は斥候《せっこう》兵を率い、先導して秋吉《あきよし》台の下を経て絵堂に向けて潜行した。絵堂付近に至ると南園隊中村芳之助、田中敏助は、馬を馳て粟屋帯刀の陣営に至り、戦書を交付し、帰ると同時に進軍を開始した。粟屋帯刀は戦書を見て、急いで命令を伝えて戦おうとしたが、不意の夜襲に隊伍を整える暇なく、混乱大敗し、赤村の宮の馬場まで敗退した。

ここに元治の内戦が開始された。元治二年四月十八日、改元されて慶応と改められたが、それまでは元治二年と称していた。よってこの戦いを元治の内戦（内訌《ないこう》）とよんでいる。あるいは、主戦地にちなんで大田《おおだ》・絵堂の戦いともよぶ。

七日の勝利の報が伊佐に達すると、諸隊は大田・長登《ながのぼり》・秋吉一帯の地を占領することに決し、伊佐を発し大田に入り、要衝の地を警備し、光明寺をもって本陣とし、ついで金麗《きんれい》社に移った。絵堂の諸隊先鋒は、この日は留まって警備した。しかし、諸隊の先鋒は、絵堂の地形は防備に適しないと判断して、翌日大田に移り、膺懲隊に長登を守らせた。

一月十日、雲雀峠《ひばりたお》（周防・長門では峠のことを「たお」と呼ぶ）に屯集した鎮静軍の選鋒隊、荻野隊は攻撃を開始した。諸隊も進軍し、長登を越え、栩峠《くぬぎたお》を隔てて戦端を開いた。しかし、諸隊は少数であり、鎮静軍は小銃を連発し、午前十時から正午に及んだ。諸隊は利あらずして長登に退いた。

一月十四日、赤村宿陣の粟屋帯刀は、選鋒隊一五〇名余、荻野隊半隊を先鋒とし、絵堂から隊を分けて、長登を経て呑水《のみず》に進み、大田の諸隊陣営を攻撃しようとした。諸隊はこれを探知し、八幡隊、御楯隊、膺懲隊、奇兵隊、南園隊を呑水の南堤に出し防戦した。呑水は大田と長登の境界にあるため池で、その下にも不呑というため池があった。鎮静軍は呑水の坂の中程に出て、並木松を楯とし俯射し、諸隊は不呑ため池の南堤を楯として仰撃した。激戦が午前八時から午後二時に及び、鎮静軍は進撃して諸隊を退けた。この時、佐々木男也の率いる南園隊の一部

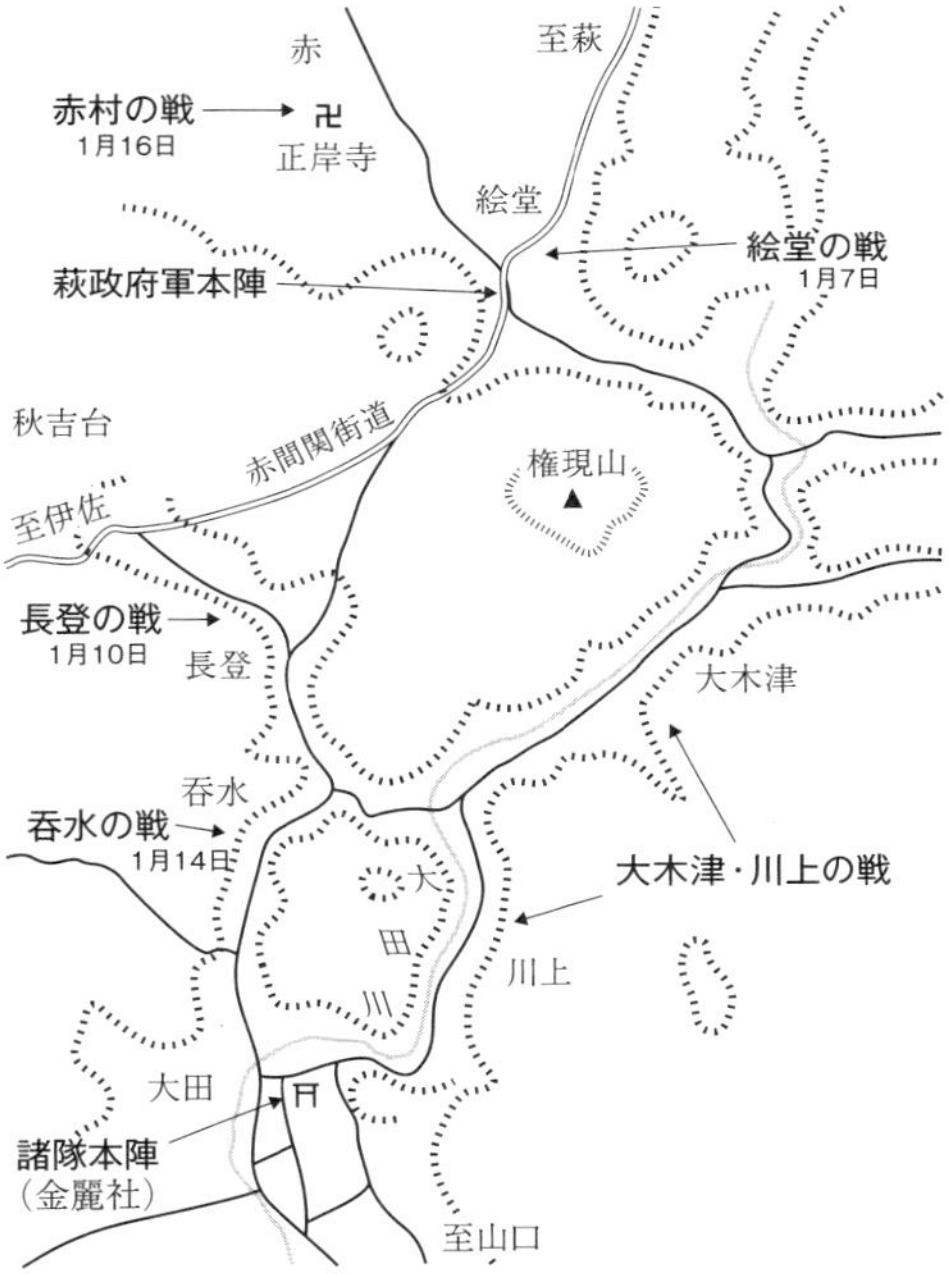

図５　大田・絵堂戦争要図

は小中山に上り、大小銃で鎮静軍を下射し、また奇兵隊の一部隊一〇〇余人が大木津口の間道の糸谷から進み、高所に登り激しく発砲した。これによって鎮静軍の勢いは弱まり、ついに敗走して赤村に退き、木間《こま》村に本営を置いた。

一月十六日、高杉晋作（一月十四日、遊撃隊を率いて諸隊と合流）、山県有朋などの諸隊領袖《りょうしゅう》は、赤村の鎮静軍を一掃し、新たな局面を開こうとし、赤村の陣営を攻撃した。諸隊は、松原・横野峠・立石の三カ所から正岸寺に屯集する荻野隊を砲撃した。諸隊は猛進し、荻野隊は応戦したが、交戦およそ二時間余にして遂に木間村に退き、粟屋帯刀および選鋒隊は順次また退いた。

諸隊の勝因　諸隊は、一月十日から十六日にかけての戦闘において勝利した。諸隊は西洋式の新しい兵器を装備しており、旧式の鎮静軍を打ち破った。とりわけ鉄砲の差は歴然としていた。火縄銃は撃鉄が軽くできている。発射時に大きなショックが生じ、銃身がぶれやすい燧石《すいせき》式の西洋式銃（当時はまだゲベール銃）に比べて、命中精度は悪くない。しかし、これは恵まれた条件のなかで命中率を競う競技会のような場での話である。実戦では、個々の命中率よりも確実に発射して弾幕《だんまく》をつくることのほうが重要である。また、火縄銃は、火縄をもやすときに強烈な臭いを発する。このため、奇襲作戦には用いられない。さらに鎮静軍の火縄銃は、雨の中では使いものにならなかった。鎮静軍のなかに荻野隊のような射撃の専門集団がいたにもかかわらず敗退したのは、銃が火縄銃であったためである。

諸隊と民衆との関係　次に諸隊と民衆との関係についてみてみよう。一月七日、伊佐の御楯隊の山田顕義、大田市之進（御堀《みほり》耕助）、野村靖らは、およそ五〇名を率いて小郡勘場《かんば》（代官が出郡のときに執務し、大庄屋が勤務する宰判《さいばん》の役所）を襲った。そして、代官市川文作を取り囲んで追及し、さらに大庄屋林勇蔵を招き、軍資の借用を要請した。林は、去年暮れ諸支出を終わって数日しかたっていないので金穀はないが、ただ備銀三五貫目を蔵するのみと答えた。諸隊はこれを借りようとし、林は代官市川文作の許諾を受け、これを交付した。よって山田らは伊佐に帰った。野村靖は独り小郡に留まり、八日、各村の村役人・豪農等二八名を招集し、藩論回復の大旨を説いた。

この動きについては、田中彰『明治維新政治史研究』により、「小郡庄屋同盟」と名づけられ、豪農層による諸隊支援の典型として高く評価された。さらに、庄屋同盟の成立は、諸隊側が小郡地帯の全農民基盤をかちえたとされた。明治維新の性格を検討するとき、後の討幕派に連なる諸隊と、豪農層との関係をどう見るかは、分析の座標軸となる重要なテーマである。

田中氏の説に対し、青山忠正『明治維新と国家形成』は、「小郡庄屋同盟」の成立とみる論は、明治時代になって自己の活躍を顕賞するために書いた林の回想録に依拠したものであると批判した。また、しばしば引用される、秋本新蔵の「諸隊が倒れては藩もこれきり。百姓一揆の力でもって藩を回復しましょう」という発言は、友人の兼重慎一を激励するために言ったもので、実態をふまえたものではないとした。そして「林勇蔵日記」にもとづいて、林ら豪農層は諸隊に協力していないとした。

青山氏の論は、後の時代の回想録に拠らず、日記という第一次史料を用いたものであり、史料分析の手法として正当なものである。しかし、「林勇蔵日記」は、日記ではあるが大庄屋としての公務日誌である。諸隊へ協力することを厳禁する藩の通達が出ていた状況において、本音を書くことはありえない性格のものである。したがって、全体状況のなかで、諸隊と豪農層との関係を検討する必要がある。

元治の内戦期を通してみると、一月十五日、山口屯集の鴻城軍《こうじょう》（一月十日、御楯隊駒井政五郎、桜井慎平、佐藤新右衛門、豪農吉富藤兵衛等が、幽囚中の井上馨《かおる》を奪って総督に擁立して組織）の北川清助は、隊兵を率いて小郡勘場に至り、代官見習岡本半之丞および林勇蔵に面会し、米一〇〇〇石の借用を要請した。林は、公物を私的に流用するのは困難であるとして、私有の銀七三貫四五〇目を贈っている。

また、小郡宰判からは農兵二小隊を大田戦争における諸隊の助勢のために出し、戦争人夫一二〇〇人を出している。戦争後は、大田戦争の傷病者を小郡の寺院に収容し、治療にあたり、その費用会計九七貫目余は、林勇蔵が支弁している。

また、二月に前大津宰判深川村で百姓一揆が起こったとき、百姓たちは藩庁ではなく諸隊へ嘆願書を提出している（「奉書控」）。これは、諸隊側から働きかけがあったとの観察もあるが、農民たちは保守派政権と比較すれば、諸隊の側を支持する傾向にあったことは動かしがたい。ただし諸隊が百姓一揆と連帯したわけではない。

以上の諸事実により、小郡宰判の農民層は、諸隊を支援していることが確認できる。

鎮静会議員の活動　大田・絵堂を主戦場にして激戦が展開されているとき、萩では中立派の家臣団が行動を起こした。彼らは、自ら称して鎮静会議員とよび、内戦を諸隊側に有利に終息させるのに大きな役割を果たした。鎮静会議員は、保守派政権によって職を奪われ、政治から退けられていた有志の士である。彼らは鎮静軍には加えられず、萩の守備にあてられていた。このなかに時勢を憂慮して密議を重ねる者がいた。一月十六日、同志を結集した一団は、萩の大屋《おおや》口の警備総奉行毛利将監《しょうげん》のもとに至り、止戦のことを説いた。将監はこれに賛成し、藩主のもとに参じて建白したいという願いも承諾した。そこで三、四〇名が萩城に登城しようとした。これを伝え聞いた者も参集して、あわせて七〇余名になった。藩主毛利敬親は彼らを引見し、その建白を聞いた。そのなかで、杉孫七郎の「勤王正義を貫き、戦闘を中止すること」、杉民治《みんじ》（吉田松陰の実兄）の「このまま戦闘が長期にわたると、これまでのたび重なる陣夫役に疲れた農民は、百姓一揆蜂起に至るかも知れず、止戦して藩内民情を安んずることが急務である」との説は、敬親の心を強く動かした。敬親はこれらの建白をよろこんで受け入れ、自分に熟考するところがあるから、ひとまず退いて次の命を待てと諭した。鎮静会議員は、退いて弘法寺《こうぼうじ》に屯集し、さらに参集する者二〇〇余名に及んだ。ついで東光寺に移り、さらに奥阿武《おくあぶ》宰判吉部《きべ》村へ移った（三宅紹宣「明治維新への歩み」『萩市史』一）。

元治の内戦の終息　一月十六日の鎮静会議員の建白後、敬親は内戦終息に動き出した。清末《きよすえ》藩主毛利元純《もとずみ》に依頼して鎮静の任にあたらせた。元純は一月十七日に明木に至り、諸隊と接触しようとしたが果たせなかった。二十一日、元純はさらに佐々並《ささなみ》に行き、諸隊の総督を呼び出して説得し、二十八日までの休戦を約束した。

一月二十三日、敬親は出陣中の鎮静軍にひとまず帰陣を命じた。初めは受け入れがたいとした鎮静軍も、再度の命により二十五日萩に帰った。一方、諸隊側は佐々並の兵を退けなかった。休戦期間の延長も望みがないとの報が萩に伝わると、萩城中は世子元徳《もとのり》の出陣に決した。このような動きのなかで、鎮静会議員は二十八日、止戦のために政府員の交代を求める建言を敬親に行った。また、萩の海上では、癸亥《きがい》丸そのほかの軍艦へ諸隊兵が乗り組んで、大砲を放って威圧を加えた。この状況において、敬親は政府員の交代に着手し、二十八日、まず山田宇右衛門《うえもん》、二十九日、兼重譲蔵（慎一）および中村誠一を登用した。一方、椋梨藤太《むくなしとうた》らの保守派政府員は、二十九日・三十日に退役させられた。

二月一日、諸隊は進軍を止め、止戦の動きが始まった。ところが二月十一日、山口の諸隊のもとへ派遣された鎮静会議員三名が、萩への帰路保守派の刺客に暗殺される事件が起こった。さらにこの暗殺は、諸隊のしわざであるとの飛語が、保守派によって萩で流された。これを知った諸隊は、続々と萩に軍を進め、十五日には萩を取り囲む形となった。

このような諸隊の動きに対して、身の危険を感じた椋梨藤太ら保守派の首領一二名は、十四日萩を船で脱出した。一行は、岩国藩主の吉川経幹《つねまさ》を頼ろうとしたが、潮流が悪くて長州藩領ではなく石見国飯之浦《いいのうら》に漂着した。そこで津和野藩領を経て岩国へ向かおうとしたが、途中で津和野藩の役人に捕えられ、のち萩へ護送された。

長州藩抗幕政権の成立　この間、保守派役人の更迭《こうてつ》が続けられたが、諸隊との緊張は解消しなかった。敬親は、二月二十二日から二十四日にかけて、萩において臨時の祭祀を行い、告文《こうもん》を納めて藩内擾乱の罪を謝し、祖霊の加護を祈った。この祭祀にはあらゆる家臣団を参拝させた。ここにおいて元治の内戦は終息するにいたった。

三月二十三日、藩主毛利敬親は、長府・徳山・清末の三支藩主を山口に召し、七カ条からなる藩の基本方針を示した。その要は、幕府に対しては恭順であるが、もし攻撃を受けたときは武力で戦うというものである。いわゆる「武備恭順」の藩是《はんぜ》である。この藩是には、幕藩体制否定の論理が秘められており、元治の内乱後に討幕派が成立したとする田中彰氏などの説がある。しかし、討幕というからには、幕府体制を滅ぼすための具体的な戦略が必要である。この段階では、幕府を武力で討つというレベルまで到達してはいない。幕府の攻撃を受けたら抗戦するというものであり、抗幕政権が成立したのである。

なお、岩国藩は、この段階ではまだ参加しておらず、岩国藩が加わって本藩と支藩が一体となった抗幕体制が確立するのは閏五月二十日になってからである。

第二　第二次長州出兵と長州藩抗幕体制の確立

一　第二次長州出兵

第二次長州出兵の発令　第一次長州出兵は、長州藩の降伏謝罪により終結の運びとなった。しかし、江戸の幕閣は、征長総督徳川慶勝《よしかつ》の長州処分が寛大に過ぎるのを疑い、元治元年（一八六四）十二月二十四日、毛利敬親《たかちか》父子および三条実美ら五卿の江戸への護送を命じた。この幕命は、広島から撤兵途中の慶勝に伝えられたが、慶勝はそのまま行軍を続け、一月二十四日、京都に入った。

これより先、朝廷は将軍徳川家茂《いえもち》の上洛を命じていたが、一月十五日、幕府は、長州藩は悔悟、服罪したので、これ以上の処置は江戸において行い、将軍の上洛は行わないと布達した。さらに二月五日・七日、本荘宗秀（老中、宮津藩主）と阿部正外《まさと》（老中、白河藩主）が兵三〇〇〇人を率いて入京し、幕府の威力を京都において強めようとした。しかし、二月二十二日、関白二条斉敬《なりゆき》は二人を詰問し、将軍の上洛をうながした。二条による譴責《けんせき》によって、二十四日、本荘は兵を率いて大坂に向かい、阿部も将軍を上洛させるようにとの勅命を奉じて、江戸に帰る途についた。

幕府は、朝廷の命による将軍上洛は拒み続けた。しかし、三月二十九日、諸藩主に命じて、敬親父子が江戸召致を拒む際には、将軍が直ちに進発するので、あらかじめその準備を行うべきことを命じた。進発は出陣を意味し、朝廷の命じる上洛とは性格の異なるものである。四月五日、将軍進発の準備として、本荘・阿部・松前崇広《まつまえたかひろ》（老中、松前藩主）に随行を命じた。ついで四月十三日、将軍進発に際しての諸藩の行軍の部署を定めた。さらに十九日、長州藩に「不容易企有之《よういならざるくわだてこれあり》」（「御書付留」）という理由で、長州藩征討のため五月十六日を期して将軍の進発を行うことを布達した。

徳川家茂の進発と再征勅許　五月五日、幕府軍の一番手は江戸を出陣し、従軍の部隊は漸次出陣した。幕府直轄軍の進発総数は、二万一五四八人にのぼった（「征長関係記録綴」榊原家文書）。幕府軍は、将軍の周辺などは旧式の軍装であり、この部分がこれまで紹介されることが多かったが、歩兵隊・持《もち》小筒組《こづつぐみ》・大砲組などは純然たる西洋式軍隊であり、幕府軍の中心であった（口絵参照）。

諸軍の出陣が続くなか、五月十六日、家茂は江戸城を出陣した。閏五月二十二日、家茂は京都に着き、即日参内して、長州藩において激徒再発と外国からの兵器入手の疑いがあるため進発したと奏聞した。二十五日、家茂は大坂城に入った。幕府は長州藩訊問《じんもん》のため支藩の徳山藩主毛利元蕃《もとみつ》、岩国藩主吉川経幹《きつかわつねまさ》を大坂へ出頭させようとし、六月二十三日、大坂において広島藩にこれを伝達するよう命じた。広島藩は、七月九日、長州藩に幕府の命令を伝えた。これに対し、長州藩は出頭命令を拒絶することを決定し、広島藩を通して幕府に伝えた。

幕府は、長州征討の名目を確かなものにするため、勅許を得ようとした。九月十五日、家茂は大坂城を発し、翌日、二条城に入った。九月二十日、一橋慶喜は参内し、勅許を奏請するにあたり、あらかじめ朝議を定めることを請うた。議は容易に決しなかったが、翌二十一日暁、幕府の奏請を受け入れることに決した。その夜、家茂は参内し、長州征討の勅許を受けた。

この会議の模様を聞いた薩摩藩の大久保利通は、朝彦《あさひこ》親王に対し、一度伏罪した長州藩に罪はないから、勅許は止めにすべきと強く主張した。その時述べたのが、「はじめに」でも紹介した、「非義の勅命は勅命にあらず」という、正義にそむく勅命は勅命ではないという言葉だったのである。大久保とともに勅許を出すことに反対を続けていた西郷隆盛は、兵力を背景にして勅許を撤回させるため、九月二十四日大坂に下り、さらに二十六日兵庫を出帆し、鹿児島に向かった。この動きのなかで、長州藩との提携をさらに強めていくことになる。

二　長州藩抗幕体制の確立

軍事組織の整備　長州藩は元治の内戦で諸隊が勝利し、抗幕体制が成立すると、諸隊の整備に着手した。慶応元年（以下、一八六五年は慶応元年として表記）三月十六日、諸隊の総管を山口の政事堂に招集し、一〇隊、総定員一五〇〇名とし、七カ所の各隊の屯集場所が告げられた。その内訳は、表1のようである。

また前日の十五日、干城隊《かんじょうたい》の取り立てが認められた。干城隊は、内戦で諸隊が勝利するのに貢献した中立派の鎮静会議員を種子として、家臣団から精鋭の士を選び、ゆくゆくは諸隊の上に立つことを意図して再興したものである。総督には福原芳山《ふくばらほうざん》、頭取には前原一誠《まえばらいっせい》が任じられた。

以後、長州藩は、「有志」の隊である諸隊、従来の封建家臣団の軍事組織、家臣団から選抜された干城隊、地域の防衛に当たる農商兵の四種類の軍事力を組織し、その運用と改革を進めていったのである。

四月九日、諸隊の規則が沙汰された。その内容は、文久三年（一八六三）十二月九日の沙汰をはじめとして、これまでの沙汰を再確認するものであるが、特に重視しているのは、人数不足になっても勝手に入隊させてはならないということであった。また、人数に応じての士官の数を、五〇人につき総管一人、軍監一人、書記一人、斥候《せっこう》一人、隊長一人、押伍《おうご》一人、計六人とし、以下五〇人増加するごとに人数を定め、四〇〇名にいたるまでの人数を定めている。

農商兵については、五月二十一日、定員を一六〇〇名と定め、一六歳から三五歳までの軍役とし、調練定日を一・二・三・七・十一・十二月の月別三日宛とすることを達した。調練が農閑期を選んで定められているのは、農作業に配慮したものであり、日頃から軍事に専念している諸隊との性格の違いが表れている。

変遷と定員

慶応元年3月			慶応元年5月	慶応3年（1867）2月	
総　督	定　員	駐　屯　地	定　員	改編隊名	駐　屯　地
山内梅三郎	人 375	吉田	人 400	奇兵隊	吉田
大田市之進	150	三田尻	230	整武隊	三田尻
森清三	100	山口	170		
石川小五郎	250	須々万→高森	330	遊撃隊	
佐々木男也	150	萩→生雲	200	振武隊	石見国郷田村
守永吉十郎	50	小郡	（10月）（80）		
赤川敬三	125	徳地	175	（明治1.12）健武隊	石城山
白井小助	100	石城山	125		
堀真五郎	150	小郡	200	鋭武隊	小郡
桜井慎平	50	三田尻→船木	120		
	1,500		1,950（2,030）		

隊』を一部修正して引用）.

諸隊については、定員増員の要求を受けて、五月二十六日、藩主の手元銀などをもとにして、表1のように四〇〇名増員した。この段階では荻《おぎ》野《の》隊《たい》は諸隊から外され、九隊一九五〇名が、藩庁が月俸を支給するほか正規に統括する諸隊となった。なお、御楯隊と遊撃隊は、四〇〇名の増員とは別にそれぞれ五〇名増員されており、これが加算された。

また、家臣団の隊についても、一〇〇〇石以上家臣の隊は、十月五日、南第一大隊か

表1　諸隊の

<table>
<tr><th rowspan="2">諸隊名</th><th rowspan="2">結成年月日</th><th colspan="3">文久3年（1863）12月</th><th colspan="2">慶応元年（1865）1～2月</th></tr>
<tr><th>総督</th><th>定員</th><th>駐屯地</th><th>総督</th><th>定員</th></tr>
<tr><td>奇兵隊</td><td>文久3.6.7</td><td>滝弥太郎
赤根武人</td><td>人
300</td><td>下関</td><td>（軍監）林半七
山県狂介</td><td>人
303</td></tr>
<tr><td>御楯隊</td><td>元治1.8.15</td><td></td><td></td><td></td><td>大田市之進
（御堀耕助）</td><td>277</td></tr>
<tr><td>鴻城隊（軍）</td><td>慶応1.1.10</td><td></td><td></td><td></td><td>春山花輔
（井上馨）</td><td>371</td></tr>
<tr><td>遊撃隊（軍）</td><td>文久3.10.10</td><td>来島又兵衛</td><td>500</td><td>三田尻</td><td>谷梅之助
（高杉晋作）</td><td>239</td></tr>
<tr><td>南園隊</td><td>元治1.8.28</td><td></td><td></td><td></td><td>宇多千之助</td><td>122</td></tr>
<tr><td>荻野隊
（→義昌隊）</td><td>文久3.6.-</td><td>（守永弥右衛門）</td><td>（150）</td><td></td><td></td><td></td></tr>
<tr><td>膺懲隊</td><td>文久3.7.-</td><td>（赤川敬三）</td><td></td><td></td><td></td><td></td></tr>
<tr><td>第二奇兵隊
（→南奇兵隊）</td><td>慶応1.1.-</td><td></td><td></td><td></td><td></td><td></td></tr>
<tr><td>八幡隊</td><td>文久3.12.9</td><td>堀真五郎
駒井政五郎</td><td>100</td><td>山口</td><td>堀真五郎</td><td>294</td></tr>
<tr><td>集義隊</td><td>文久3.10.4</td><td>桜井慎平</td><td>50</td><td>小郡</td><td>桜井慎平</td><td>31</td></tr>
<tr><td>義勇隊</td><td>文久3.10.7</td><td>佐々木亀之助
秋良敦之助</td><td>50</td><td>上関</td><td></td><td></td></tr>
<tr><td colspan="2">合計</td><td></td><td>1,000
（1,150）</td><td></td><td></td><td>1,637</td></tr>
</table>

（備考）　慶応元年1月～2月の実員は「諸隊惣人員帳」による（田中彰『高杉晋作と奇兵

ら南第一二大隊と北第一大隊から北第三大隊までに編制された。その編制は、表2のようである。以後、状況の変化に応じて改編が続けられた。ここでの最小単位は小隊であり、家臣団隊においても新しい西洋式軍隊に編制替えされていることが注目される。

政治改革　軍制改革が進むなか、行政組織についても改革が断行された。五月六日、国政・民政の両府を合一して政務を簡略にし、国政方と国用方の二局が設置された。国用方は民政を兼務した。この

表2　1000石以上家臣大隊の編制表

隊　　名	隊規模	備　　考
南第1大隊	1大隊	宍戸備前
南第2大隊	5小隊	毛利隠岐
南第3大隊	1大隊	清水美作3小隊，浦滋之助3小隊，井原主計2小隊
南第4大隊	6小隊	佐世仁蔵3小隊，村上亀之助2小隊，村上河内1小隊
南第5大隊	1大隊	毛利筑前半大隊，堅田健助半大隊
南第6大隊	1大隊	毛利筑前
南第7大隊	1大隊	毛利出雲
南第8大隊	1大隊	粟屋帯刀半大隊，梨羽筑後2小隊，国司主税1小隊，宍道備中2小隊
南第9大隊	7小隊	益田孫槌3小隊，児玉若狭2小隊，内藤常陸半小隊，赤川蔵人半小隊，佐々木式部半小隊，内藤真伍半小隊
南第10大隊	1大隊	鈴尾駒之進
南第11大隊	1大隊	毛利能登半大隊，桂武之助1小隊，宍戸丹後半小隊，口羽熊之允半小隊，山内新右衛門半小隊，熊谷岩尾半小隊，秋里音門半小隊，二宮余次半小隊
南第12大隊	1大隊	高田健之助半大隊，山内梅三郎半大隊
北第1大隊	1大隊	御神本主殿
北第2大隊	1大隊	志道安房2小隊，柳沢備後2小隊，榎本伊豆1小隊，児玉主税1小隊，宍戸播磨半小隊，根来上総半小隊，繁沢河内半小隊，渡辺丹波半小隊
北第3大隊	4小隊 1半小隊	毛利豊之進半小隊，周布治部1小隊，福原相模半小隊，益田石見半小隊，椙杜駿河半小隊，桂衛士半小隊，乃美山三郎半小隊，益田与三半小隊

（備考）「諸隊関係編年史料」慶応元年10月5日条（『山口県史　史料編幕末維新6』）より作成．1大隊＝4中隊＝8小隊

もとに用談役《ようだんやく》・手《て》元役《もとやく》のほか、用所役《ようしょやく》・遠近方《えんきんがた》・蔵元役《くらもとやく》などが配置された。

これらの改革を推進する中心人物として期待されたのが木戸孝允である。木戸は、禁門の変の後、但馬国出石《いずし》に潜伏していた。木戸は要請を受けて出石を出発し、四月二十六日、下関に着いた。五月十三日、山口に帰り、翌十四日、藩主毛利敬親《たかちか》に拝謁し、藩政に加わった。以後、用談役として藩政の中枢を担った。

木戸の基本方針は、「粛然《しゅくぜん》深夜の如し」という状態をつ

くり出そうとするものである。外に向かっては寂として声なきを装い、内は動かざること山のごとくし、その間に藩内の人心を一和し、まず民政・軍制を整備し、時機を待つというものであった。閏五月二十七日、「待敵《たいてき》」の方針を打ち出した。これは、長州藩が公明正大の大義をもって幕府と応接しても、ついに幕府から攻撃を受けたときには、決戦を覚悟するというものである。さらに六月二十七日、抗戦を最終的な手段として、「敵を待つ心得」を肝要として、「待敵」方針を確定した。

この方針のもと、藩庁政事堂へあらゆる権限の集中化が図られていった。さらに、干城隊・諸隊・封建家臣団などあらゆる軍事組織も政事堂に集中させた。これまでの通説では、干城隊を軍事力の中心に据え、諸隊および農商隊を藩軍事力のなかに再編制したといわれてきた。しかし、これは高杉などの構想を実態であるかのように誤解したために生まれた考え方である。実態は、藩庁政事堂の統制のもとに諸隊と干城隊が並列して据《す》えられる配置になっている。また、従来の封建家臣団も大隊組織に編制替えされ、政事堂のもとに組み込まれた。藩庁政事堂を中枢として、そのもとに干城隊、諸隊、家臣団隊が統一的に組織編制されたことは、幕長戦争において、征長軍に比べて圧倒的に少ない兵力であるにもかかわらず、政事堂の統一的指揮のもと兵力の効率的運用によって勝利する要因となった。

軍事改革　軍事改革では、長州藩出身の蘭医学者で西洋軍制に精通している大村益次郎を最高責任者として抜擢し、西洋軍制の導入が徹底して進められた。大村は、三月十三日、手当掛兼兵学校用掛となり、五月二十七日、用所役として軍制の専任となった。

大村はゲベール銃からミニエー銃への転換を図った。この二つの銃は、両方とも弾丸は銃身の前のほうから込める先込銃であり、一見すると似ている。しかし、ゲベール銃は、銃身の内がなめらかで、丸い弾丸であるのに対し、ミニエー銃は銃身の中に施条（ライフル）が施してあり、弾丸は椎《しい》の実《み》型になっている。この性能の差は大きい。ミニエー銃は発射したときに、爆発のガス圧で弾の底のほうが膨らむしかけになっており、ライフルにくい込みながら弾丸が出ていく。そのためガス圧が漏れにくく、射程距離が非常に伸びてくる。さらに弾に回転がかかっているため、弾道が安定する。ゲベール銃は、弾に回転がかからず、そのまま押し出すような恰好《かっこう》で弾が出ていくことになり、無回転のため不安定な弾道となる。両者の命中精度の差は、ゲベール一に対してミニエーが五・五といわれている。さらに当たったときの衝撃力は、弾に回転がかかっているミニエーのほうがはるかに強い。後述する（一八〇頁参照）ように幕長戦争のとき、長州軍のミニエー銃に撃たれた福山藩の兵士は、弾丸がすね当てごと肉にめり込んでくると、その衝撃力のすさまじさを語っている。

これらのことに精通している大村益次郎は、値段にして三倍以上もするミニエー銃への転換を断行しようとした。大量のミニエー銃は、長崎を通して外国から調達するほかなかったが、幕府が外国側に圧力をかけていることにより困難であった。そこで薩摩藩の名義で購入する方法が模索され、そのなかから薩長連携の動きが前進した。

三　薩長盟約の成立過程

薩摩藩の尊王方針への転換　元治元年、第一次長州出兵段階における西郷隆盛の対長州藩政策は、当初は、雄藩としての長州藩は存続させない方針であったが、十二月、諸隊との接触の結果、雄藩としての長州藩の存続を認めることに転換した（高橋秀直『幕末維新の政治と天皇』）。

さらに慶応元年一月になると、第一次長州出兵による圧力の中で長府から九州に移った五卿を厚遇する方針へ転換した。

二月二十四日、五卿の滞在する大宰府に着いた西郷は、熊本・久留米・福岡・佐賀藩士と会合し、五卿の江戸護送を命ずる幕命への対策を相談した。そして、西郷が上京して周旋することが決定した。西郷にとっての五卿の位置づけは、「王室を起こすの一端にて、勤王家の欣慕《きんぼ》する御方々に候」（慶応二年五月二十九日付、大久保利通宛西郷隆盛書簡『西郷隆盛全集』二）というものであり、将来、王室を興すために重要な存在とみていた。その厚遇は、西郷の大きな方針転換といえる。

一方、五卿は、土方久元《ひじかたひさもと》・中岡慎太郎を京都に派遣し、二人は薩長和解へ向けて活動を開始した。

この状況の中で幕府は、四月十九日、長州再征のための諸藩の出兵を命じた。これに対し西郷は、長州再征は私戦であると批判し、長州再征の出兵を断然拒否する方針を表明している。

五月十三日、薩摩藩京都藩邸は、将軍徳川家茂《いえもち》の進発に対応するため、鹿児島に帰国している西郷の上京を促すことを決定した。また土方・中岡は、西郷が上京途中、下関において木戸孝允と面会し、同心協力を尽力することを唱え、諸士の同意を得た。二人はその準備のため京都を出発した（『回天実記』二）。

閏五月五日、鹿児島にいた西郷は、将軍の江戸城進発を聞いて、次のように厳しく批判した。

弥《いよいよ》発足の様子自《みづか》ら禍を迎え候と申すべく、幕威を張るどころの事にては御座ある間敷《まじく》、是より天下の動乱と罷《まか》り成り、徳川氏の衰運此《こ》の時と存じ奉り候。（中略）何も扨置《さてお》き、此の節の進発、天下のため雀踊《じやくやく》此の事と存じ奉り候

（慶応元年閏五月五日付、小松帯刀宛西郷隆盛書簡『西郷隆盛全集』二）

西郷は、家茂の進発は、自ら禍を迎えるようなものであると辛辣に批判している。一方で、幕府が自ら墓穴を掘ることになるから、天下のためには喜ばしいとみている。西郷は、幕府を完全に見限っており、雄藩連合の同伴者として長州藩との連携を模索することになる。ただし、同盟は相手が途中で方針転換すれば非常に危険な状況に陥るのであり、西郷は、長州藩の真意を確認しながら慎重に接触を進めていった。

長州藩抗幕体制の成立と薩摩藩への接近　三月二十三日抗幕体制が成立した長州藩は、諸藩との提携を模索したが、薩摩藩とは禁門の変で戦闘を交えただけに、提携に反対する意見が藩内には根強か

った。

木戸が藩政に加わった段階での薩摩藩との関係について、五月二十八日、藩政府は、直目付《じきめつけ》（藩主側近）の「薩摩の小松・西郷が長州藩のために周旋尽力している様子なので、藩主敬親《たかちか》・元徳《もとのり》父子の内慮を岩国藩主吉川経幹《きつかわつねまさ》のルートを通して伝え、さらに、薩摩藩主島津忠義《ただよし》へ徹底するようにしてはどうか」という提案に対し、実否不分明のまま手を下してはかえって危険であるとして、薩摩藩へ藩主父子が直接連絡をとることを否決した（慶応元年五月二十八日付、木戸孝允宛広沢真臣書簡「公宛諸士尺牘《せきとく》謄本」七）。薩摩藩をいまだ信用していないことがわかる。

一方、土方は、前述したように木戸と西郷の会談を計画するため、閏五月三日下関に着き、長府藩士と薩長和解について談論した。

木戸は、薩摩藩との提携を前向きに考えていた。そのような状況で、大宰府で長州藩の小田村素太《もとた》郎《ろう》と接触した坂本龍馬が下関に来た。木戸は坂本と会うよう依頼を受け、閏五月四日、山口から下関に行き、五日、坂本と会見した。

閏五月六日、土方は木戸と会い、西郷が上京途中、下関に立ち寄る手筈なので、両藩提携に尽力するよう申し入れた。

木戸・坂本は、西郷の来るのを待った。しかし、閏五月十八日、西郷は途中の佐賀関《さがのせき》で予定を変更し、下関に立ち寄らず、大坂へ直航した。二十一日、中岡慎太郎のみが下関に来た。有名な西郷すっぼかし事件である。この理由については、西郷が特に急いで上京しなければならない情勢ではないので、これまでの研究においては様々な憶測を呼んでいる。

しかし、この段階で長州藩の抗幕体制は、元治の内訌戦で保守派寄りであった岩国藩がまだ参加しておらず、確立という段階までには至っていなかった。長州藩内部の状況について前原一誠《まえばらいっせい》は、「待敵守禦《しゅぎょ》之御謀議、正邪黜陟《ちゅつちょく》臧否《ぞうひ》賞罰到今日《こんにちにいたり》未一事モ不挙《あがらず》」（慶応元年閏五月十七日付、木戸孝允宛前原一誠書簡「公宛諸士尺牘謄本」七）と、待敵守禦の方針が確立していない状況を木戸に伝えている。西郷は、岩国藩とは第一次長州出兵段階から太いパイプを持っており、岩国藩が抗幕体制に賛同していない情報は把握しえたはずであり、長州藩の真意を確認しながら慎重に行動していると考えられよう。

その後、閏五月二十日、長府・徳山・清末・岩国藩主が山口に出て軍議を開き、決死防戦する覚悟を誓い、ここに支藩を含めた抗幕体制が確立した（「柏村日記」）。

長州藩の武器購入と薩摩藩の支援　西郷が下関に来なかったことの挽回のため、坂本・中岡は上京し、薩摩藩名義で長州藩の銃・軍艦を購入する策を進めようとした。

六月二日、伊藤博文は、坂本・中岡が京都薩摩藩邸で西郷等に会い、薩摩藩名義で蒸気船を購入することを要請する計画を木戸に伝えた。

木戸は、薩摩藩名義で銃・軍艦を購入することについて藩政府に諮《はか》ったが、藩政府は、銃の購入のみ認め、蒸気船購入は承認しなかった。長州藩内では、海軍局による薩摩藩に頼る軍艦購入に対する厳しい反対論が存在した。海軍局が反対する理由は、造船の知識のある海軍局が検査を行った後でないと、欠陥船をつかまされる危険性があるというものであった。また、薩摩藩側からすれば、銃と軍艦は購入する危険度が大きく異なっており、薩摩藩は銃の購入は援助したが、軍艦購入は渋り続けた。薩摩藩名義による銃・軍艦の購入問題は、従来あまり銃と軍艦を区別しないで論じられてきたが、重要な論点なので、以下詳述したい。

七月十六日、井上馨・伊藤博文は、下関を発し、二十一日長崎に着いた。そして、薩摩藩屋敷に潜んで銃の購入に当たった。

長州藩政府の軍艦購入の許可は、海軍局の反対で難航した。しかし、この段階で、長州藩は、帆船軍艦三艘しか持っておらず、「近来一隻之蒸気船無之《これなき》故、幕吏之我ヲ侮候事モ亦甚《またはなはだしく》敷有之《これあり》、残念之至ニ御座候」（慶応元年七月十六日付、木戸孝允宛山田宇右衛門書簡「公宛諸士尺牘謄本」七）と、最新鋭の軍艦をそろえている幕府海軍に対し圧倒的に不利な状況であった。軍艦の問題は、幕長戦争期を通して長州軍の弱点として長州藩を悩まし続けた。

この状況の中で、八月三日、長州藩の当役中と政府は、海軍局と妥協線を見出して、井上・伊藤斡旋の蒸気商船（後に軍艦に改装）の購入を決定し、海軍局が希望する蒸気砲艦二艘の購入も海軍局に調査を依頼することにした。八月七日、長州藩の当役中と政府は、薩摩藩へ依頼することに関し御前会議を開いた（「柏村日記」）。当役中と政府も薩摩藩と提携する方針になった。

井上・伊藤によるミニエー銃・ゲベール銃の購入は順調に進み、ミニエー銃四三〇〇挺は、薩摩藩の胡蝶《こちょう》丸で、八月二十六日、三田尻に陸揚げされた。ただし、予定していた小松帯刀・大久保利通は来なかった。下関に迎えのために出ていた木戸は、薩摩藩は幕府の嫌疑を恐れていると見ている。

九月上旬、長州藩は、幕府による家老の大坂出頭命令への対応に追われていた。その中で九月六日、木戸と井上は山口へ帰り、毛利敬親に状況を報告した。翌七日、毛利敬親・元徳父子は、薩摩藩主父子（島津久光・忠義）宛の、これまでのわだかまりを捨て、「万端氷解に及ぶ」という書簡（『鹿児島県史料　玉里島津家史料』四）を銃の輸送のためにやって来た上杉宗次郎（近藤長次郎）に託した。

この書簡を薩長同盟の成立とする高橋秀直『幕末維新の政治と天皇』の説もあるが、長州藩主父子の書簡は、政府内で充分審議された形跡はなく、難航している軍艦購入を実現するために書かれたものと考えられる。なお、上杉は正式の薩摩藩使節ではない。

軍艦購入の経緯については、黒田清隆が次のように薩摩藩の内情を語っている。

くろ田中候には、此一件に付ては上杉氏山口において君公（毛利敬親）に拝謁いたし候処、蒸気艦買入之事御直《じき》に御頼みに相成候に付、直《ただち》に帰国此段修理大夫（島津忠義）幷小松（小松帯刀）などへ相談いたし候処、諸器械の義は如何様《いかよう》とも可仕《つかまつるべく》候得ども、艦と申ものは何国より何国某に売渡いたし候段《そうろうだん》諸方えも達し候位ひの事ゆへ、たやすく買得不相成段《あいならざるだん》断候処、上杉氏国情幷君

公より御頼み相成候辺を以、縷々《るる》説得せられ漸《ようやく》買入候

（慶応二年二月二十六日付、木戸孝允宛品川弥二郎書簡『木戸孝允関係文書』四）

このように軍艦購入は、銃とは異なってよく目立ち、諸方へ知れわたってしまうので、薩摩藩は名義を貸すことに慎重であり、軍艦購入は難航していた。長州藩主父子の依頼の親書の効果もあって、漸く十月十八日、ユニオン号（薩摩藩は桜島丸、長州藩は乙丑《おっちゅう》丸と呼ぶ）の購入が決定したのである。

軍艦購入決定後は、その取り扱いを巡って紛糾したが、慶応二年二月、軍艦は長州藩に帰属することで決着した。三月二日、藩主敬親・元徳父子は久光父子宛の蒸気船・小銃購入取り計らいに感謝する親書を高杉晋作に託した（「柏村日記」）。高杉は、長崎の薩摩藩屋敷で藩主親書を拝呈した。これに対し、六月九日、薩摩藩の答礼使節平田平六・岸良彦が山口に来て、十日敬親に拝謁し、薩摩藩主の返書を拝呈した（「柏村日記」）。

薩摩藩西郷派の再征勅許への反対運動　九月二十一日、長州再征の勅許が出た。この対策のため、西郷は九月二十三日、京都を発し鹿児島へ向かった。途中まで坂本も同伴し、西郷の使者として、長州藩へ向かった。十月三日、坂本は、長州藩領中央部の三田尻で小田村素太郎に会い、翌四日、山口に入った。

坂本は、西郷の伝言について、薩摩藩は長州再征の勅許に対し、兵力をもって諫争《かんそう》し、兵を上京させるに当たり、兵糧米を下関で調達することを依頼する西郷の意向を伝えた。長州藩政府・藩主は、

これを承諾した（「柏村日記」）。

十月二十一日、坂本は、下関に出て木戸に会った。木戸は兵糧米の調達を約束した。坂本は京都に帰り、これを西郷に報告した。

以後、情勢が大きく変化した。十一月七日、幕府は征長軍諸藩の攻撃部署を示し、進発を命じた。これに応じて、幕府陸軍、彦根藩軍、高田藩軍等は、大坂を出陣して広島城下に集結した。幕府歩兵二大隊、騎兵一小隊、砲隊は、十一月十五日、大坂を進発した。福山藩軍は、十二月一日から十日にかけて、総計三六六七人余が福山城下から石見国へ向けて進発した。

その一方で幕府は、大目付永井尚志《なおゆき》らを広島へ派遣し、十一月二十日から国泰寺において長州藩代表の宍戸《ししど》備後助《びんごのすけ》を呼び出し訊問《じんもん》を開始した。

四　薩長盟約の成立と歴史的性格

薩長盟約の成立　西郷は、情勢の変化に対応して、薩長両藩の方向を協議しようとし、十二月、黒田清隆が、木戸の上京を求めるために下関に来た。十二月二十一日、木戸は、藩主毛利敬親《たかちか》の命令で上京出張を命じられた。上京に当たり、諸隊の了承を得るため諸隊の代表者を同伴することになり、奇兵隊から三好軍太郎、御楯《みたて》隊から品川弥二郎、遊撃隊から早川渡、さらに田中光顕《みつあき》も同伴した。木戸は、長州藩の正式代表の資格で上京した。

十二月二十七日、木戸一行は、三田尻を出帆し、翌一月七日着京した。そして、一月二十一日、薩長盟約が成立した。盟約内容は、木戸がまとめた書簡の条文によれば次のようである。

（一条）戦《いくさ》と相成候時ハ、直様《すぐさま》二千余之兵を急速差登し、只今在京之兵と合し、浪華《なにわ》へも千程ハ差置、京坂両処を相固め候事

（二条）戦自然《しぜん》も（もしも）我勝利と相成候気鋒有之《これあり》候とき、其節朝廷へ申上、訖度《きっと》尽力之次第有之候との事

（三条）万一戦負色《まけいろ》ニ有之候とも、一年ヤ半年ニ決而潰滅《けっしてかいめつ》致し候と申事ハ無之事《これなきこと》ニ付、其間ニは必尽力之次第訖度有之候との事

（四条）是なりにて幕兵東帰せしときハ、訖度朝廷へ申上、直様冤罪《えんざい》ハ従朝廷御免《ちょうていよりおゆるし》ニ相成候都合ニ訖度尽力との事

（五条）兵士をも上国之上、橋会桑（一橋・会津・桑名）等も如只今《ただいまのごとき》次第ニ而、勿体《もったい》なくも朝廷を擁《よう》し奉り、正義を抗《こば》ミ周旋尽力之道を相遮《あいさえぎ》り候ときハ、終に及決《けっせんにおよび》戦候外無之との事

（六条）冤罪も御免之上ハ、双方誠心を以相合し、皇国之御為に砕身尽力仕候事ハ不及申《もうすにおよばず》、いづれ之道にしても、今日より双方皇国之御為皇威相暉《あいかがや》き御回復ニ立至り候を目途ニ誠心を尽し、訖度尽力可仕《つかまつるべき》との事

（慶応二年一月二十三日付、坂本龍馬宛木戸孝允書簡、木戸家文書、宮内庁書陵部蔵）

一条は、幕長戦争が開戦すると、薩摩藩は、直ちに二〇〇〇余の兵士を急いで上京させ、京都・大坂を固めると規定している。この「直様」に注目しておきたい。二条から五条は、幕長戦争が開戦した後に想定される様々な事態（勝利の気配がある場合、緒戦で敗戦し長期戦となった場合、このまま非開戦となった場合、一橋・会津・桑名が朝廷を擁し周旋を遮った場合）に対応して、薩摩藩は長州藩の冤罪（八月十八日政変で京都における政治的地位を奪われたこと。元治元年八月二十二日、毛利敬親父子の官位称号を奪われたこと）をはらすため朝廷工作に尽力すると規定している。一条は、開戦後直ちにであるが、二条から五条は、開戦後の次の段階として、様々な状況に応じて発生する事態（このまま非開戦の場合も含む）への対応であり、一条とは段階が異なるものである。そして、長州藩が緒戦で勝利したため、開戦後の次の段階の方針としては、結果的に二条が適用されることになった。六条は、高次の目標として、薩長両藩が協力して、朝廷の権威が輝く状況を回復させることを目標に尽力するという規定である。

薩長盟約の歴史的性格　薩長盟約は、秘密盟約であったが、早い段階から民間に流出した。これについては、宮地正人「中津川国学者と薩長同盟―薩長盟約新史料の紹介を糸口として―」が、中津川国学者の情報ネットワーク史料をもとに詳細に紹介している。ここではその内容について、盟約条文と対応させて検討しよう。薩摩藩京都藩邸から漏れたと見られる情報では、次のようである。

佐津（薩摩）平安ニ発し、穴（長州）西ニ突起し、会・桑・独を追捕し、麦（幕府）を浪速ニ追こめ、佐津・穴大老となり、旧弊を一洗せん奇策なりと云、大島（西郷隆盛）・加都良（桂小五郎）先般窃《ひそか》に登京す、弥《いよいよ》策を廻し速ニ西帰す、長和不整《ととのわざる》時ハ麦主無拠《よんどころなく》西下、其虚を得て、京・長ニ於《おい》て一時ニ突起すへしと云謀略ニ再ひ決したる由巷談《こうだん》也

麦激して長征セむ、其虚ニ乗し京坂ニ一発し、長よりハ逆寄《さかよせ》ニ押登らハ必勝利あるへきに附て、其策ニ決定し

（「吉介翁自筆見聞雑記」）

このように薩摩藩は、長州藩に呼応して、京都・大坂で蜂起する計画と見られている。また、その対戦相手は、一会桑のみならず大坂に駐屯している幕府軍本隊であり、幕府軍が大坂から長州藩へ出陣した場合、その虚に乗じて京都と大坂で蜂起する策と見られている。これは民間において過大に期待されたものであるが、戦略イメージは鮮明である。

なお、盟約の交渉過程で、西郷が木戸に、長州藩に下されるであろう処分をひとまず受け入れ、その上で共に朝廷へ雪冤《せつえん》運動しようとの案を示したことについて検討しておきたい。これは、内乱回避を目指したものではない。この段階で、長州藩の軍艦は帆船三艘のみ（二月になって乙丑《おっちゅう》丸が長州藩への所属で決着。四月になって小型蒸気軍艦丙寅《へいいん》丸を購入）だったので、長州藩は渡海作戦が困難であり、勝利できる可能性は極めて低かった。西郷の方略は、長州藩が削封されるにしろ藩として存続することが出来る方法を求めたものであり、むしろ現実的な選択であった。

しかし木戸は、「終《ついに》道之不相立《あいたたざる》処を以、挙国斃而止《たおれてやむ》之決論」（慶応二年一月二十九日付、小田村素太郎宛

木戸孝允書簡『木戸孝允文書』二）と、勝敗よりも道＝正当性の論理を重視した。いったん処分を受け入れたのでは、藩は存続できても、正当性の原則が崩れてしまうのである。木戸は、「今日の長州も皇国之病を治し候にはよき道具」（慶応元年七月十八日付、大島友之允宛木戸孝允書簡『木戸孝允文書』二）と、藩の存続より国家のことを優先した。

議論は平行線をたどったが、「（坂本が）御上京ニ付候而ハ、折角之旨趣も小（小松帯刀）・西（西郷隆盛）両氏等へも得と通徹、且両氏どもよりも将来見込之辺も御同座ニ而い曲《きょく》了承仕無此上《このうえなく》」（慶応二年一月二十三日付、坂本龍馬宛木戸孝允書簡）と、西郷が折れて、木戸の論で妥結した。

二月六日、木戸は山口に帰り復命した。広沢は、「上国ニオイテハ不一《ひとかたならざる》方御配慮、薩之都合も余程宜様《よろしきよう》相成候由」（慶応二年二月七日付、木戸孝允宛広沢真臣書簡「公宛諸士尺牘謄本」九）と述べ、いよいよ武備を引き締めて盛んにすべきであるとし、薩長盟約を受けて決戦の覚悟を固めた。

五　長州処分と開戦への過程

長州処分　十二月十八日、永井尚志《なおゆき》は大坂城において、長州藩を訊問した結果を復命した。在坂の老中は、防長のうち十万石を削り、敬親《たかちか》を隠居させ、元徳《もとのり》を相続させるという処分案を立て、永井を上京させて、一橋慶喜にはからせた。これに対し慶喜は強硬論を唱え、老中板倉勝静《かつきよ》らの幕閣と激しく対立した。以後、協議が重ねられた。慶応二年一月二十二日、板倉、一橋、公卿らは参内し、朝議が行われたが紛糾し、深夜に至ってようやく長州処分が勅許された。処分内容は、防長のうち十万石を取り上げ、敬親は蟄居隠居、元徳は永隠居させ、家督は然るべき者に相続させるというものであった。

その通告のため、老中小笠原長行《ながみち》が二月七日、広島に下向した。小笠原は、長州藩主毛利敬親父子、三支藩主、吉川経幹《きつかわつねまさ》を広島へ召喚する命令を発し、期限を四月二十一日とした。しかし、長州藩は、第一次長州出兵で処分は済んでいるとして、処分令を受理しなかった。ただし、四月二十一日の期限については、藩主名代《みょうだい》として宍戸《ししど》備後助《びんごのすけ》と四末家の老臣を広島に出したので、激突は回避された。

五月一日、小笠原は、四末家名代に処分令を公布し、請書の提出期限を五月二十日とした。期限はさらに二十九日に延期されたが、小笠原は、五月九日、宍戸備後助などを拘禁しており、ここに平和交渉の途は実質上断たれた。小笠原は、二十九日までに長州藩が処分受諾の請書を提出しない場合、六月五日を期して進撃するよう征長軍に命じた。

薩摩藩の征長出兵拒否　幕府による長州藩への処分受諾への威圧が続くなか、四月十四日、大久保利通は、大坂城において薩摩藩の出兵拒否を幕府に建白した。この大久保の行動については、「御両殿様御満足遊ばされ、余程大久保が出来たと御意《ぎょい》遊ばされ」（慶応二年五月二十九日付、大久保利通宛西郷隆盛書簡『西郷隆盛全集』二）と、島津久光・忠義は満足しており、承認を受けている。

薩摩藩の出兵拒否は、「大市翁（大久保）昨日より下坂、旨趣は此度将軍下播（播磨国へ下る）、軍勢追々繰出しに付ては、⊕（薩摩）藩えも出張の命有之《これある》よし、然る処名なき軍に人数等一切差出す事は不相成《あいならず》との建白、翁持参にて閣老面会にて事情も篤と申込むと、揚々《ようよう》として出京に相成申候」（慶応二年四月十三日付、木戸孝允宛品川弥二郎書簡『木戸孝允関係文書』四）と、京都薩摩藩邸に連絡役として常駐していた品川弥二郎に詳細を伝えつつ行っている。情報は直ちに長州藩政府に伝えられた。長州藩は、薩摩藩の攻撃予定部署であった萩方面に精鋭部隊を配備する必要がなくなり、守備のための家臣団隊が配備されるに留まった。

第三　大島口戦争

一　征長軍の大島攻撃

征長軍の長州攻撃準備　幕府が、慶応二年（一八六六）六月五日を期して長州藩を攻撃するよう命令したことを受けて、広島城下に滞陣していた幕府直轄軍は、長州藩領周防大島（屋代島《やしろじま》ともいう。以下、大島と表記する）へ進撃するため、六月三日から厳島《いつくしま》（宮島）へ集結を開始した。厳島は広島城下の西南一五キロメートルに浮かぶ島で、厳島神社とその門前町があることで知られている。大島は、広島から安芸灘《あきなだ》を南に進むと東西に長く横たわる島である。その長さは二八キロメートルにも及び、本土とは最短八〇〇メートルの大畠瀬戸《おおばたけせと》をはさんで近接しており、広島側から海上を伝って攻撃しようとする場合、長州藩を守る壁のような役割を果たしていた。征長軍は、まず大島を占領し、ここを足がかりとする作戦を立てた。

六月三日、広島城下西隣の草津《くさつ》村に滞陣していた幕府歩兵隊一大隊と大砲二門は、草津村を出発し、その日の内に厳島に着いた。また、広島城下に滞陣していた大砲一座、持小筒組《もちこづつぐみ》二小隊も厳島に着いた。続いて五日には、歩兵一大隊、騎兵一小隊、六日には、拾六番隊のうち歩兵四中隊、大砲一座、小筒組一小隊、七日には、歩兵六中隊が厳島に着いた（「大島征討日記」『千人同心の長州出兵』二）。

幕府軍艦による上関・大島宰判砲撃　六月七日四ツ時（午前十時）頃、幕府蒸気軍艦長崎丸（小倉口の小笠原長行の指揮により、六月六日夜、小倉を出港した。「坤儀革正録」、『南紀徳川史』一三）は、上関宰判熊毛《かみのせきさいばんくまげ》半島先端の千葉《せんば》崎の沖から大砲四発を発し、室津《むろつ》瀬戸口の人家屋根その他を砲撃した。長崎丸は、直ちに大島宰判安下庄《あげのしょう》（大島西部の南側）へ向け出船した（六月七日上関代官小川市右衛門報告「四境戦争一事　大島郡」、「浦日記」慶応二年六月七日条）。同艦は巳《み》刻《こく》（午前十時。室津への砲撃の時刻と同じなので矛盾するが、時計による正確な計時ではないので、大まかな時刻を示すに過ぎない）安下庄の立島《たつじま》の内側へ乗り入れ、大砲四発を撃った。一発は空発、二発は龍崎という陸地から一〇丁（一〇九〇メートル）ほどの海中へ落ちた。もう一発は、外入《とのにゅう》村へ向け撃ち掛けた。その後、長崎丸は伊予大洲方向へ向けて出船した（六月七日大島代官斉藤市郎兵衛報告「四境戦争一事　大島郡」）。

この砲撃の報告は、直ちに山口の藩庁政事《せいじ》堂《どう》へ発信された。当時、大島から山口まで連絡が届くのに約一日かかった。藩庁政事堂は、「追々被仰出《おおせいだされ》候通ニ的中致居《いたしおり》候、此往《ゆ》キ迚《とて》も是等之所業可有之《これあるべき》ニ付、少も不動揺《どうようせず》、厳粛ニして、待敵之所置肝要之事ニ御座候間、下民能々《よくよく》御説得」（「四境戦争一事　大島郡」）として、六月八日付で差し戻した。軍艦による砲撃は、威力偵察レベルと判断して、動揺することなく、従来から達していた待敵の方針を堅持するよう指令した。

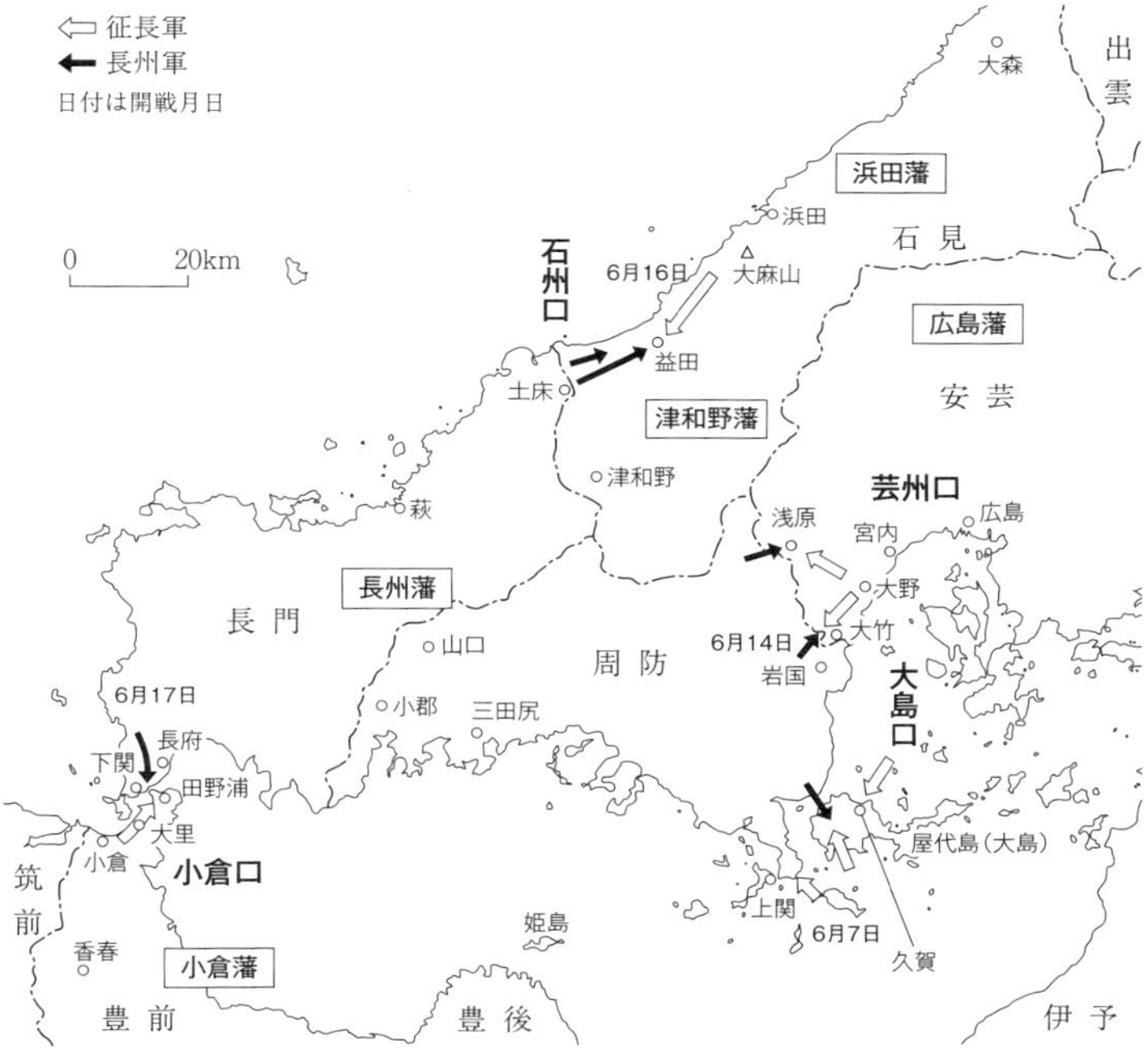

図６　幕長戦争要図

松山藩軍の大島攻撃　六月八日、伊予灘を隔てて大島と対している伊予松山藩による大島攻撃が行われた。松山藩軍は、午前七時頃、蒸気軍艦二艘によって大島東端の油宇《ゆう》村沖合から大砲五〜六発を撃ち込んだ（「四境戦争一事　大島郡」）。この砲撃による割れた弾丸により、婦人親子が即死した（「村上河内変動中日記」）。さらに商船一〇艘へ乗り組んだ松山藩軍一五〇人は、油宇村へ上陸した（同右）。続いて軍艦二艘は安下庄へ入港し、大砲数発を撃ち掛け、間もなく退去した（同右）。

図7　大島口戦争要図

この時の討入りの松山藩軍は、一の手、二の手、新製二番大隊、総人数一〇〇〇余人であった（『松山叢談第十四上』）。

油宇村および安下庄が攻撃されたとの情報は、大島代官斉藤市郎兵衛により、八日午後一時、藩庁政事堂へ発信された（「四境戦争一事　大島郡」）。なお、原史料は「今七日」と誤記している。戦争関係の史料は、匆々《そうそう》のうちに書かれるので、原文書であっても日付の誤りが見られる。利用に当たっては、史料の突き合わせによって正確を期す必要がある。

幕府直轄軍の大島攻撃　厳島への集結を完了した幕府直轄軍は、六月八日午前八時、歩兵一大隊、持小筒組一中隊、大砲半座の第一陣が、幕府軍艦富士《ふじ》山《やま》丸、翔鶴《しょうかく》丸、八雲《やくも》丸（松江藩から借り上げ）、旭日《あさひ》丸および和船四艘に乗り込んで、大島へ向けて出陣した。午後四時、大島の北側に位置する久賀《くか》村の海上

表3　征長軍の大島口・芸州口配備軍艦

艦　　名	種　　類	長さ(m)	幅(m)	排水量(t)	原名・購入代金等
富士山丸	蒸気内車，木造	68.3	10.1	1000	フジヤマ，24万ドル
翔鶴丸	蒸気外車，木造	59.4	7.2	350	ヤンチー，14.5万ドル
旭日丸	帆船，木造	41.7	9.6	不詳	水戸藩製造
大江丸	蒸気内車，木造	48.6	7.8	不詳	ターキャン，11万ドル
二番長崎丸	蒸気内車，鉄製	56.1	7.5	341	ジョンリー，10万ドル
一番八雲丸(松江藩)	蒸気内車，鉄製	54	8.1	337	ガーゼリ，8万ドル
明光丸(和歌山藩)	蒸気内車，鉄製	75.6	10.8	887	バハマ，13万8500ドル
震天丸(広島藩)	蒸気内車，鉄製	45	6.3	181	リョン，8.9万ドル

（備考）「海軍歴史巻の23」(『勝海舟全集』）により作成.

に着いた。久賀は、大島宰判の勘場《かんば》が置かれ、この地域の行政・商業の中心地である。富士山丸と翔鶴丸は、沿岸へ大砲を数十発撃ち込んだ。富士山丸は一〇〇〇トンの大型艦で、当時最新鋭の軍艦であった。長州側の応砲がなかったので、午後五時砲撃を中止した。薄暮になったので上陸は見合わせ、午後七時過ぎ、久賀沖の前島の沖合に碇泊した（「大島征討日記」、「諸所風説並戦争報知書」）。

長州側の防備　久賀村が砲撃されたとの情報は、八日午後五時、山口の藩庁政事堂へ発信された。この報知は、十日午後六時、藩庁政事堂へ到来した（「四境戦争一事　大島郡」、「御小納戸日記」）。

また、大島周辺地域では、独自の防備の動きが起こった。六月九日、上関宰判防備担当の第二奇兵隊軍監世良《せら》修蔵・林半七は、海岸へ出張することは差し留められているが、大島対岸の遠崎《とおざき》辺まで援兵を出すことを上関地域の惣指揮役毛利伊賀（大野毛利氏）へ願い出てくれるよう、上関軍監の山県甲之進へ申し入れた。同日、山県は毛利伊賀の判断として「兵士少々遠崎マテ位ハ可然《しかるべし》、尤《もつとも》渡海之義ハ悪敷《あしく》」と回答した（「第二奇兵隊大島郡出陣中日記」）。

九日午後六時、林半七ほか四名と第二奇兵隊第二小隊は遠崎まで出陣した。このことを山県へ通達した。また、六月九日付で「惣指揮之差図ヲ以、応援トシテ一小隊右近辺ヱ差出」と藩庁政事堂へ届け出る文書を作成し、十日朝、送り出した。同様に諸隊会議所へも通達した（「第二奇兵隊大島郡出陣中日記」）。藩庁政事堂を中枢とし、上関宰判方面の指揮権を分与された「惣指揮」のもとに、第二奇兵隊が防備に動いている。しかし、その軍事行動は、防備のみという限定された範囲内のものであった。

幕府軍の大島上陸　幕府軍は、六月九日、風雨のために端船《はしぶね》の都合がつかず、かつ後続部隊が未着のため、前島へ上陸した。しかし、この小島には長州藩の守備隊はおらず、戦闘には至らなかった。

十日夕刻、後続の陸軍一大隊等が着いた（「八雲丸乗組員から聞書」『藤岡屋日記』一四）。

十一日午前六時、翔鶴丸・八雲丸・旭日丸は久賀村海岸近くへ進み、発砲した。引続き午前九時頃、陸軍一大隊、持小筒組一小隊、大砲半座等は、久賀村西部の宗光《むねみつ》から上陸した（「長防御進発御供道中広島在陣中日記附防州大島郡討入大野村玖波戦争日録留」、以下、「広島在陣中日記」と略記する）。

家屋焼失状況

他焼失／備考
明神 1　地蔵 1　茶洗 10 （家数は寺 5，社家 5，医 1，山伏 1 を含む）穢多 5，茶洗 9
稽古場 1　手板場 1 （家数は寺 1，医 2，山伏 1 を含む） 火災極難渋者 152 軒，618 人
部屋 22，物置 13，納屋 113，（宅 1，部屋 1，物置 2，納屋 2）世木吉蔵 （家数は寺 3，社家 3，医 7 を含む）
部屋 3，物置 4，納屋 1，庵 1

ので，焼失率は完全な率ではない．天保
（山口県文書館蔵）により作成．

表４　大島口戦争における

		家数(軒)	人数(人)	寺	人数	社	人数	医	人数
久賀地方	焼失	635（52.2）	2,496	5	29	4	22	1	6
	天保期	1217	5,575	5	18	5	5	1	1
久賀浦方	焼失	366（99.7）	1,507	1	不詳			2	不詳
	天保期	367	1,469	1	15			2	2
安下庄地方	焼失	280（30.1）		1	不詳	（2 内数）		（2 内数）	
	天保期	930	4,575	3	29	3	5	7	7
安下庄浦方	焼失	348（90.2）							
	天保期	386	1,691						

（備考）（　）は焼失率．ただし，慶応２年の家数は天保期より増加していると考えられる
期の寺・社・医は家数の内数．『防長風土注進案大島宰判上』，「槙村正直蔵書雑載」

幕府側の攻撃について、幕府軍徒目付《かちめつけ》からの聞取書は、次のように記している。軍艦から焼玉《やきだま》をもって放火したので、長州兵は残らず山上へ逃げ去った。その跡から大砲六挺、籾三〇〇〇俵を分捕った。地雷火は発火しなかった。山上へ逃げ去った長州兵は、山上から大砲を撃ち掛けたが、上陸した幕府軍へは当たらなかった。また、軍艦から山上へ大砲を発した。長州兵は四〇〇人ばかりであった（「紀伊殿御使番杉浦弥五左衛門、大島砲戦承書」『藤岡屋日記』一四、「布河政五郎戦争日記」「大日本維新史料稿本」二五七二、以下、「稿本」と略記する）。

征長軍の放火　幕府軍の放火は、「海辺不残《のこらず》、勘場はしめ民家幷《ならびに》山家とも及放火《ほうかにおよぶ》」（「四境戦争一事　大島郡」）という徹底したものだった。この日の放火により「焼失家四五丁余ニて、焼たる町幅ハ六町余焼失ニ及」（「広島在陣中日記」）という被害が出た。放火は、六月十七日の久賀村戦争においても行われた。その焼失状況をまとめ

ると表4のようになる。浦方等の家屋密集地域は、ほとんど焼失していることがわかる。

征長軍による民家への放火は、後に政治問題化した。七月二日、宇和島藩主伊達《だて》宗徳《むねのり》は、幕長戦争への出兵辞退の届書を幕府へ提出した。その中で、「八（屋）代島之形勢ニ而は、無罪之民家を放火し、無敵之村落へ砲発と申候而は、軽挙暴撃之軍ニ相成」（「宇和島侯出兵三度目御届書」『藤岡屋日記』一四）と述べ、幕府軍の放火を批判している。

戦争の死傷者　十一日久賀村戦争での長州側の戦死は三名、手負《ておい》は九名であった（「槙村正直蔵書雑載」）。後に判明した者を含めた大島口戦争全体の長州側死傷者をまとめておくと、表5のようである。場所の表記方法が異なるので、他の史料と数値が一致しないことがある。また、幕府軍の討死・負傷状況をまとめると表6のようである。ほとんどが銃砲によるものであり、長州軍の武器が銃砲中心であったことが確認される。

表5　大島口戦争における長州軍死傷者数

月　日	場　所	戦死	負傷
6月11日	安下庄	1	
	久賀村	3	1
	追　原		9
	蛭子村		1
6月15日	久賀国木台	1	1
	椋野峠		3
	椋木峠		1
	笛吹峠		2
6月16日	石観音	1	5
	石観音清水峠	2	1
	源明峠		1
	秋村笛吹		1
	笛吹峠		1
	久賀村三ツ石ヶ岳		2
6月17日	久賀村	3	4
	久賀久福寺		2
	〃　古町		1
	〃　大豆		1
	国木峠		1
	（不明）	1	
合　計		12	38

（備考）「四境戦争死傷人名録」（毛利家文庫，山口県文書館蔵）により作成．

久賀村において長州兵が残留した武器について覚法寺《かくほうじ》の場合で見ると、門内に大砲が一門埋めてあり、七蔵の内へミニー剣三〇本、ライフル剣二三本その他があったと報告されている（「六月廿三日附大垣藩士芸州便写」『連城漫筆』一）。最新の武器が配備されていたことがわかる。

松山藩軍の大島上陸　幕府軍が大島北側の久賀を攻撃する一方、松山藩軍は、南側の安下庄を攻撃した。十一日午前七時、松山藩軍は富士山丸と大江《たいこう》丸の蒸気軍艦二艘、和船六〇余艘で安下庄浦へ襲来した。安下庄海岸の甲ノ山の後で艦をそろえた。大島を守備していた地元の領主村上亀之助一手《ひとて》は、

表6　大島口戦争における幕府軍死傷状況

月日・場所	死傷状況
6月11日久賀村	頭上へ玉薄疵
6月15日久賀村	下腹へ玉打込，翌日死去 右乳の下玉中へ不入 右乳の下玉疵，帰宿後死去 右肩カスリ疵 右肩玉少し入 左腹打抜即死 咽打抜即死 二の腕より臂迄7寸斗玉当 顔より頭へ打抜 右腕カスリ疵 心下肋骨打掛玉留 頭蓋骨後部玉疵 膝頭玉疵 額カスリ疵 胸玉疵 右頬より耳下へ打抜
6月15日普門寺	落命
6月17日久賀村	右股打抜疵 臂より腕へ打込疵 口より襟上打抜即死 左脇腹より背え玉打抜即死 右腹より玉打込即死 左掖より裏へ打込疵

（備考）「広島出陣中日記」（東京大学史料編纂所蔵）により作成.

小隊・狙撃隊を繰り出し、攻撃に備えていた。松山藩軍は、軍艦から大砲を連発した。水際に和船を漕ぎ寄せ、三大隊余が三ツ松へ上陸した。村上一手は大砲二門で撃ち掛け、成果をあげた。これに対し、軍艦からしきりに連発し、松山藩軍は甲ノ山へ上り、直ちに押し下り、互いに小銃で撃ち合った。松山藩軍が攻め掛って放火したところ、長州兵は陣屋から大砲を撃ち出した。富士山丸から百斤砲を撃ち出し、長州兵は散乱して逃げ去ったと記している（「八雲丸乗組から聞書」『藤岡屋日記』一四）。富士山丸の砲撃が威力を発揮したことがわかる。

午前十二時、村上一手の一番小隊司令が生捕りとなり、松山藩軍は軍艦へ連行するため退いた。村上一手も源明《げんめい》口、高山口へ退いた。そこで久賀浦が苦戦していることを聞き、久賀浦へ進んだが、大島代官斉藤市郎兵衛は畑村まで引上げていた。軍議の上、ひとまず屋代《やしろ》村まで退くことに決し、午後八時、屋代村まで引上げた。さらに対岸の遠崎《とおざき》まで退くことに決し、翌十二日午前零時、遠崎まで引上げた（「村上亀之助軍中日記」）。

松山藩軍は、六月十四日、屋代村まで探索した。長州側残兵は陸地へ逃げ去っていた。最寄の村役人から帰順の証書を取り、兵火のために類焼した村民へ金穀を施し、安下庄へ陣所を構え、滞陣したと報告している（「松平隠岐守ょり相達候書付」『松山叢談第十四上』）。

二　長州藩の応戦決断

長州藩の応戦決断　六月八日、幕府軍によって久賀《くか》が砲撃されたとの情報は、十日午後六時、山口の藩庁政事堂へ届いた。政府員の山田宇右衛門《うえもん》は、対策を立てるため、木戸孝允へ「昨八日ヨリ幕兵大島郡処々え襲来之報知、過刻ヨリ追々到来ニ付、差急致御談度不少《おだんいたしたくすくなからず》候間、即今午御苦労《ごくろうながら》弊宅え御来駕奉待候」（「公宛諸士尺牘謄本」拾）と、至急来宅してくれとの書簡を「大急キ」として発した。山田の居宅は、藩庁政事堂（現在の山口県庁の地）の東隣にあった。木戸の居宅は、そこから西南に一・五キロメートル離れた糸米《いとよね》にあった。木戸は直ちに駆けつけ、相談の結果、応戦の決断が下されたと推察される。その夜、藩庁政事堂は、次のような指令を発した。

1　十日夜騎馬隊を以、上関県令（代官）え報告控

此度賊兵大島郡え襲来ニ付、為援兵《えんぺいとして》明十一日正午丙寅丸《へいいん》三田尻出帆、七ツ時前後にハ室津上関之間え着、大島郡地理幷海程《かいてい》委敷承知之者壱両人御詮儀被成置《なしおかれ》、丙寅丸え乗組、時宜《じぎ》ニ依り出帆候事

但、船印《ふなじるし》之儀ハ外国之旗を用ひ候付、敵船と見誤無之様《これなきよう》肝要候事

六月十日夜　　　　政事堂各中

小川市右衛門様

2

十日夜洪武隊え報告控

此度賊兵大島郡襲来ニ付、為応援《おうえんのため》彼地え急速出張《でばり》被仰付《おおせつけられ》候付、万端無忽《ゆるがせなく》申合せ肝要之事

六月十日夜

政事堂各中

洪武隊各中様

出張ニ付、人夫ハ可相成丈《あいなるべきだけ》省略之事

3

十日夜南奇兵隊え報告控

此度賊兵大島郡襲来ニ付、為応援彼地急速出張被仰付候事

但、洪武隊も同様出張被仰付候付、万端申合せ無忽様肝要之事

六月十日夜

政事堂各中

南奇隊各中様

同隊え別紙

明十一日九ツ時、丙寅丸三田尻出帆、七ツ時前後室津港え着岸、時機により小松瀬戸え乗込候事

但、船印之儀ハ外国之旗を用ひ候付、敵船と見誤り無之様肝要之事

寅六月十日前件書状一封ニして差越候事

4　丙寅丸

右幕兵大島郡え襲来ニ付、為応援同郡海え被差越候事
但、谷潜蔵（高杉晋作）乗組被仰付《おおせつけられ》候ニ付、其外乗組之面々潜蔵差図《さしず》を請候様被仰付候事
寅六月十日夜、谷潜蔵え相渡、海軍局えも同様申遣《もうしつかわし》候事

（「四境戦争一事　大島郡」）

文書2と3のように六月十日夜、浩（洪）武隊と第二（南）奇兵隊へ大島郡出陣命令が出された。また、4のように、この時、山口にいた高杉晋作に対し、三田尻海軍局に停泊していた丙寅丸に乗組み、十一日正午、大島郡へ出動することが沙汰された。丙寅丸の出動については、1のように上関《かみのせき》代官小川市右衛門へカモフラージュのため外国旗をかかげるので誤認しないよう、また、大島郡の地理と海程（海上のみちのり）に詳しい者を途中の室津・上関で乗船させる等が指令された。各隊および現地との密接な連携と周到な配慮が成され、作戦が指令されている。ここにおいて、長州藩の藩庁政事堂の統一的指揮のもと、組織的応戦が開始されることとなったのである。

高杉晋作への出撃指令　高杉の大島における幕府軍艦奇襲については、下関にいた高杉が機転をきかせて丙寅丸を指揮し、大島に向かったとする説がよく見られる。しかし、この説は、右の原史料をもとに検討すると成り立たない。

長崎で購入した蒸気軍艦丙寅丸は、四月二十九日、高杉とともに下関に到着した。五月二十五日、

下関において久保松太郎《まつたろう》が乗組み、六連島《むつれじま》の沖まで航行し、発砲の訓練を行っている。この時は下関にいたことが確認できる。六月一日、「蒸気船三田尻え行、谷（高杉）・山県乗組之由」（「久保松太郎日記」慶応二年六月朔日条）とあり、高杉は六月一日、丙寅丸に乗って三田尻へ行っている。丙寅丸は、その後、下関に帰艦した形跡はなく、十日夜の出動命令は、三田尻海軍局へ宛てて出されているので、十日は三田尻海軍局に停泊していたと考えられる。さらに、山口の政事堂は、十日夜の時点で、翌十一日正午を期して出帆するよう命令を出しているが、丙寅丸が下関にいたのなら連絡に一日かかるので不可能な命令であり、政事堂も三田尻にいることを前提として指令を出していると考えられる。

また、高杉は、六月十日、山口にいて出陣命令（高杉への辞令は、「御手当沙汰」で発令されている。「御手当沙汰控」）を受け、三田尻へ行った。奇兵隊士武広九一《たけひろくいち》は、「高杉晋作その（賊軍大島郡攻撃の）ことを山口にて聞き、直ちに三田尻より（長州軍艦丙寅丸で）発船す」（『戊辰戦争従軍日記』）と記している。さらに高杉は、六月四日と七日は山口にいたことが確認できる（慶応二年六月四日付、林友幸等宛木戸孝允書簡『木戸孝允文書』二、六月七日付、前原彦太郎宛高杉晋作書簡『高杉晋作史料』一）。

薩長盟約の実行　十日夜、長州藩は応戦を決断した。直ちに大島方面への出陣指令を発し、支藩へ応戦の決断を知らせる伝達使が出発した。多忙を極めるなか、木戸は、京都薩摩藩邸の大久保利通と品川弥二郎にあてて、応戦を決断したことを知らせる手紙をその夜のうちに書いた。

大久保へは、「終に如別紙《べつしのごとく》（幕府軍は）弊国内襲来明白、彼より兵端相開き候に付而は、一統進戦之覚悟罷在《まかりあり》申候」（慶応二年六月十日付、大久保利通宛木戸孝允書翰『木戸孝允文書』二）。と、応戦の覚悟を表明した。

品川へは、「彼より弥及干戈《いよいよかんかにおよび》候事ニ付、挙而《あげて》進戦之覚悟ニ罷居申候、就而《ついて》ハ兼而《かねて》御都合之趣、其之御運是非正邪は成丈ケ天下ノ判然致候様、成否は閣《さしおき》、天下後世之為御手を下し被置《おかれ》候様奉存《ぞんじたてまつり》候」（慶応二年六月十日夜、品川弥二郎宛木戸孝允書簡『鹿児島県史料　玉里島津家史料』四）と、予定していた長州藩の正当性を情宣する行動に着手するよう依頼した。

鹿児島の西郷隆盛は、大宰府を経由するルートにより開戦の連絡を受けて、「早速御人数差し出さるる賦《つもり》にて、一陣御手当相成り居り候処、三邦丸着帆、能き都合にて御座候」（慶応二年七月十日付、大久保利通宛西郷隆盛書簡『西郷隆盛全集』二）と、直ちに兵士を上京させる手配をした。七月十日、取り急ぎ兵士三隊が鹿児島を出港した。さらに後続部隊が八月四日まで続き、合計八隊、一一〇〇人余が上京した（「忠義公年譜」『忠義公史料』七）。出兵の時期が、開戦から少し遅れているのは、同時期のイギリス公使パークスの鹿児島訪問への対応に追われていたためと考えられるが、直ちに兵を上京させるという薩長盟約第一条を忠実に実行していることがわかる。

七月二十七日、坂本は、薩摩藩が兵士七〇〇から八〇〇人を上京させたことを木戸に知らせた（慶応二年七月二十七日付、木戸孝允宛坂本龍馬書簡『坂本龍馬全集』）。盟約一条を薩摩藩が履行していることを知らせる意味があった。

薩摩藩の大軍が京都に駐屯したことは、幕府軍へ威圧を与え、幕府軍は芸州口戦争で敗北を続けているにもかかわらず、幕府軍本隊が駐屯している大坂から援軍を出すことを困難にさせた。

長州軍の反撃開始　十一日午後二時、都濃郡《つのぐん》花岡に駐屯していた浩武隊へ出陣の指令が届いた。翌十二日午前九時、浩武隊は花岡の屯陣所を出発し、深夜零時、柳井に着陣した（「浩武隊大島郡戦間略日記」）。

第二奇兵隊へは、出陣指令書は十二日午前六時到着した（「第二奇兵隊大島郡出陣中日記」）。十二日正午、丙寅丸は遠崎沖へ着船した。同夜海陸から大島へ襲行する計画であったが、軍議が開かれ、大島郡の兵が残らず遠崎まで引上げて来たという状況の変化にともない、その日の襲行は中止となった。大島郡の一手《ひとて》及び大島代官が抗戦も充分しないまま退却した不始末に怒った高杉晋作は、丙寅丸で久賀沖へ押し出し、遠くからの砲撃によって征長軍の肝を驚かす策に出た（「第二奇兵隊大島郡合戦日記」）。

十二日夜、丙寅丸は久賀沖へ出動し、幕府軍艦へ大砲七・八発を撃ち掛けた。幕府軍艦からの応砲はなかった。その後、幕府軍艦が追々撃ち出してきたので、砲撃を中止して小松沖へ乗り戻した。その日は大型艦の富士山《ふじやま》丸は、伊予路へ向けて出航していた。その艦が帰ってきて、大畠瀬戸の出口を絶たれては運行が困難になるので、幕府軍艦から二〇丁沖を通り、安芸灘へ向け出掛けに七・八発撃ち掛けつつ出航した（「諸隊会議所日記」）。

丙寅丸の砲撃について、幕府軍側の史料は、次のように伝えている。

十三日の第二時（午前二時）頃、大砲を発砲するのが聞こえたので、早速兵を引き連れて本陣へ罷り越した。諸兵とも海手へ勢力を備えたところ、大砲の音は止んだ。何分様子がわからなかったので、軍艦へ問い合わせたところ、いずれの船かわからないけれども、小型蒸気船が入津し、旭日丸と八雲丸へ大砲を撃ち掛け、前島へも大砲を撃ち掛け、さらに翔鶴丸へも撃ち掛け、明け方になって東方へ出帆したので、八雲丸と翔鶴丸が蒸気を焚き出し追いかけたが、行方はわからないという由の返答があった（「大島郡出張幕兵某日記」慶応二年六月十三日条、「稿本」二五七二）。

これにより幕府軍は事情がわからずあわてている様子と、八雲丸と翔鶴丸が蒸気を焚き出してから追跡したが、見失ったことが判明する。油断して蒸気の火を落としていたため、蒸気機関が温まるまで時間がかかり、すぐには動けなかったのである。丙寅丸の砲撃により、旭日丸が少々損じた。丙寅丸は九四トンの小型艦であり搭載砲も小型で、幕府軍艦の損害は軽微であったが、これを機に長州軍の士気は高まった。

丙寅丸は、十四日午前零時、三田尻へ帰着した。山田顕義《あきよし》は、山口政事堂へ大島郡の戦闘状況を報告した。なお、高杉晋作は、丙寅丸に乗って、六月十四日夜、下関に帰った（「白石正一郎日記」『白石家文書』）。

三　長州軍の大島渡島と抗幕戦の展開

長州軍の大島渡島　六月十四日の芸州口戦争の緒戦で長州軍が勝利し、広島藩領小瀬川《おぜがわ》口、大竹口その他を占領したとの報知が、午前十時頃、遠崎《とおざき》の第二奇兵隊まで届いた。また、大島郡の幕府軍も油断しているとの情報が入った。よってにわかに軍議を開き、同日午後六時を期して大島へ進発することを決した。軍議参加者は、第二奇兵隊白井小助・林半七・世良修蔵、浩武隊小笠原弥右衛門、毛利伊賀の軍監山県甲之進、上関代官小川市右衛門であった（「第二奇兵隊大島郡合戦日記」）。大島口長州軍の作戦中枢である。夜襲の手筈は、合言葉《あいことば》は、「辰巳《たつみ》と問えば巳」と答える、合応《ごうおう》は笛一声宛吹切、合印《あいじるし》（敵と見分けるための、味方のしるし）は白木綿にて頭を巻く、と定められた（「槙村正直蔵書雑載」）。

諸兵の上陸部署は、次のように計画された。ただし、上陸部署は途中で変更されたとみられ、史料によって差異がある。ここでは、「槙村正直蔵書雑載」を主として見ていくことにする。

・屋代《やしろ》口　第二奇兵隊四小隊、浩武隊二小隊、清水一小隊、大島郡兵一小隊、以上八小隊。
・沖浦口　上関一小隊、大野兵、大島郡兵、以上七小隊。
・三蒲《みがま》・椋野《むくの》口　浦滋之助《しげのすけひとて》一手、村上亀之助一手、村上河内一手、村上太左衛門一手、飯田弥七郎一手、平岡甲太郎家兵。

六月十四日午後六時、長州軍は遠崎を出帆し、六〇余艘で沖合の笠佐島《かささじま》の北側の陰へ揃い、整列し、十五日暁に大島へ着船した。直ちに隊を整え、夜襲の手筈から切り替えて朝懸けとなった（「四境戦争一事　大島郡」）。

各隊の編制について、第二奇兵隊、村上亀之助一手、浦滋之助一手の場合を図示しておくと、図8・9・10のようである。第二奇兵隊はもとより、家臣団隊も西洋式小隊組織に編制されていることが確認される。

大島上陸と作戦の展開　上陸後は、次のような攻撃部署で作戦を展開した。

・垢水口《あかみず》　大島郡兵三小隊、第二奇兵隊、浩武隊、上関勢、大野勢、阿月《あつき》（浦）勢（実際は椋野口《むくの》で従軍。計画変更か）。十五日夜からの援兵　上関阿月二小隊。

・源明口《げんめい》　大島郡兵二小隊半他。

・笛吹口　大島郡兵二小隊、狙撃手隊一隊。

・椋野口　村上亀之助・村上河内二小隊半、平岡甲太郎二小隊他。十六日から援兵、大野三小隊。十七日からの援兵、上関一小隊他。（「四境戦争一事　大島郡」）

大島西部は、六〇〇メートル級の山が連なり、海岸線が迫っており、主として山岳戦を中心として激戦が展開した。

第二奇兵隊は、清水一小隊、大島郡兵一小隊とともに、日前村《ひくま》の普門寺《ふもんじ》（焼失のため現在は移転している）へ押し寄せたところ、幕府軍一〇〇人余が、安下庄《あげのしょう》から久賀《くか》村の屯所へ帰る途中に普門寺へ上って来た。寺内に人のいる音が聞こえたので幕府軍は警戒し、「播州」と合言葉をかけてきた。しかし、応答すべき合言葉がわからず、いずれ敵方であることが判明してしまうので、先に銃を発砲し、上と下とで撃ち合いとなった。そのうち、長州軍の臼砲が命中し、幕府軍は手負者が多く出、安下庄へ敗走した。追跡したが見えず、勝鬨《かちどき》をあげ、本陣の屋代村の西蓮寺へ引き上げた（「第二奇兵隊大島郡出陣中日記」）。

椋野口においては、村上亀之助一手は、午前六時、三蒲口から碇峠《いかりがたお》へ押し登り、国木台《くにきだい》へ打出した。幕府軍も国木台へ押し上り、烈戦を展開した。日暮れになり、幕府軍も退いたので、碇峠へ引上げ、高山へ野陣することとした（「村上亀之助軍中日記」）。

村上河内一手は、椋野口鬼ケ峠越から谷頭へ駈け登り、浦一手と久賀峯で併合し、久賀本畑まで押し下げた。しかし、後詰がないため、やむをえず久賀峯まで引上げた。村上亀之助一手へ村上河内一番小隊は併合し、久賀村の庄地《しょうじ》あたりまで押し出し、烈戦を展開した。浦一手の秋良《あきら》政一郎兵も押し出して戦った。

村上河内の二・三小隊は、久賀村の畑《はた》の奥へ押し寄せ戦った。二度も烈戦して、幕府軍の即死や手負が多数にのぼった。追討すべきであったが、兵が疲労している上、日暮れになり、幕府軍も退いたので、一応屋代村へ帰陣した（「村上河内変動中日記」）。

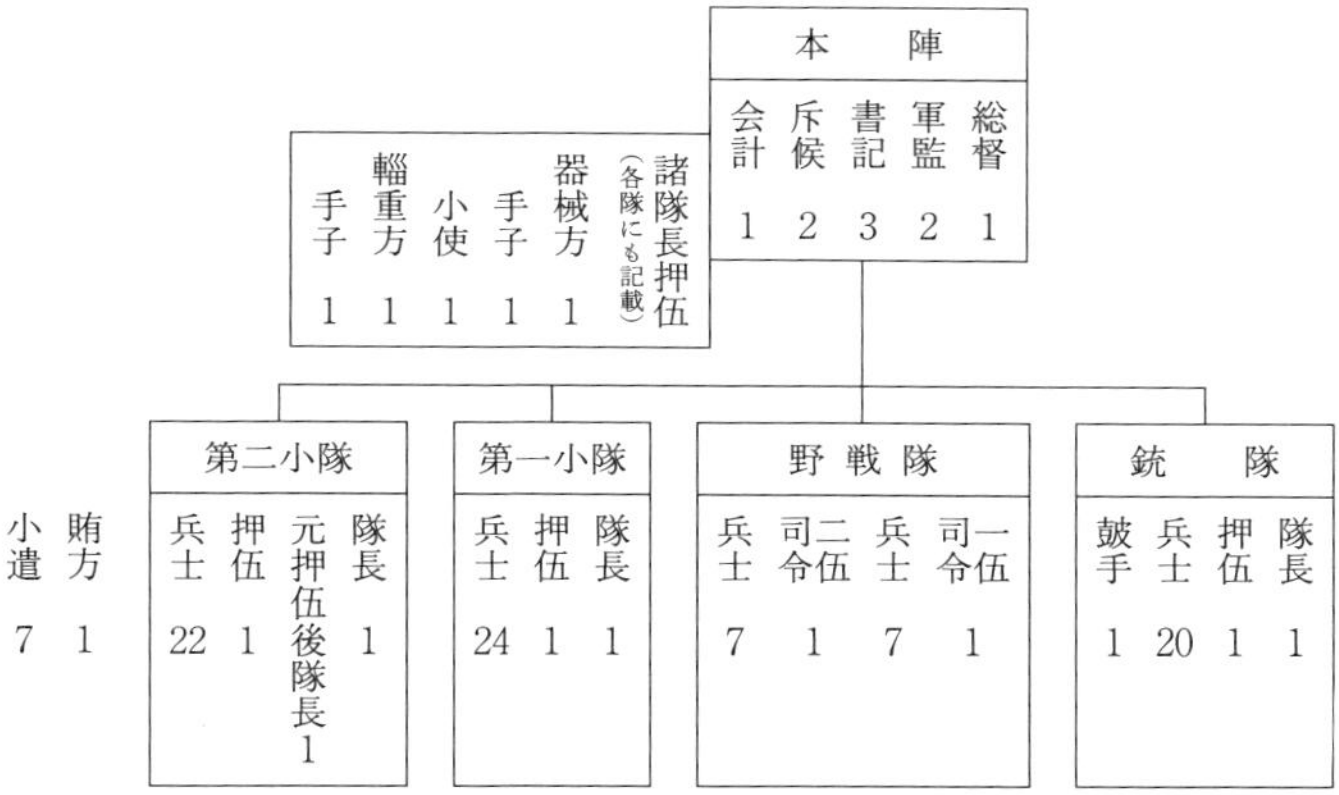

図 8　大島郡出陣第二奇兵隊編制図（数字は人数.「四境戦争一事　大島郡」,「槙村正直蔵書雑載」により作成）

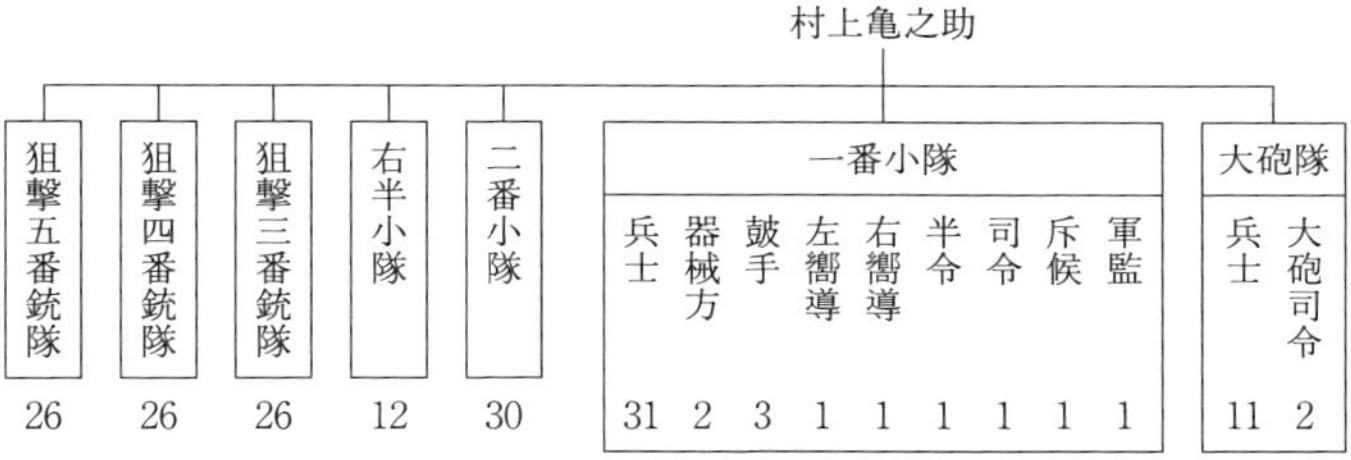

図 9　大島郡出陣村上亀之助一手編制図（「村上亀之助軍中日記」により作成）

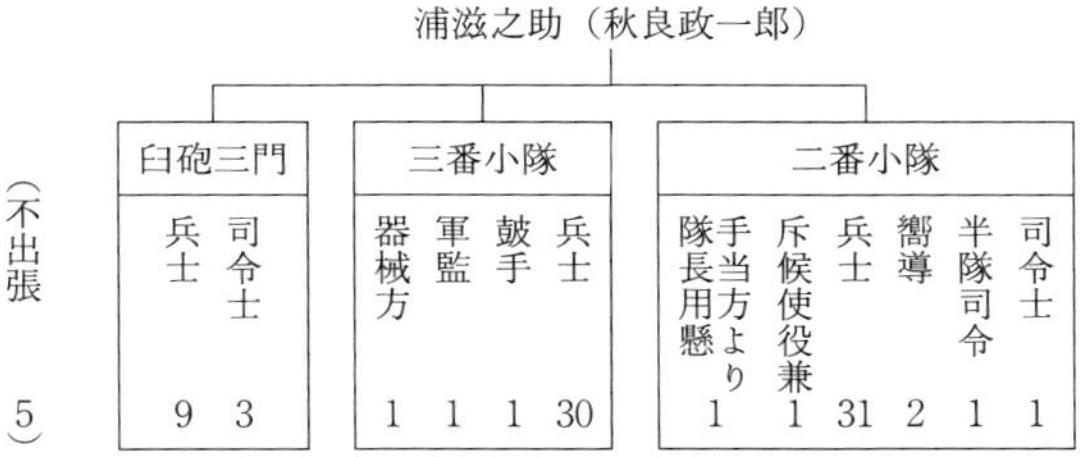

図 10　大島郡出陣浦滋之助一手編制図（「浦日記」慶応２年７月８日条〔毛利家文庫，山口県文書館蔵〕により作成）

浦一手は、村上河内一手と江尻で合流した。久賀村の畑ならびに久福寺を攻撃する計画で、畑の入口まで押し寄せた。そのうち村上亀之助から国木峠《くにきたお》への援兵を頼まれた。直ちに応援に向い、村上河内一手の二小隊は、横道から押し寄せ、浦一手は山上へ登り、押し下り、村上亀之助一手の真ん中に駆け向かい、激戦を展開した。日暮れになり、幕府軍は引いた。長州軍には島民も加わって協力した。幕府軍は、「村々百姓共不残《のこらず》鉄砲所持、槍等も隠置、いつれも長州寄兵隊《(ママ)》一味の者に付、生捕十人余」（「大島郡出張幕兵某日記」「稿本」二五八二）と記している。

長州軍の勝利と野陣　長州軍は勝鬨をあげた。山上に群集した島民数百人は一同に唱和した。浦一手は、暮れになって江尻へ引上げた。野陣する覚悟で三蒲村の浦家給領地の者へ申し付け、文珠山《もんじゆさん》にある採用木を数百人で山頭へ取り寄せ、碇峠から石観音までの間の峯々の七カ所へ大篝火《かがりび》を焚かせた。篝火は幕府軍に心理的圧迫を加えた。騎兵組士由利《ゆり》元十郎は、「夜ニ入山上処々へ敵より篝相焚、岩国辺より松明《たいまつ》灯連、当島裏海岸え援兵出張候様子ニ見ゆる、五六町ノ間火影続て夥し、今夜番兵ニて不眠」（「広島在陣中日記」）と記している。

浦一手は、野陣のため三ツ石峯へ登った。人の身長ほど伸びた草を押し倒して、総勢が伏してまどろんでいたところ、十六日午前二時過ぎ、三蒲村給領地の給庄屋元から、領民が兵糧、酒、袷着を持って来た。その後、代官所から多人数の夫役が、俵に握り飯を入れ、三俵持って来た（「秋良政一大島郡戦争幷ニ陣屋出張日記」）。

六月十五日の長州軍の久賀村攻撃について、対戦した幕府軍は、「何分彼ハ山上之木茂を小楯ニ取打掛候間、甚六ケ敷」（「六月廿三日附大垣藩士芸州便写」『連城漫筆』一）と書いている。長州軍の制高を重視した作戦が効果をあげている。また、長州軍への島民の声による支援、篝火による心理的威圧への協力、兵糧の提供があったことが注目される。

四　安下庄戦争

長州軍と松山藩軍の交戦　六月十六日暁、野陣した浦一手《ひとて》の秋良《あきら》政一郎は、久賀《くか》村沖にいた幕府軍艦が、厳島へ退いているのを発見した。攻撃の好機として、直ちに陣所の屋代村の西蓮寺へ行き、久賀村の攻撃を申し入れた。第二奇兵隊の軍監林半七は、本日は休日と定めているので攻撃はしないと答えた。しかし、絶好の機会であり、しかも、西蓮寺は谷間にあり、幕府軍に山頭《さんとう》を取られては危険であると指摘し、早く攻撃すべきと申し立てた。これにより、久賀村攻撃の軍議が定まった（「秋良政一大島郡戦争幷ニ陣屋出張日記」）。秋良が、制高の重要性について、明確な認識を持っていることがわかる。

午前十時頃、第二奇兵隊ほか諸兵は、久賀村攻撃の手筈で垢水峠へ登った。ここにおいて、安下庄の松山藩軍が三手に分かれ、一手は石観音清水峠、一手は源明峠、一手は笛吹峠から押し寄せてくる

部隊	役職	人数
一の手	侍大将	1
	番頭	2
	者頭	3
	徒士頭	2
	軍監察	2
	軍事役	1
	使番	1
	旗奉行	1
二の手	（内訳「一の手」と同様）	
一番大隊	大隊長	1
	軍監察	1
二番大隊	大隊長	1
	軍監察	1

図11　大島郡出陣松山藩軍編制図（『旧幕府』4巻9号により作成）

のが見えた。よって、作戦を変更し、石観音清水峠南側へ討手として浩武隊を差し向け、第二奇兵隊は山の絶頂において戦闘を始め、正午から午後四時まで烈戦を展開した（「第二奇兵隊大島郡出陣中日記」）。

松山藩軍の編制は図11のようである。その布陣は、右翼の普門寺越は二の手、中央の源明越は一の手・二番大隊、左翼の家室越は一番大隊であった（『旧幕府』四巻九号）。また、「大勢麓ノ木ノ間々ニ籏差物翻り」（「浩武隊其他諸兵大島郡戦争記」）と、旗差物を使用しており、旧式の軍隊であった。

午後二時頃、空全体がにわかにかき曇り、小雨が降り出し、山上は霧を巻き、十間先きも下からは見えない状況となった。第二奇兵隊は、松山藩軍を眼下に見おろし、雨のごとく小銃を撃ち立てた。追討して追いつき、抜刀して切りかかり、松山藩軍はたまらず敗走した。手負・死者はその数を知らなかった。もとより死首はそのまま切り捨て、諸器械を多数分捕った。

長州軍が首級を無視したわけではない。「大島郡ニおゐて敵兵首級計取候分拾六人、生捕拾人、此外敵死数多《あまた》候事」（「四境戦争一事　大島郡」）と、論功として明記している。松山藩軍は、長州軍と比較するとより首級に執着した。来宮伝衛門は、首級に気を取られて狙撃された（「来宮伝衛門冬広之伝」『松山叢談第十四上』）。また、敵兵の首を一ツ宛討ち、士分三人がその首を携えて討死している（「周防国大島普門寺合戦」『藤岡屋日記』一四)。

長州軍は、日暮れになったので戦いを止めた。しかし陣形はそのままで陣太鼓を打ち、追いおろす態勢に仕掛けたところ、松山藩軍は谷底口を下り、安下庄浜まで落ちていった。長州軍が山から勝関《かちどき》をあげると、松山藩軍は船に取りつき、午後六時過ぎまでに残らず出帆した。その夜、長州軍は野陣し、山上で夜を明かした(「第二奇兵隊大島郡合戦日記」)。

浩武隊は、松山藩軍と出合い、山の頂上へ登り、三小隊を撒布、横隊にして開戦した。自然の地形を利用し、横に広く散開して攻撃しているのが注目される。芸州口・石州口・小倉口でも駆使された散兵戦術が、山岳戦においても状況に応じて使用されている。大砲・小銃の撃ち合いが主であったが、「味方隘路《あいろ》に頼り、絶頂ヨリ大木大石ヲ投ケ、是も勝利ト成ル」(「浩武隊其他諸兵大島郡戦争記」)と、あらゆる方法を駆使して勝利している。また、「急襲ノ体ニテ関声攻太鼓ニテ敵ヲ竦動《しようどう》サセ候処、案ノ如ク狼狽《ろうばい》し、木ノ根ニ躓《つまず》キ、深谷ニ陥リ、自死スル者夥《おびただ》シク」(同右)と、音による威圧を加え、効果をあげている。

長州軍の安下庄制圧　長州軍の攻撃について、松山藩は、次のように報告している。

長州兵は多勢にて山嶮に手寄り発砲してきた。砲戦に及び、兵を繰り出し手詰に至ったが、手負・討死などがあり、長州兵二〇人ばかりを打留めたが、日暮れになったので討捨てにし、一応安下庄へ人数が揃った。それから津和地《つわじ》島まで引上げたところ、いまだ四国諸藩の出動もなく、孤軍で兵も疲れているので、一先興居島《ごご》へ引取った。討死一二人（士分三、足軽九）、手負二三人（士分六、大砲方二、徒士一、砲手一、鼓手一、足軽一二）であった（『松山叢談第十四上』）。

松山藩軍の敗因について、幕府兵某は、「菅之隊（一の手）も敵の破烈弾ニ中《あた》テ多く怪我あり、少し其所ヲ引退キ、又数刻砲発ス、然レ共一方の破レニ三手共敗退シテ、安下ノ庄え引去ル」と指摘している。一手の退却が総崩れを誘発したのである（「布川政五郎戦争日記」「稿本」二五八四）。

六月十七日午前四時頃、第二奇兵隊は朝懸け進軍で安下庄へ下った。残兵を尋ねさせ、多数生捕った。帯刀者は斬首し、そのほかの小者・郷夫・網子は雇者なので、武威を申し聞かせ帰国させた（「第二奇兵隊大島郡合戦日記」）。生捕った伊予国出身の一二人は、路銀《ろぎん》一人一両宛を与えて津和地村まで送還した。あわせて、石州銀山領農民一人、美作《みまさか》国農民一人、丹後国農民二人は、路銀二歩宛を与えて、津和地村を経て、それぞれの国元へ送還した。これに対し、津和地村からは、長州藩の農民五人を路銀一人一両宛与えて送還してきた（「槙村正直蔵書雑載」）。

五　久賀村戦争と征長軍の大島撤退

長州軍の久賀村の幕府軍攻撃　六月十七日朝、安下庄《あげのしょう》の掃蕩《そうとう》戦を終えた長州軍は、正午前、久賀《くか》村にいる幕府軍の追討に進発した。各隊を大崎山上、普門寺口、久賀西方の丸山、久賀能庄《のうしょう》の四手に配置して押し寄せた。

長州軍に備えて、幕府軍は大崎浜辺まで出ていたが、第二奇兵隊を見て後へ引返し、浜手へ出た。勘場《かんば》の後口の吉田屋の内から繰り出し、入れ替りながら小銃を撃ち放った。沖からは幕府軍艦が艦砲射撃を行った。長州軍は、昼過ぎから暮前まで激しく攻め入り、さらに追って間近く撃ち立てたところ、幕府軍はたまらず屯所に火を付け、逃足になった。長州軍は勝鬨《かちどき》を作り、浜辺まで追い払ったところ、幕府軍は小船に乗って軍艦へ乗り移った（「第二奇兵隊大島郡出陣中日記」）。

浩武隊は、普門寺越から幕府軍を偵察した。幕府軍は、海には軍艦三艘、和船数艘が、陸軍の応援として控えていた。陸には仮陣屋を構え、大砲の砲台、小銃の台場を築き、石塔や畳等を楯となし、密集した横隊で待ち受けていた。さらに援兵を出して、その地を放火した。海軍は、三蒲《みがま》口右手の山上にいる村上勢を砲撃した。また、別に一大隊の陸兵がおり、日前《ひくま》村から普門寺通りへ攻め寄る模様だった。長州軍は、第二奇兵隊二小隊をその押えとして残し、浩武隊二小隊は、右手の八幡山から動静を見て進んだ。第二奇兵隊一小隊は、久賀中央の山上から状況により進撃するための予備とした。浩武隊一小隊は、惣押伍《おうご》として控えた。その他大島郡兵、狙撃兵、大野一手《ひとて》、上関兵、清水勢は、正兵として本道を進軍した（「浩武隊其他諸兵大島郡戦争記」）。

午後四時過、幕府軍は麓のほうをことごとく放火した。日前通へ廻っていた勢力も、長州軍の進撃を見て本陣と合体し、陣屋を解体して待ち受けた。八幡山の浩武隊二小隊が浜手から進むのを見て、突出しては危険に陥ると判断し、押伍に残る浩武隊一小隊が猛進した。中央の地から不意打ちの体を諸勢に示し、大旗を真っ先に立て、鬨の声を上げ攻撃を始めた。これに気を得て、長州軍の諸勢力が総懸りとなった。

浜手の幕府陸軍は野戦砲、軍艦はライフル砲を撃ちかけた。夕方には富士山丸が来航し、合計四艘となり、そのうち三艘から砲撃した。長州軍は、浜手の左右から突入し、とりわけ浩武隊は死を覚悟してふるい立ち、砲声、呼声、死骸を乗り越えて進み、ついに浜辺まで追い詰めた。この時、幕府軍艦は引鐘を鳴らし、幕府軍はバッテイラ（bateira 小舟）に乗り移って敗走した（「浩武隊其他諸兵大島郡戦争記」）。

久賀村西方の碇峠方面から攻撃に向かった村上河内および村上亀之助の一手は、午後二時、国木台において幕府軍と会戦した。幕府軍は、庄地の民家に火を放った。村上河内は、村上太左衛門の勢と共に庄地へ行き、江尻越方面から進んだ。三丘《みつお》（宍戸）兵と合体して幕府軍を撃退した。この間に村上亀之助の一手は、国木台の幕府軍を追い、丸山平原に出、苦戦数刻にしてついに浜辺に退けた（村上河内変動中日記」、「村上亀之助軍中日記」）。

久賀村西方の三本松から進んだ浦一手は、峯尾伝いに攻め下り、臼砲を乱射し、一隊は砲隊と共に畑《はた》という地へ進み、幕府軍の本陣へ臼砲を発した。二番小隊は、久福寺の幕府軍へ向かって攻め、幕府軍を小銃で打ち退けた。幕府軍は、久福寺に放火し、さらに人家に放火しつつついに本陣に退いた

（「秋良政一大島郡戦争幷ニ陣屋出張日記」）。

それから幕府軍艦が発砲した。その様相は、「富士艦ト申砲艦ヘハ雷ふる数発相構え、山半腹へ向ケ砲発雨のごとし、味方よりもシキリに打懸、関之声見物之土民等シキリニ大ヲンヲ上ケ」（同右）という猛烈なものであった。富士山丸は、最新の大型艦であり、その威力は圧倒的であった。この危険な状況にもかかわらず、島民が戦場近くに来て、大音を上げて声による支援を送っている。浦一手砲隊は間近く進み、幕府軍の本陣を目がけて撃ち出した。それから幕府軍は、北のほう国木峠《くにきたお》へ押し寄せ、村上勢と戦った。横合から宍戸勢が撃ち出し、双方引上げた。山辺の幕府軍を残らず追い退け、数丁の水田を隔てて浜手へ距離を縮めた。夕方になり諸手引上げの号令が出、山の半腹まで引上げた。そこへ東南のほうが危いとして第二奇兵隊から援兵を求めてきた。よって、畑の久福寺の辺まで進んだが、夜中となり、浜手の軍も引上げたので引返した。さらに本陣の西蓮寺まで行き、近所に宿陣した（同右）。

十七日の久賀村攻撃に参戦したのは、第二奇兵隊、浩武隊、大野一手三小隊、三丘一手二小隊、阿月（浦）一手二小隊、上関一手二小隊、狙撃手一隊、大島郡一手、村上河内一手、村上亀之助一手、村上太左衛門人数、清水一手二小隊、井原一小隊であった（「四境戦争一事　大島郡」）。

戦争の終結　六月十九日早朝、幕府軍艦四艘、和船一五〜六艘が再び久賀浦へ来航した。そして西椋野《むくの》山手へ兵卒を出した。東手へも少々人数を差し出す体に見せ、久賀海辺の民家へ立入り、諸家道具、鋤、鍬、鎌、敷物、襖《ふすま》類、茶園物に至るまで残らず船へ積み込んだ。牛を屠《ほふ》り、百姓六〜七人を屋中へ縛し、四方から火を付けた。幸い百姓は救出された。人家もことごとく焼失し、百軒足らずが残るだけとなった（同右）。

六月二十日午前六時頃から幕府船は残らず出帆し、広島方面を目指して逃げ去った（同右）。ここにおいて幕長戦争の大島口戦争は終結した。

この戦闘に参戦した長州軍は、上関宰判から追々繰り出した兵合計七六〇人と村上河内一手・村上亀之助一手を中心とする大島郡兵であった（同右）。

征長軍は、幕府軍は、歩兵隊二大隊、持小筒組《もちこづつぐみ》三小隊、大砲一大隊、土工兵二小隊、騎兵組一小隊を中心に大垣藩三小隊が加わり、総勢一三〇〇人ほどであった（「在京在坂中日記」）。松山藩軍は一五〇〇人ほどであった（「紀伊殿御使番杉浦弥五左衛門、大島砲戦承書」『藤岡屋日記』一四）。

兵力数では、征長軍のほうが二倍半以上で圧倒していた。また、海軍は、長州軍は初期において丙寅丸が奇襲作戦に参戦したのみであり、渡海作戦の必要な小倉口に集中させるため軍艦を配備する余裕はなく、最新かつ最大の軍艦を備えた征長軍が終始圧倒した。

しかし、長州側には、兵士以外の島民の抵抗が加わった。六月十五日午前十時、志佐村において松山藩兵某が島民を案内者にして安下庄へ通りかかったところ、農民達が疑い、穿鑿《せんさく》に及び、同所の給庄屋が兵士を斬首した。また、同日、椋野村で幕府兵が通行し、村人が穿鑿に及んだところ、「天下の役人」と答えたので、一同で攻め掛かり竹鑓で殺害している（「四境戦争一事　大島郡」）。

長州側の戦闘で使用した武器は藩庁が支給した。六月二十五日、第二奇兵隊は、山口の武具方から送られた装条銃薬包九八〇〇発（ただし、雷管とも詰調《つめととのえ》の分、二八箱をもって）など一三品の弾薬を上関勘場《かんば》で受け取っている（「第二奇兵隊大島郡出陣中日記」）。武器自弁という封建制軍隊の原則が崩れ、藩庁の統一的管理下に置かれていることが注目される。

なお、前述した松山藩軍による民家への放火について、十月二日、松山藩から謝罪使が大島郡へ来た。松山藩島方代官役矢島大之進は、大島討入の節、「軍令不行届よりして不容易《よういならざる》次第ニ立至り候付、其節之軍事懸之向々、本国方ニ糺明之上、至当之罰方相成申候」（「四境戦争一事　大島郡」）と、その非を謝罪し、大島島民が松山藩を攻撃することがないよう鎮撫方を嘆願した。さらに十一月十五日、松山藩郡奉行奥平三左衛門ほか一二名が大島郡小松開作へ来た。その口上の趣は、「軍事出先之者疎暴に討入、農家等放火、家財焼失致させ、実に絶言語不相済《げんごにぜっしあいすまず》」（「中島日記」）と非を認め、謝罪した。翌慶応三年二月、松山藩使が三田尻に来て、応接した木戸孝允に対して、「先般大島郡え討入候始抹、疎暴失律之事件不堪悔悟《かいごにたえず》、恥入申候」（「四境戦争一事　大島郡」）と述べ、粗暴の振る舞いを悔悟し、今後の懇親を嘆願した。

大島口戦争の小括　大島口戦争についてまとめておけば、次のようである。

（１）大島口戦争は、慶応二年六月七日、幕府軍艦の熊毛半島先端への艦砲射撃に端を発し、六月八日、征長軍の大島郡油宇村、安下庄、久賀村への先制攻撃によって開戦した。

（2）長州藩藩庁政事堂は、六月八日の征長軍攻撃の報知を十日午後六時に受け、その夜、応戦を決断した。政事堂は、戦争全体の指揮権を掌握し、部隊の移動等、作戦の統一的指揮を行った。組織的な部隊の運用は、少ない兵力を有効に生かす上で、効果を上げた。

（3）長州軍は、諸隊はもとより、家臣団隊も、小隊組織に編制されて西洋軍制化されていた。これらの隊が、各方面軍本陣の指揮下に置かれ、密接に連携を保ちつつ戦闘を展開した。

（4）長州軍の作戦は、地形を巧みに利用し、制高を重視し、状況に応じて広く散開し、大砲・小銃を活用するものであった。また、大木・大石の投擲《とうてき》、音による圧迫、篝火《かがりび》による心理的威圧等、あらゆるものを総動員し、有効に活用した。

（5）幕府軍は、西洋式軍隊である陸軍歩兵部隊と、海軍の大型蒸気軍艦からの艦隊射撃を組合わせた当時最新鋭の強力なものであった。

（6）松山藩軍は、旧式のままの軍事編制であり、戦闘方法も旗差物の使用、首級への執着等、旧態依然たる性格を残していた。

（7）長州藩側の勝因の一つに、地元民衆の征長軍への抵抗運動、声、篝火、兵糧提供等による支援があった。

第四　芸州口戦争

一　開戦への過程と大竹村戦争

1　開戦への過程

開戦への過程と芸州口の地形　芸州口は、征長軍は征長先鋒総督府を広島城下に置き、幕府陸軍などの精鋭部隊、西洋式の和歌山藩軍、最新の大型軍艦を配備するなど強力であり、長州軍との間に広島県西部において激戦が展開された。広島県西部は、四〇〇～六〇〇メートル級の吉備《き び》高原面《こうげんめん》がそのまま海に没しており、山がちで、海岸部には平野が少ない。そのため、西国《さいごく》街道も多くは海岸を避けて、少し内陸側を通っていた。また、佐伯郡廿日市《はつかいち》から北西に津和野街道が延びていた。このような地形のもとで攻防戦が続いた。

征長軍は、藩境の小瀬川《おぜがわ》（木野川《このがわ》）を越えて、長州藩領へ向けて侵攻しようとした。

長州軍は、瀬戸内海側の小瀬川口を大手、山間部の長州藩山代宰判《やましろさいばん》から広島藩領へ入る山代口を搦《から》

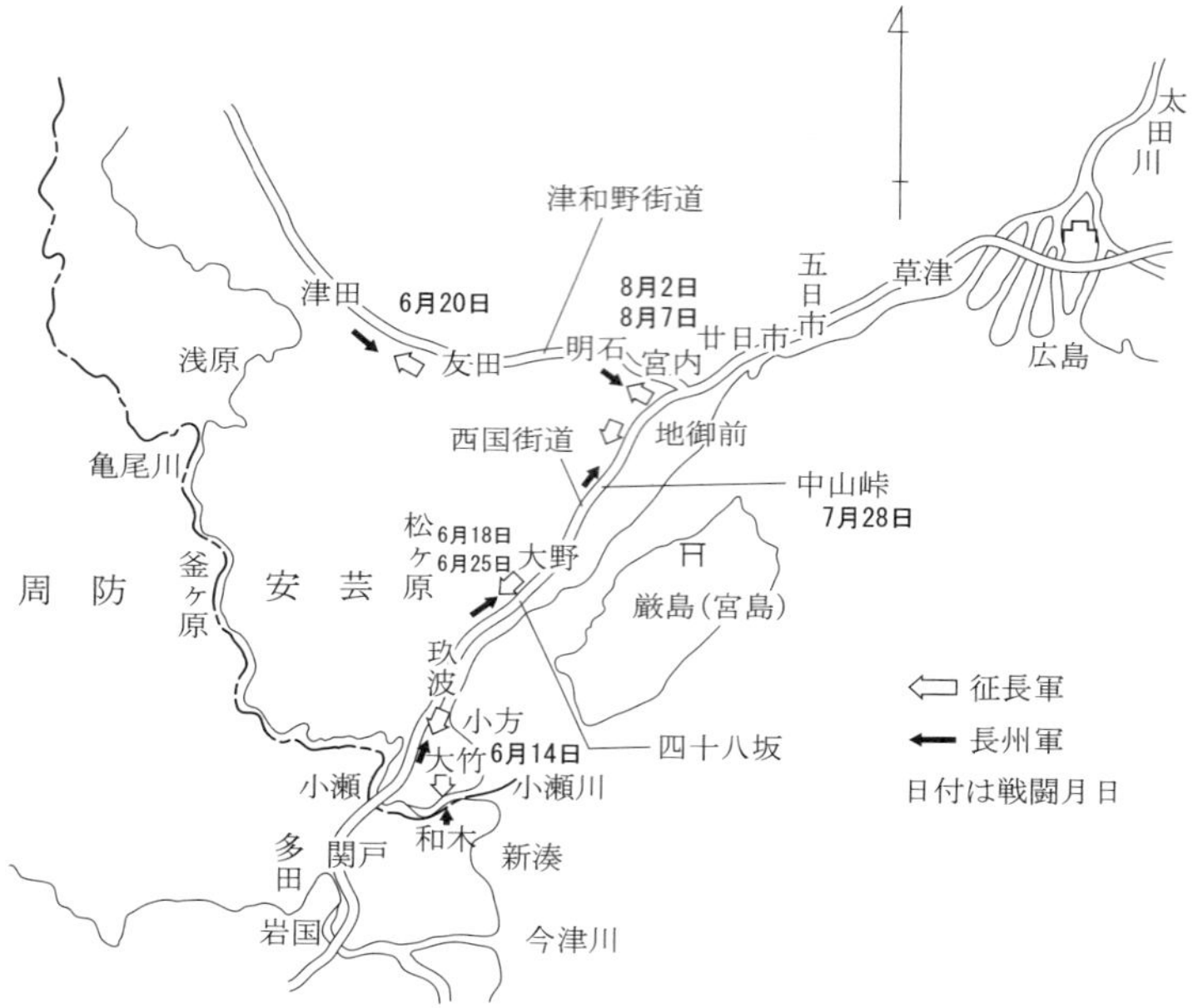

図12　芸州口戦争要図

め手と位置づけて防備態勢を敷いた。山代口から廿日市をめざし、征長軍の横を突くという布陣である。

征長軍は、六月五日を期しての開戦に備えて、五月二十八日、征長先鋒副総督本荘宗秀《ほんじょうむねひで》（老中、宮津藩主）が広島に入った。代わって六月二日、小笠原長行《おがさわらながみち》が、九州方面の指揮のため小倉へ向けて出発した。六月五日、征長先鋒総督徳川茂承《もちつぐ》（和歌山藩主、五五万五〇〇〇石）が、和歌山藩の軍艦明光《めいこう》丸で広島に到着した。

2　開戦と六月十四日大竹村戦争

征長軍の先制攻撃と退却　六月四日、

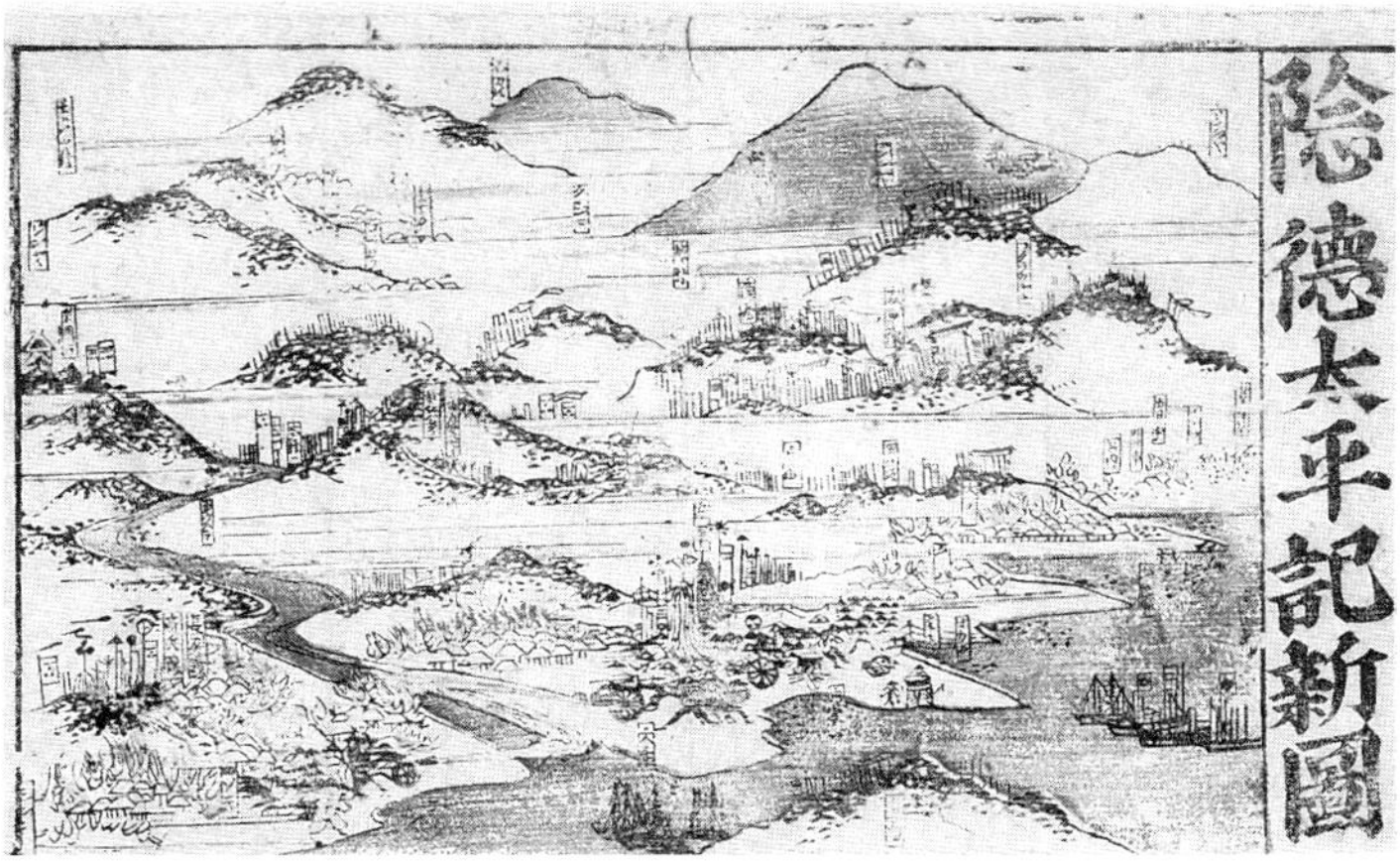

図13　陰徳太平記新図（山口県立山口博物館蔵）

征長軍芸州口中軍の高田藩（藩主榊原政敬《さかきばらまさたか》、一五万石）軍は、開戦に備えて広島を発した（「防州境小瀬川幷芸州宮内村戦闘始末略記」）。六月八日、征長先鋒総督府は、あいまいな態度をとり続ける広島藩（藩主浅野長訓《ながみち》、四二万六五〇〇石）に代わって、彦根藩（藩主井伊《いい》直憲《なおのり》、本来三〇万石、桜田門外の変により一〇万石減知された）と高田藩に先鋒を命じた（『芸藩志』六二）。芸州口征長軍の編制は、表7のようである。また、芸州口に配備した軍艦は、大島口戦争で述べた表3のようである。

六月十一日、廿日市における陸軍奉行竹中重固《しげかた》・彦根藩・高田藩の軍議で、十四日暁からの攻撃が決定した。軍議に従って、六月十三日、高田藩軍は、先手の両隊の内から大砲打方の者、小銃隊等を密かに藩境の小瀬川口に差し向けた。

六月十四日暁、右先隊、左先隊の両隊は、大竹村

表7　芸州口征長軍編制

軍　　　名	人　数	史料典拠・備考
幕府軍一番隊 歩兵2大隊	800	芸藩志67，西丸下歩兵隊
幕府軍十六番隊 歩兵2大隊	800	芸藩志67，三番町歩兵隊
幕府軍 持小筒組 3小隊	114	当表出張姓名人数書
幕府軍 別手組	100	芸藩志67
幕府軍 騎兵組	50	広島在陣中日記
幕府軍 大砲組　3座	122	当表出張姓名人数書
和歌山藩軍	7,300	和歌山市史，ミニエー銃500挺装備
同 水野忠幹軍	1,000	芸州表出陣中日記，ミニエー銃600挺装備
彦根藩軍	3,600	編年雑録54
与板藩軍	2〜3,000	巷説小記 稿本2413，過大数値か
高田藩軍	4,000	高田市史第1巻
大垣藩軍	507	南紀徳川史
宮津藩軍	300	諸口戦闘報知，300人は別手組の一部を含む
明石藩軍	500	芸藩志67
伊予西条藩軍	2〜300	芸藩志67
津山藩軍	500	芸藩志67
龍野藩軍	820	芸藩志68
松本藩軍	1,200	編年雑録57，8月19日広島到着
延岡藩軍	1,000	編年雑録57，8月21日広島到着

（備考）　人数は戦闘要員と軍夫の概念が史料により異なり，同一藩でも多様な数値が記録されている．守衛を担当した広島藩は除いた．

へ繰り出し、小瀬川口へ配備していた打方の者へ指揮して、岩国藩領和《わ》木《き》村を目当てに大砲四〜五発を撃ち出した。高田藩軍の先制砲撃によって、芸州口戦争は開戦した（「防州境小瀬川并芸州宮内村戦闘始末略記」）。

そのうちに西側の彦根藩軍から発砲が始まった。午前七時、岩国藩領西南の樹間あるいは小瀬川の堤の陰から長州軍の発砲があり、高田藩軍も激しく砲戦に及び、和木村へ大砲を撃ち込み、放火した。

その時、大竹村の山側側面に回り込んだ長州軍は、油見《ゆうみ》・立戸《たちど》両村の後の山二カ所において合図を打揚げ、多人数が峰々から大小砲を撃ち掛け

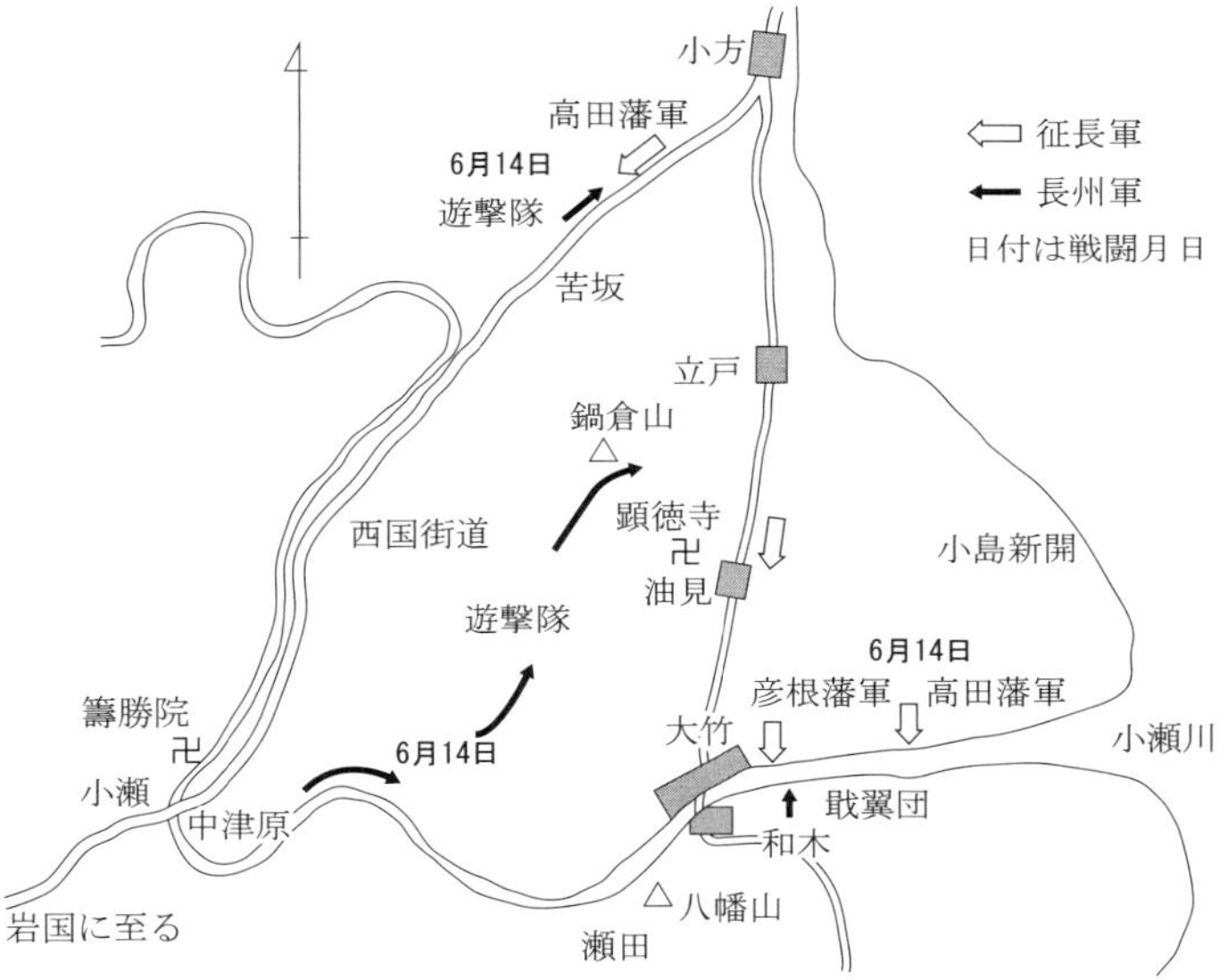

図14　大竹村戦争要図

た。高田藩軍は砲戦に及んだが、長州軍が、正面の南側、側面の西側、背後の北側の三方を遮《さえぎ》ったため死地に陥り、武器の損傷も多いので、海陸の両道から退却した。

彦根藩軍は、午前六時、先手、二番手、三番手が、大竹村へ繰り詰めた。整列の上、「天朝から仰出の趣」を申し聞かせるため使番《つかいばん》竹原七郎平等を派遣しようとした。竹原等は小瀬川を渡ろうとしたが、当時深い霧が立ちこめており、対岸の岩国藩戢《しゅう》翼団《よくだん》はこれを進撃とみて発砲し、三人を斃《たお》した（『吉川経幹周旋記』五）。

彦根藩軍は、直ちに大砲隊が進み、八幡山の台場をはじめ、樹間の屯所へ大小砲を激しく砲撃し、和木村を放火した（「六月十七日彦根勢戦闘聞書」『連城漫筆』二）。

これに対し岩国兵は、瀬田山上から大砲を連発して、彦根藩の後軍を撃った（『吉川経幹周旋記』五）。午前七時、長州軍三〇〇人ばかりが、大竹山から大小砲を撃ちおろした。彦根藩軍は山下へ廻り、南方では高田藩軍と長州軍の砲戦が迫って来たので、北方の上田山へ転陣した。烈戦を展開したが、三方を取り囲まれ死地に陥ったので、午前十時、小方《おがた》村で三隊を引きまとめた。西国街道の苦坂《くのさか》では、長州軍が坂上から押し来り、両傍の樹間から激しく発砲したため、大砲を損じ、苦戦した。長州軍は、山上を抜渉《ばっしょう》し、本営近く進撃してきたので、四十八坂《しじゅうはちざか》まで退却した。さらに大野村において高田藩主と申し合わせ、総退却した（「六月十五日井伊掃部頭届」『連城漫筆』二）。

長州軍の反撃　長州軍は、芸州口大手の小瀬川口と搦手山代口で軍を編制した。その編制は、表8のようである。小瀬川口の総指揮は、当初は宍戸《ししど》備前であったが、吉川経幹《きっかわつねまさ》も岩国藩の軍を派遣しており、明確でない面があった。そこで、六月二十二日、一門吉敷《よしき》毛利氏の毛利幾之進があらためて任じられた。配属部隊は、遊撃隊（総督毛利幾之進、参謀河瀬安四郎）、維新団、衝撃隊《しょうげきたい》、第一・二・三・四大隊、岩国兵などから編制され、途中から各大隊と交代して御楯隊《みたてたい》、良城隊《よしきたい》が加わった。各隊の編制は、諸隊である遊撃隊や御楯隊が、小隊単位の西洋式軍制であるのはいうまでもないが、家臣団隊であっても、良城隊でも見られるように、基本的には小隊単位の西洋式軍制に編制変えされていた。芸州口長州軍は、戦争経過に従って部隊が交代異動しているので、同時期の参戦人数がつかみにくいが、ほぼ二〇〇〇人規模とみてよい。

表8　芸州口長州軍編制

隊　名	人数	性　格	典　拠
遊撃隊	330	士庶混交の有志諸隊，8小隊	諸隊編製
維新団	170	熊毛郡被差別部落の人々で組織，4小隊	戦功賞典沙汰，浦日記
衝撃隊	150	干城隊の分隊，4小隊	諸隊編製
第一大隊	170	足軽で編制，2中隊参戦	もりのしげり，諸隊関係編年史料
第二大隊	85	足軽で編制，1中隊参戦	もりのしげり，諸隊関係編年史料
第三大隊	170	足軽で編制，2中隊	もりのしげり，諸隊関係編年史料
第四大隊	170	足軽で編制，2中隊	もりのしげり，諸隊関係編年史料
戢翼団	107	岩国藩士卒農商，2小隊参戦	吉川経幹周旋記
岩国兵	100	岩国藩士	四境戦争一事
酬恩隊	60	徒士以下の集合，2小隊参戦	諸隊編製
御楯隊	272	士庶混淆の有志諸隊，6小隊	御楯隊支配帳
一新組	36	三田尻宰判被差別部落の人々で組織	時政亀蔵家代々勤功録
良城隊（南第七大隊）	234	吉敷毛利士庶で編制，半大隊参戦	良城隊芸州出陣日記
集義隊	120	小郡郷勇で組織	諸隊編製
三丘兵（南第一大隊）	45	宍戸備前兵，半砲隊・1小隊参戦	四境戦争一事
致人隊	15	銃技優秀足軽の選抜	諸隊編製
膺懲隊	175	士庶混交の有志諸隊	諸隊編製
八幡隊	200	士庶混交の有志諸隊	諸隊編製
鐘秀隊	60	無給通士で組織，1中隊参戦	諸隊関係編年史料
益田孫槌一手	90	3小隊参戦	諸記録綴込
北第五大隊	120	萩手廻組大組士で編制，半大隊参戦	諸記録綴込
鴻城隊	170	士庶混交の有志諸隊	諸隊編製
宇部兵（南第十大隊）	240	福原家家臣で編制，半大隊参戦	防長征伐出陣日誌
階行団	34	山代宰判僧侶で組織	諸隊編製
神機隊	25	山代宰判神官で組織	諸隊編製
山代宰判茶筅中	44	山代宰判被差別部落の人々で組織	もりのしげり
北門団	275	岩国藩農民で組織	もりのしげり

（備考）遊撃隊から致人隊までは小瀬川口，膺懲隊から北門団までは山代口に参戦．7月中旬諸隊の交代が行われている．人数記録がない場合は1小隊を30人として推計した．

遊撃隊は、六月十四日午前零時、広島藩領玖波《くば》村の征長軍を夜襲しようとし、岩国藩領多田村の本営を出発して、小瀬川口の関門に至った。ここで征長軍がすでに油見・大竹間に充満しているとの報に接し、手組を変更した。すなわち兵を三手に分け、苦坂口は、遊撃隊四小隊、維新団二小隊、大砲半隊、地光《ちこう》隊一隊、立戸口（山越の間道）は、遊撃隊三小隊、維新団二小隊、大竹口は、遊撃隊二小隊、大砲半隊とし、残りの衝撃隊を本陣（中津原）の警衛かつ劣勢のところを助ける手組とした（六月十六日付河瀬安四郎報告「四境戦争一事　小瀬川口」）。

六月十四日午前六時、小瀬川を渡り、一の手は苦坂へ押し寄せ、坂嶺を登るやいなや直ちに彦根藩軍を砲撃した。午前七時、彦根藩軍が敗走するうち、二の手は立戸山（鍋倉山）を越え、三の手は大竹村へ廻った。その後、砲撃戦となり、午前八時前、大竹村を放火した。

長州軍は、山手へ廻り、彦根藩軍は海側の開作地へ敗走し、乗船して退去した。午前一〇時、長州軍は小方《おがた》村へ押し寄せ、放火し、畠台へ寄り、玖波村の兵としばらく砲戦し、ついに高田藩軍が退去したので、番兵を残して、総軍は本陣のある中津原へ退いた（六月十四日遊撃隊報告「四境戦争一事　小瀬川口」）。

長州軍の散兵戦術　長州軍の戦術の特質は、「賊ハ散兵ニテ、井伊家ハ連隊ナリ」（「芸州小瀬川合戦略図　慶応二年」『和木町史』）と、高田藩士が彦根藩軍と比較しつつ印象的に記しているように、散兵戦術であった。

長州藩諸隊は、幕長戦争において散兵戦術を駆使した。この戦術は、兵士を適当な距離に散開させて行う戦術である（口絵参照）。少数の兵で多数の兵に立ち向かう場合に有効であるが、兵士が広く散開しているので指揮官の命令が行き届かず、その分、兵士各自の自発性が要求される。「長門練兵場蔵板　活板散兵教練書」は、「此陣法ニ於テハ、密収隊《（ママ）》ニ於ケルヨリモ、各兵士独立ニ進退シ、多クハ自己ノ識ヲ以テ動作スヘキハ、知ルヘキナリ。此ヲ以テ、此隊ノ兵士ヲシテ、努《つとめ》テ独立動作シテ、機ニ投スルノ才ヲ延サシメ、且《かつ》其人ノ精神ヲ砥磨《とま》セシムル」と記し、兵士が独立して動作し、機に投ずる才能を磨き、その精神を養うべきと記し、兵士各自の自発性の重要性と独立心の涵養《かんよう》を強調している。散兵戦術は、有志が志願して編制した士気の高い諸隊において、初めて実行可能な戦術だったのである。

また、高田藩の老職原田外記《げき》は、「奇兵隊之者共、山々峰々より立現れ、猿の如く駈走り、味方のうしろを取切、打立候砲丸難当《あたりがたし》」（「芸州表出陣中日記」）と、奇兵隊は猿のように動きまわり、砲撃してもなかなか当たらないと機敏な動きを驚嘆しつつ伝えている。原田は奇兵隊と呼んでいるが、奇兵隊は小倉口に従軍していて、芸州口には来ていない。しかし、征長軍側史料は、総じて長州軍のことを奇兵隊と誤記する傾向がある。奇兵隊の名前が征長軍の間に強く印象づけられていたことがうかがえる。

この戦争において被差別部落の人達からなる維新団は、目ざましい活躍をした。遊撃隊参謀河瀬安四郎は、「岩国ニ而も初ハ維新団之事餘程八ヶ間敷《やかましく》申立居候処、大勝利を得候後ハ、何も閣《さしおき》丁寧反復、御影《おかげ》ニ而新湊其外免患《かんをまぬがれ》候抔《など》、言を尽し而諸事心配《こころくばり》仕候」と、岩国においては、維新団への認識が改まり、何をさしおいても丁寧に繰り返し、おかげで岩国の新湊そのほかが難を免れたなどと、言葉を尽して諸事心配りするようになったと報告している（「四境戦争一事　小瀬川口」）。

また「熊毛垣の内穢多人数百七拾人位、遊撃軍之先手え罷出《まかりいで》、誠ニ強壮之者ばかりニて、敵中え何之支《ささわ》りもなく入込、働キ高名《こうみよう》仕候事」（「浦靫負《ゆきえ》日記」慶応二年六月十七日条）と、勇戦ぶりが伝えられている。

高田藩軍の敗因　高田藩軍の敗因は、陣容・武器が旧式のままであったことが致命的であった。長部薫氏は、軍装について、陣容・武器が基本的に戦国時代以来の伝統的なものであり、陣容が、左備《そなえ》・右備の先備二隊と、後備、旗本一隊という榊原家の伝統的な四隊編成だったとしている。そして、出陣時に携行していた武器を「長州征伐行軍図」から抽出して、ゲベール銃一九五、和銃一九四、大砲一〇、槍三一六、長柄槍四〇、長刀一三、薙鎌三六、立弓四と集計している。また、槍が鉄砲よりも武器の花形的存在として描かれていると指摘している（長部薫「譜代高田藩と長州戦争―『宮川家文書』を中心に―」）。

さらに武者と従者を一単位とする旧来のスタイルであったことが、弱点となった。鎗は、従者に兵糧と共に持たせ置いたところ、「引上の際は其影たに見えす、堤上ニ休息中も終ニ来たらさりし、さて舟へ乗り込みて、一同兵糧をつかふ時に、始めて気つきたるもあとの祭り」（清水広博「思ひ出のまゝ」「慶応丙寅役高田武士懐旧談」）と、従者が兵糧を持ったまま逃げ去ったため兵糧がなく、苦労している。

彦根藩軍の敗因　彦根藩軍の敗因についても装備が旧式のままであったことがあげられる。開戦前において大野村で彦根藩軍を実見した農民は、次のように記している。

槍・長刀・弓矢・剣つき鉄砲・大砲に至る迄たずさえて馬に引かせ、鳶口《とびぐち》・陣鎌・がらはち兜《かぶと》取、是等の外は農具・鍬・鎌・熊手・大工・石工・土かご・陣屋諸道具類数々揃《そろえ》、主人付之武士共は、緋羅紗《ひらしゃ》陣羽織・ごろ福（呉絽服《ごろふく》）の袴を着して、朱鞘之刀にたてえぼし鎧武足で武者揃、御先手足軽共、是等者は黒のつつほ袖に白の立付《たつつけ》を着て、鉄砲をたずさえ歩せる

（「長州戦争大野戦記」、大島忞《つとむ》『続古文書への招待』）

彦根藩の「赤備え」は、戦国時代以来の伝統的なもので、古来、勇名をはせたが、もはや全く時代遅れであった。戦闘が始まると、「掃部《かもん》之軍勢、羽織着たる武士、又は赤旗・赤印迄、左右にてもみじを嵐に吹きちらしたるが如可有之《ごとくこれあるべし》、人々目を驚す」（同右）と、目立つ赤色は恰好の射撃の的となった。

長州軍が分捕った物は、「甲鎧夥敷《おびただしき》事数を不知《しらず》、大砲も隊中え奪候分十餘挺、中ニもアメリカボウドノ十二封度弐挺（此分ハ餘程之名砲、乍併《しかしながら》ライフルニ而ハ無之候）、小銃ハ少し、偶《たまたま》有之ニもヤアゲ

ル又ハ和筒十匁ニカンを付候様之物ニ而、無用之品而已《のみ》」（『四境戦争一事　小瀬川口』）で、小銃は旧式のものであった。ただし大砲はアメリカ製のボート砲（ボートホイッスル砲、真鍮《しんちゅう》製の曲射砲）で、名砲であった。そのため河瀬は、「小銃逼《せま》リ合ハ餘程容易候得共、大砲ハ思之外能《よく》打候様相考」（同右）と、小銃の撃ち合いは容易だったが、大砲は思いのほかよく撃ったと記している。

3　戦争と民衆の協力

長州軍の民衆配慮　長州軍は、戦争遂行に当たり民衆の支持を受け、また細かな配慮をした。和木村の民衆は、「増々相競、頻《しきり》ニ焚出被為致《いたさせられ》、玖波小方遊撃隊迄も兵糧送り仕らせ心配《こころくばり》仕候」（『嘉屋文書』『和木町史』）と、焚出しと兵糧運搬で加勢している。

六月十四日より以前、戢翼団《しゅうよくだん》は和木村に出張し、団兵は安禅寺・養専寺に屯宿していた。和木村の農兵を義勇団と称し、一〇〇人ばかりで一隊を為し、村境を守った。諸兵の焚出場は村中に設け、兵糧運送までみな村の女性の働きであった（『小瀬口戦争私記』『岩国市史　史料編二近世』）。兵糧運送などで女性が活躍していることが注目される。

長州軍は、征長軍を敗走させると、大竹村・玖波村の焼失地へ「兵火為ニ難渋飢渇ニ及候村々ハ、可訴《うつたえいずべき》出次第、速ニ可所置遣候事」（六月十六日付河瀬報告「四境戦争一事　小瀬川口」）という高札を建て、民衆の救済を行う姿勢を示した。そして六月十五日、大竹村において焚出しを行った。玖波村におい

ては、彦根藩の兵糧米一〇〇〇俵ばかりをことごとく土地の者へ分配した

六月二十六日、岩国藩士安達十郎右衛門は、山口の政事堂に行き、大竹村の焼失村民の救恤を願い出た。藩政府はこれを聞き届け、米五〇〇俵を下賜した（『吉川経幹周旋記』五）。

また、医師を派遣し、負傷者や、病人の治療に当たり、民衆から感謝されている。六月十九日夕刻、岩国病院から藤井良悦・山県駿弼が、わずかに焼け残った家に宿泊して七月十四日まで村人の診療に当たった。二人の医師は、日々増加する病人の診療に当たった。処方した薬も相当な量になったが、謝礼は一切受け取らなかった。百姓のなかには黒豆や野菜などを薬代の代わりに差し出すものもあったが、それもほんの印《しるし》ばかりのことであった。そこで大竹村では長百姓《おさびやくしよう》が昼夜二人の医師を尋ね、下働き一人を付き添わせ、また村役人から酒を送るなどした。そして、岩国に帰る時は、和木村まで見送り感謝の意を表している。さらに、七月十五日、病院医師七〜八人が木野《この》村に来て、付近の村民の病気治療に当たっている（「官軍幕府長防諸隊中戦争已来諸駈ケ引応答書抜帳」『大竹市史　史料編第一巻』）。

征長軍の民衆救恤策

いっぽう、征長軍側の救恤策は、六月十九日、総督府から「怪我人ならびに焼失等之者、かつ産業ヲ失ヒ候窮民等」（『芸藩志』六四）を調査するようにとの達が佐伯郡代官に出され着手された。これに対し、六月二十五日、罹災《りさい》状況をとりまとめ、罹災者数は八九九六人と報告している（同右）。

広島藩は、七月一日、長州軍と協議して、西国街道沿の各村に炊事場を設置し、救恤を行い、家老

上田家領地は上田主水《もんど》から米金を出させている（『芸藩志』七一）。また、七月二十九日、幕府勘定吟味役から米三五〇石が給与された（『芸藩志』六四）。

征長軍側の救恤策は、長州藩と比較すると一月半遅れており、民衆へ配慮する姿勢が欠けることが如実に示されている。

二　六月十九日大野村・六月二十日津田村戦争

1　六月十九日大野村戦争

長州軍の大野村進撃　六月十五日、長州軍は本陣を小方《おがた》村に移し、遊撃・衝撃の二隊を先鋒として小方・玖波《くば》方面に進み、斥候《せっこう》を四十八坂《しじゅうはちさか》に出して征長軍に備え、中津原・苦坂《くのさか》口は、大隊兵に守衛させ、小方・大竹間には岩国兵を控えさせた（「四境戦争一事　小瀬川口」）。

六月十八日、長州軍は、征長軍の動きを探知し、機先を制しようとし、大野村夜襲を決し、各軍の部署を次のように定めた。

・西国街道の四十八坂からの本道は、第一大隊二・四番中隊、第四大隊二・四番中隊、遊撃隊仏式砲一門、臼砲一門が副となり、衝撃隊を遊軍とする。

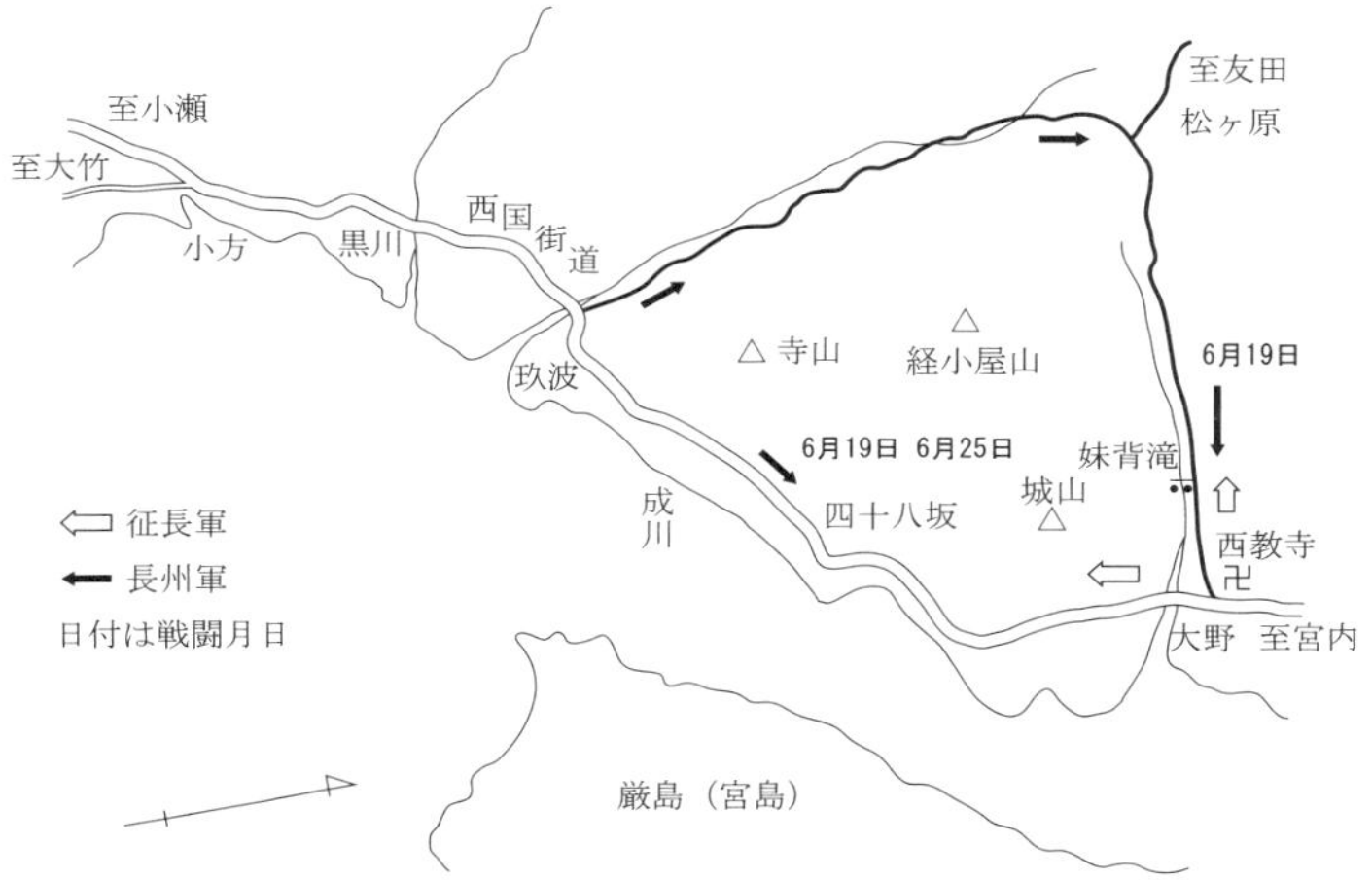

図15　大野村戦争要図

・松ヶ原を迂《う》回《かい》する搦手は、遊撃隊四・五・六・七番小隊、同臼砲三門、維新団三・四番小隊をあてる。

松ヶ原の兵が先発して、五・六番小隊は、妹背《いもせ》滝（雌雄の二滝がある名滝として知られる）左瀑の上方の後山に伏し、他の隊は、右瀑の上から進み、征長軍本陣の大野村庄屋宅の山上に伏して四十八坂口からの進軍を待った（「忠正公一代編年史」）。

本道の四十八坂口の軍は、十九日午前一時、小方村を出陣し、午前四時、大野村入口に達した。午前五時、攻撃に移ろうとしたが、征長軍の蒸気軍艦一艘が宮島から進航してきたため、艦砲射撃によって後方との連絡を断たれることを恐れ、小方本陣に退却した（「四境戦争一事　小瀬川口」）。

搦手の大野村まで進んだ軍は、十九日夜明けに至っても四十八坂口の進軍がないのを見て、その到着を待たずに開戦するに決し、攻撃を開始した。

大野村を守備していたのは、水野忠幹《ただもと》（和歌山藩付家老、三万五〇〇〇石。明治元年一月十四日、藩屏に列せられ、新宮《しんぐう》藩に立藩された）率いる水野軍と和歌山藩軍および幕府陸軍歩兵一大隊であり、ミニエー銃を装備した西洋式軍隊であった（『南紀徳川史』）。六月十四日、水野軍は、彦根・与板《よいた》・高田藩が敗走したのにかわって、銃隊五小隊、一〇〇〇人余りで大野村の西教寺へ入り、本陣としていた（「芸州表出陣中日記」）。

水野軍の装備について、大野村農民は次のように記している。

紀州家老水野大炊頭《おおいのかみ》軍勢凡千弐百騎、砲兵隊歩兵隊剣付鉄砲を持て、日之丸を真先に立、大砲を引、小隊ちょうれんにて進、大野村へ御入込有之《これあり》、（中略）其外公儀旗本軍勢三兵隊騎兵組三大隊別手組等迄、剣付鉄砲小隊ちょうれんにて、追々御入込有之

（「長州戦争大野戦記」『続古文書への招待』）

このように、各軍は剣付鉄砲で武装し、小隊編制であり、彦根・高田藩軍とは異質の軍隊であることが、農民の眼からもはっきり認識されている。

水野軍は、直ちに備《そなえ》を改めて逆襲し、水野忠幹は、自ら陣頭に立って指揮し、激戦が展開された。長州軍の射撃については、水野軍の細井八郎左衛門は、「夜も明候時分、敵兵もねらひを定候と見へ、稲の葉をかする様ニ弾丸飛来り、小家之蔭より打候」（「芸州表出陣中日記」）と記し、これにより幕

府歩兵差図役《さしづ》頭取友成求馬《ともなりもとめ》ほか少なくとも二人が死傷している。当時の銃は、発射の反動偶力から跳《ちょう》起角《きかく》が生じ、銃身が上向くためそれを修正しながら撃たなければならないが、長州軍は低く撃っており、遠距離からの狙撃に習熟していることがわかる。

本道の四十八坂からの軍は、軍備を整えて、午前八時から再び進軍を開始した。四十八坂を越えて軍を二手に分け、一手は山を伝って進み、一手は本道を進んだ。水野軍は、大野村の西南の小山に備え、銃隊を左右の山に布置して激しく銃撃した。そのため、大隊の原甲太郎など三人の中隊司令は、恐怖心にかられて岩影に伏し、木影に隠れ、物を言わず、戦争の止むのを待つような状態になったため、各中隊は司令官を失った。三中隊は司令士がない状態になり、節制・規律も立たなかった。やむをえず午前十時撤退した（「四境戦争一事　小瀬川口」）。

六月二十日付報告で河瀬安四郎は、三人の中隊司令の行動は、軍の規則士気の興廃に関わるとして、三人の更迭を藩庁政事堂へ嘆願している。また、芸州口の総指揮を毛利幾之進（遊撃隊総督、吉敷毛利氏）へ仰せつけるよう嘆願している。六月二十日、河瀬は、早川渡を山口に派遣して戦況を報告させ、特に毛利幾之進を総指揮役とすることの重要性を強調させた（「諸隊会議所日記」）。

二十二日、藩庁政事堂はこれを承認し、幾之進に芸州口諸兵総指揮役兼摂の辞令を発した。また、司令士の処罰を行って、原甲太郎など三名を罷免した。かわって小姓役中から三人を選んで、中隊司令の心得をもって交代させた（「御小納戸日記」）。ついで、二十三日、宍戸備前の家兵半砲隊、砲護一小隊に出陣を命じた（「四境戦争一事　小瀬川口」）。各部隊幹部の任免、部隊の出陣について、藩庁政事堂が統一的指揮を行っている。

和歌山藩軍のうち討死については死因は記されていないが、手負一八人は、鉄砲傷深手九人、鉄砲傷浅手九人となっており、すべて鉄砲によるものである（『南紀徳川史』）。鉄砲中心の近代的戦闘であったことが確認できる。

2　六月二十日津田村戦争

長州軍の津田村進撃　山代口は、益田孫槌を総指揮官とし、井上小太郎（山代徳地両宰判諸兵軍監）・久保無二三《ぶじぞう》が参謀を努めた。七月上旬、井上馨が石州口から転じ、参謀に加わった。出陣した部隊は、膺懲隊《ようちようたい》、八幡隊《やわたたい》、鍾秀隊《しようしゆうたい》、益田孫槌一手《ひとて》、第五大隊などであり、途中から鴻城隊《こうじようたい》、宇部兵などが加わった（三宅紹宣「幕末・維新期の宇部」『宇部市史　通史篇上巻』）。

「騎兵隊（連絡担当の騎馬兵士）口演覚」によれば、その任務は次のようなものである（「四境戦争一事　小瀬川口」）。

一、亀尾川《きびがわ》口、征長軍の横を襲うため、廿日市その他の勢を挫《くじ》くよう、早急に亀尾川口へ進入のこと。

一、現在の小勢では深入は宜しくないので、先ず浅原村に限って出張《でばり》せよ。現在、諸兵のうち繰出

図16　津田村戦争要図

しの手組《てぐみ》中につき、追々繰出すので、人数が揃った上で津田《つた》村へ進み、状況に応じてさらに先へ進むこと。

一、人夫の減少は肝要である。白米・塩噌《えんそ》などは余分に送り込まず、亀尾川から日々送るほうが軽便である。焚出し入用の鍋釜などは浅原村で借用して済ますべきである。

一、浅原村へ侵入したら民衆へ配慮を示す立札を立てること。

亀尾川村は藩境の交通の要衝であり、ここから進軍する方針

表9　芸州口戦争における長州軍死傷者数

月　日	場　所	戦死者	負傷者
6月14日	大　竹	0	4
6月19日	大　野	4	16
6月20日	友田口	11	2
6月25日	大　野	7	20
7月28日	大　野	7	16
8月2日	大　野	0	5
〃	玖　波	8	23
8月7日	大　野	8	34
〃	宮　内	0	12
〃	明　石	0	3
合　計		45人	135人

（備考）療養中死去は戦死に含めた.
「四境戦争死傷人名録」(毛利家文庫，山口県文書館蔵）により作成.

が、指揮役・代官・諸隊総管等へ伝達された。藩庁政事堂が各方面軍と密接に連携をとって統一的指揮を行っている。

六月十九日、長州軍各部隊は移動を開始した。膺懲隊は、六月十九日午前二時、亀尾川を出陣し、午前八時、広島藩領津田村へ着陣した。津田村は津和野街道が東西に通る山間部の交通の要衝である。直ちに大斥《せっ》候《こう》、銃隊、砲隊を河津原《かわづはら》に出した。また、拠点となる地を選んで砲台を築造しようとした（「膺懲隊芸州浅原口出軍日記」）。

益田孫槌一手は、六月十九日午前八時、山代の本郷を出陣し、亀尾川を経て、午後四時頃、先鋒一小隊は津田村へ着陣した。膺懲隊と合し、友田口の槙ケ峠へ砲台を築造した。後陣の一中隊は、津田村から一里ばかり手前の保祖原村へ着陣した（「益田孫槌一手芸州友田口戦争日記」）。

六月二十日正午、宮津藩軍と幕府別手《べって》組《ぐみ》およそ三〇〇人と大砲一門が友田口から襲来し、三手に分かれ、一手は津田村において戦争、一手は大野方松ケ原へ分かれ、大砲を数発撃ち掛けた。長州軍は、小銃によって防戦した（「四境戦争一事　山代口」）。

宮津藩軍は、山上から樹木を楯に取り、小銃を頻りに発砲し、砲台から焼夷弾、榴弾などを透き間なく発射した。宮津藩軍は多勢で、左右の山々へ登り、小銃を霰のごとく撃ちおろし、あるいは樹間から槍隊を突出し、長州軍は甚だ苦戦した（「益田孫槌一手芸州友田口戦争日記」）。この戦争で長州軍は、芸州口戦争で最大の一一人の戦死者をだした。ここで、長州軍の戦死負傷者をまとめておくと表9のようになる。

六月二十一日、巡察者から槙村半九郎（正直《まさなお》、密用聞次役）への報告には、味方の応援等もなく、一旦は勝利に見えたけれども、後崩れになり、敗戦であったと厳しい見方をしている。その原因は、司令官がそろっていないためであるとし、人選をよくして差し出すこと、精兵の援兵が急務であるとしている。

六月二十一日、井上小豊後（山代都合役）は、実戦経験のある精兵の応援を嘆願している。また、不練の猟隊であるため甚だ困苦しているので、農兵の司令士を一〇人、二〇人にても差し出してくれるよう願い出ている（「四境戦争一事　小瀬川口」）。

3　六月二十五日大野村再戦

長州軍の大野村再進撃　長州軍は再び大野村を攻撃しようとした。搦手の松ケ原からの中央は、衝撃隊、左の山上は第四大隊二中隊（二番中隊、四番中隊）、右の山上には遊撃隊六小隊（本陣第三・五・

六・七銃隊、維新団三・四番小隊)、遊撃隊臼砲三門が担当した。

西国街道からの大手は、岩国兵二〇〇人、遊撃隊六小隊(第一・二・四銃隊、維新団一・二番小隊)、大砲四門が担当した。

北に備える津田口の本道は、第一大隊(二中隊)、三丘《みつお》砲隊二門、津田口の間道は第二大隊一中隊、地光《ちこう》隊が担当した。玖波《くば》屯集の警衛は第三大隊(二中隊)、小方屯集の警衛は岩国兵であった(「諸隊会議所日記」)。

六月二十五日午前零時、大野村への搦手の松ケ原口の諸勢が出陣した。午前二時、大手の四十八坂口の諸勢が出陣した。長州軍の攻撃に対し、大野村の和歌山藩軍は、要害に拠って一歩も退かず、激戦となった。これまでの戦いでは、鉄砲一挺で五～六〇発くらいの発射であったのが、一二〇～三〇発に及んだ。そのため銃が火のように熱くなり、握ることもできず、装塡しようとする弾丸が下らず、幾度も筒の掃除をした上で発射せねばならず、大苦戦であった。ミニエー銃は先込めなので、発射するごとに火薬と弾丸を筒先から装塡するが、あまりに大量の発射をしたためにそれに難渋するほどになっている。

この戦いでも長州軍は、制高を重視した作戦を展開した。

午後二時、長州軍は、兵を収めて玖波村まで帰陣した。その時、大砲を積んだ幕府軍商船一艘が現れ、引き揚げ中の長州軍めがけて艦砲射撃を行った。

河瀬安四郎は、艦砲射撃によって、人足が狼狽し、「海軍之不意ニハ当惑仕」（「四境戦争一事　小瀬川口」）と、苦戦したと報告している（河瀬はこの戦争を六月二十四日のこととして報告しているが、大野村再戦は二十五日であり、戦中に急いで記述したための誤記であろう）。

長州軍は、軍艦五艘を有していたが、渡海作戦の必要な小倉口へすべてを配備していた。しかも五艘とも小型艦で、蒸気艦は二艘のみであり、芸州口へ配備する余裕はなかった。このため、征長軍の艦砲射撃は、以後も芸州口長州軍を悩ませ続けた。

三　軍夫と民衆の動向

1　軍　　夫

征長軍の軍夫逃亡　幕長戦争は近代戦争の様相を呈しており、兵站《へいたん》の問題は重要であった。とりわけ軍夫が作戦遂行に重要な役割を果たした。兵士に対する比率は、長州軍の良城隊《よしきたい》の場合、ほぼ三〇人単位の一小隊につき一二人宛派遣されており、兵士の約三分の一の比重を占めている。広島藩の場合、六月十九日佐伯郡下三カ所に守備兵として出張した部隊では、藩兵一一九〇人、従僕二三九人に対し、軍用夫は二〇六三人で、全体の五九・一％に達している（『芸藩志』六四）。

これらの事例で窺えるように軍夫は大量に動員されたが、征長軍側からは、「十四日戦ヨリ毎日郷夫抜逃」（「中丸某日記」慶応二年六月十九日条）と、六月十四日の開戦直後から軍夫の逃亡が相次いでいる。彦根藩は、六月十五日、広島表から急飛脚を彦根に発した。そこで大竹辺の敗報を伝えるとともに、人夫が逃亡して困窮している状況を次のように伝えている。

兵粮方焚出し請負《うけおい》ノ者、何れへ歟《か》逃去リ候由、足留人足・郷夫等モ逃去候、大竹・小県（方）・玖波等ハ焼失仕候趣ニ付、再御討入之節ハ御手前焚出シニ相成候ニ付、御勘定人・御賄手代御人少ニ付、隊々へ割付出来不申候《しゆつたいもうさず》、且病人等も有之様ニ付、御指閊《さしつかえ》ニ付、御飛脚着次第御用立候者不残火急ニ出立《いでたち》致候様申来リ候、御中間之儀も同様、町夫・郷夫之義も不足ニ付、急速可指越《さしこすべし》

（「彦根藩届書」『新修彦根市史　第八巻史料編近代一』）

このように兵糧焚出しの請負者・足留人足・郷夫等が逃げ去ったため、長州藩への再討入りに差支える状況に陥っており、用立つ者を至急広島へ出立させてほしいと依頼している。さらに町夫・郷夫も不足しているので、中軍へ四〇人、分隊へ五〇人ほど急速に派遣するよう依頼している。

しかし、「彦藩農兵を募る、人望離れたるに依て不応《おうぜず》」（「六月廿六日巷談」「丙寅六月新聞」吉介翁自筆見聞雑記）と、民衆が藩から離反し、動員しようとする農兵の募集は困難を極めている。

これに対し長州軍に生捕られた彦根藩の農兵は、長州藩の行き届いた厚遇に感銘を受け、次のようにその印象を語っている。

農兵は八〇人余生捕られたが、長州軍は、「その方共には関わりが無いことなので、助命し差返すとし、酒食を与え、一人毎に五〇〇疋を恵み、早々にこの場を脱して帰国し、いか様にも潜伏して時節を待て」と、篤く諭し、藩境まで厳重に護送士をつけ送り帰された。その処置は厳正にして行き届いており、武備軍令等は勿論のことであって、討入などということは、ゆめゆめ叶《かな》うことは出来ない（「〔慶応二年七月〕十三日渋谷〔騮太郎〕直話」「丙寅七月新聞」吉介翁自筆見聞雑記）。

彦根藩軍の郷夫は、九月になって追々帰国した。しかし彦根藩の処遇に不満を抱き、「ケ様に郷夫共を難苦せしめ、己々か懐へ掠奪する也、実以可悪《にくむべき》事也と、大津より八幡へ下る船中ニて、乗合者も不憚《はばからず》散々に悪口し、芸国戦争敗北の事実を衆人に公然として話しける」（「丙寅九月新聞」吉介翁自筆見聞雑記）と、彦根藩を厳しく批判している。

和歌山藩の人夫は、在夫と呼ばれ、武器軍需品の輸送および整理、陣地の築造の使役等に従事した。慶応二年一月から十月の「総引揚げ」までのおよそ一〇カ月間に徴発された在夫は、「御用立在夫」だけでも、七九九九人、延べ日数は六六万四二〇三日にのぼっている。在夫徴発に対して農民達は、戦争そのものを忌避する態度をとるようになり民衆が藩政から離反している（古田耕次「長州征伐における紀州藩農民の動向―在夫徴発をめぐって―」）。

八月三十日、広島藩領賀茂郡内海跡《うつみあと》村の浜辺に行き倒れ死体が発見された。所持品の木札から紀伊国日高郡千津川村の農民であることが判明した。和歌山藩の夫方として動員されていた者で、逃亡して帰国しようとし、途中で行き倒れになった者であった（三宅紹宣「幕末の動乱」『安浦町史　通史編』）。

広島藩内から徴発された軍夫からも逃亡が相次いだ。六月二十六日、佐伯郡能美島《のうみ》一六カ村から幕府軍の軍用夫として二五〇人が徴発されたが、佐伯郡の戦線近くに出勤中、突然逃げ去り、「終ニ公儀御人数御立御延引ニ相成」（「備忘」『廿日市町史　資料編Ⅲ』）と、そのために幕府軍の出陣が延期されるという事態が起こっている。

翌日にも大野村へ出張することになっていた人夫が不足するので、他郡の夫方を出すよう駆引きしていると、突然逃げ去り、農兵に方々手分けして探させたところ、一二〜三人は捕えたが、その他の者は足早に逃げ去った。残りの約一六〇人に農兵の夜番をつけて監視させたが、「又忍ひ逃去り、騒動いたし」（同右）という状態であった。

軍夫の忌避と逃亡が相次いだため、征長軍は、夫頭《ぶがしら》（才領）を厳島や広島城下に派遣し、人夫を雇い入れて軍夫に当てようとした。しかし、雇い入れ人夫の中からも脱走者が出て、一五六二人の内二八九人（一八・五％）が脱走している（『廿日市町史　通史編上』）。

七月七日、征長軍の講武所砲隊が、広島から石州口へ出張しようとしたが、人夫不足のため不能となった。これに対し浜田藩は、二〜三〇〇人くらいの人夫は差し出すので、急速に出張してほしいと嘆願している（慶応二年七月七日付浜田藩士永井鉄太郎伺書「稿本」二六二二）。人夫の確保が困難となり、征長軍の作戦に多大の影響を与えている。

長州軍の軍夫確保　これに対し、長州藩は、綿密な対策をとることによって軍夫の確保につとめた。槙村半九郎は、軍夫対策について藩庁政事堂へ次のように申し出た。

熊毛宰判から芸州口へ人夫を差し出したが、不足のため都濃《つの》宰判、上関宰判そのほかからも追々差し出した。しかし、現地の様子では、全く不足しており、かつ働きの差もあり、差支えている。また熊毛宰判そのほかの村落も難渋している。ただし、人夫の遣い方は、人柄を選んで頭取を命じ、諸世話の駆け引きをさせるようにすれば、逃げ去るような煩《わずら》いを除く一端ともなる。かつ、死亡怪我等の者について早々詮議して褒賞《ほうしょう》すれば、各々競って働き、村落において夫役に出るのをいやがる動きが止むので、士気が引立つようにしてほしいと申し出ている（「槙村正直蔵書雑載」）。この建議は早速採用され、死亡、終身不具、軽傷の三段階を基準として保養米を支給する褒賞が実施されていった。

このような綿密ですばやい対策をとることによって、長州軍は、戦争期においては、慶応二年の百姓一揆があったものの、村落における矛盾を表面化させることなく乗り切ったのである（三宅紹宣『幕末・維新期長州藩の政治構造』、同「長州藩慶応二年の百姓一揆」）。

2　民衆の動向

征長軍の民衆抑圧　征長軍は、様々な乱暴をして広島藩の民衆を苦しめ、反発を招いた。大野村の農民中丸は、征長軍の行為を次のように記している。

（七月）三日、誠ニ此節ハ多人数故、入込ニて大乱レ、建岸ニテ草ヲ苅《か》ルモアリ、藁《わら》ヲ取テ草鞋《わらじ》ヲ造ルモ有リ、茄《なす》南瓜其外造ジ（雑事、おかずにする野菜類）ヲ盗取、或ハ池ヲ干シテ魚ヲ取モ有、大ニ荒レタル次第ナレ共、其制ハサラニナシ

（七月）五日、此節猪井（井伊）様・榊原様又先陣ヲ頻《しきり》ニ御好之由相聞エ、又士卒ノ人々寸暇ヲ得、遊猟ヲスル者多シ、池ヲ干テ鰻《うなぎ》ヤこいヲ取、ゾウジヲ盗、山ヲ伐、家道具ヲ焚キ大乱、ソノ制詞モナカリケル　（「中丸某日記」）

このように征長軍は軍規が乱れており、岸を保護するための草を刈り、藁を取って草鞋を作り、茄子や瓜その他の野菜を盗み取り、池を干して魚を捕り、山を刈り、家や道具を焚くなど、民衆を虐待しているが、それを取り締まることも行われないと、統制のなさを厳しく批判している。

長州軍の民衆配慮　これに対し、長州軍は民衆への細かな配慮を行っている。広島藩佐伯郡役所は七月十日、長州軍の民衆に対する処置について村落へ調査を命じた。これに対し玖島《くしま》村の状況について、次のように届出ている。

「強制ニテ人夫等ニ使役セラレタル者等ノ員数及其状況」については、「軍夫ハ領内ヨリ引率シ来ルヲ以テ、条項ニ適スル者無之」と、長州軍による強制徴発のようなことはなかったとしている。また「兵粮焚出シ場所」については、一度の量米は米二合を丸ムスビにし、一人分を竹の皮に包み、ほかに煮染《にしめ》を付け、砲台その他へ軍夫が竹目籠《めかご》に収めて、二人で組を作って運搬している。糧米弾薬

は長州藩領山代本郷から運搬人が来たとしている。

総じて、「長人ノ人民ニ対スル取扱方ノ状況」については、「懇到ニシテ猛《たけ》カラス、能《よ》ク人民ヲ愛撫シタリ」（「慶応二年長州戦争における被害調書」『佐伯町誌　資料編一』）と報告している。この村方の報告は、戦闘が継続している期間に行われ、広島藩が支配下に置いている村のもので、長州軍の圧力が加わったものではない。広島藩民衆の真情を述べていると考えてよく、長州軍の民衆に対する配慮が浸透していることが判明する。

四　本荘宗秀の止戦画策と政局の動向

本荘宗秀の止戦画策　征長先鋒副総督本荘宗秀（老中、宮津藩主）は、征長軍の連敗を憂え、状況打解のため、止戦を画策した。そのため拘禁中の長州藩主名代宍戸《ししど》備後助《びんごのすけ》および小田村素太郎《もとたろう》を長州藩に帰して、調和策を講じる手がかりにしようとした。

六月二十一日夜、本荘は、宍戸を招いて、長州藩藩主父子が一旦幕府の処分令を受理し、一方で末家中から寛恕《かんじょ》の嘆願があれば、いずれも解決するとし、その証拠として、宍戸の欲する文言に従って証書を渡すと述べた。宍戸は、事の成否はあらかじめ請合はできないが、しばらく命を奉じて尽力すると答えた（『吉川経幹《きっかわつねまさ》周旋記』五）。

二十二日、本荘は、宍戸と小田村に放還の意を告げた。二十七日、広島藩士植田乙次郎および立野一郎は、宍戸等を護送して岩国藩の新湊《しんみなと》に着いた。二十八日、岩国に至り、幕府令を交付し、それぞれ本藩および三末家に通達することを請うた。

七月一日、宍戸等は岩国を出発し、植田と立野を伴って山口に向かった。藩庁政事堂は、三田尻宰判の宮市において植田等と応接しようとし、二日、杉孫七郎・広沢真臣《さねおみ》を派遣した。そして、幕府側から開戦したという事実を示し、今となっては長州藩側から止戦嘆願することは出来難いと述べた。植田は了解し、今後ますます周旋尽力すると答えた。四日、植田等は宮市を出発し、広島へ帰った(同右)。

征長軍の広島城下への撤兵　征長先鋒総督徳川茂承《もちつぐ》は、本荘が独断で宍戸を放還したことを知ると、激怒し、七月四日、辞表を提出するため老臣を大坂に向けて出発させた。

ついで本荘に対しても辞表を提出したことを告げ、七月四日以後、安芸・石見両道の兵は、本荘において指揮するよう通達した。

本荘は孤立し、この苦境を克服するため、七月四日、広島藩に命じて深町三郎左衛門を岩国に派遣し、長州軍の撤兵を促させた。五日、深町は岩国に至り、撤兵を促した。岩国藩は、征長軍が先に大野村の軍を撤すべきとし、要求を受け入れなかった。六日、再度広島藩の使者が訪れたが、撤兵を受け入れなかった(同右)。

七月六日、和歌山藩軍および水野忠幹一手が、大野村から廿日市に退き、七日、広島城下に帰った（「芸州表出陣中日記」）。

十二日、本荘は長州藩の止戦受け入れの答書に万一を期待して、立野を岩国に派遣して、答書の提出を督促させた。それとともに、本荘は、幕府旗下の三兵隊に命じて広島城下に退かせた。代わって広島藩軍に大野村を守衛させた（『吉川経幹周旋記』五）。

十三日、深町は岩国に来て幕令を示し、本荘の意を本藩へ伝えることを請うた。吉川経幹は十四日、家来を山口に派遣して、答書提出のことを藩庁政事堂に報告させた。政府員は協議し、十六日、経幹に復答した。その内容は次のようなものであり、この段階での長州藩の主張が明確に示されている。

（一）宍戸等の放還は、長州藩から嘆願書を提出するために行われたのではない。今日の情勢となっては、長州藩から嘆願する筋はない。

（二）士民が嘆願したのは、五月二十九日以前のことであって、六月七日幕府の暴動（開戦）から長州藩が四境に進戦したのは、これまでの幕府の所業を広島にいる閣老に詰問するためであり、さらに闕下《けっか》にこれを哀訴する覚悟である。

（四）幕府が悔悟するならば、是非曲直を糺して処罰を行うべきである。本荘の個人的な論は信ずべきではない。

（五）幕府の三兵隊が広島城下に退いても、どのような計略があるかもしれないので、長州軍は守防を堅固にすべきである。

（六）幕兵が広島城下に撤兵し、広島藩が代わって大野村辺を守衛するので長州軍も藩境へ撤兵してくれといっても、幕府の悔悟の実効が顕れない内は、長州軍は藩境に退くことはできない。（同右）

一方で本荘は、七月五日、弁疏状《べんそじょう》を大坂の閣老板倉勝静《かつきよ》・稲葉正邦に送った。その要は、長州軍の武器は精鋭で、幕府軍の比ではない。征長の功を一挙に遂げるのは、至難である。よって、長州藩に処分令を承服させるのを最上の策と考え、その手段として宍戸等を放免したというものである。

弁疏状の中で本荘は、長州軍の武器が、ミニエー銃で統一されており、征長軍を悩ませているとしている。その対策として、フランスから軍艦三〇艘を借り、フランスの援助を得て攻撃する策を述べている（慶応二年七月五日付、板倉勝静・稲葉美濃宛本荘宗秀書翰『藤岡屋日記』一四）。

幕府が幕長戦争を有利に展開するためフランスの軍事援助を得ようとしたことは、小倉における小笠原長行とフランス公使ロッシュの会談、兵庫における板倉勝静とロッシュの会談によっても明らかであり、これが実現されていたら戦局に大きな影響を与えたと考えられる。この問題は、第七において詳述したい。

広島の内紛を知った大坂の幕閣は驚愕《きょうがく》し、まず茂承の慰留を第一の急務とした。七月十日、牧野成行を広島に下向させ、将軍徳川家茂の親諭書および閣老の諭書を茂承に送った。また、水野忠誠《ただのぶ》（老中、沼津藩主）を征長先鋒副総督に任命し、本荘には大坂へ出頭を命じた。さらに出陣の諸藩へは、疑念なく征長に尽力するよう命じた（「昭徳院殿御在坂日次記」『続徳川実紀』第四篇）。本荘は、七月十五日広島を発して大坂に向かい、七月二十五日免職された。

長州藩は、征長軍が一旦広島城下に退いた間に兵の交代を行おうとした。藩庁政事堂は七月十日、三田尻屯在の御楯隊に出陣を命じ、装條銃第一大隊の二・四番中隊、第二大隊の二番中隊および第三大隊を交代して帰休させた。また、徒士《かち》一中隊および南第七大隊（通称良城《よしき》隊）半大隊に暫く御楯隊に代わって三田尻の警固を命じ、小瀬川口から第一・第二大隊が帰着するのを待って、交代して出陣させた。さらに徒士一中隊の小瀬川口着陣を待って第四大隊の二・四番中隊を帰休させることとした（「御手当沙汰控」）。

五　征長軍の再進撃と撤兵

1　七月二十八日大野村戦争

征長軍の再進撃　征長軍は、総督徳川茂承《もちつぐ》が辞表を撤回し、将軍家茂が危篤状態（七月二十日に死去）であることが兵士に伝わって、士気が低下する前に討伐を遂げようと強硬策に転じた。七月二十日、征長軍は広島城下付近の兵を進発させた。その編制は表10のようである。

表10　征長軍の広島付近守備配置（慶応2年7月20日）

守備地	担当部隊・藩（人数）
広島城下	別手組・騎兵 100　遊軍 500
己斐村手前	橋本六郎右衛門 500
江　波	津山藩 500
弾薬護衛	伊予西条藩 200〜300
楠木村新庄	西丸下精兵歩兵2大隊 800
己斐村	有本左門 500
石　内	明石藩 500
草　津	高田藩 500
高　井	彦根藩 1,000
井　口	水野忠幹 1,500　陸軍2大隊（三番町）800 大垣藩 500
海　軍	震天丸　旭日丸　砲台丸（和船に大砲設置） 明光丸　翔鶴丸

（備考）『芸藩志』67により作成.

七月二十七日午後一時、征長軍は佐伯郡串戸《くしど》から上陸し、宮内《みやうち》村に集結して総攻撃の準備を進めた（「良城隊芸州出陣日記」）。宮内村は三方を山に囲まれ、東に瀬戸内海に面して小平野が開けた村である。西国街道および串戸から分岐した津和野街道が通っている。

征長軍襲来に備えて、七月二十八日、長州軍の御楯《みたて》隊《たい》全軍六小隊、一新組《いっしんぐみ》一小隊は、松ケ原を出発して大野村に出た。宮内村から西国街道は山側に入り、中山峠を経て大野村に達する。長州軍は各二小隊を左右の山上に、二小隊を本道に配し、斥候を中山峠に置いた（「御楯隊芸州戦闘略記」）。遊撃隊臼砲は本道を進んでこれを応援した。良城隊は海岸に布陣した。

征長軍は、兵を三道に分け、幕府陸軍および彦根藩軍は西国街道から大野村へ進発し、和歌山藩軍（大垣藩が加わる）は、海岸の地御前《じごぜん》から山道をさらに三手に分け、大野村へ進発し、水野忠幹《ただもと》軍は、山代口からの長州軍に備えて北の明石村に向け進発した。海上は軍艦二艘で小方《おがた》村、玖波《くば》村に迫った

（「晦結溢言《かいけついつげん》」）。

午後一時、海側から山を越えた和歌山藩軍は中山峠に押し寄せ、山上から小銃を撃ち掛け、御楯隊四小隊、一新組一小隊と激突した。御楯隊が三所に発起し、迎撃し激戦となった。和歌山藩軍は大軍であり長州軍は苦戦した。

激戦のなかで本道の御楯隊二番小隊隊長河野亀太郎が銃弾に倒れた。すぐさま押伍《おうご》（隊の押さえ役。副官）の入江次郎吉が代わってその手旗をとり、兵を指揮して進んだ。さらに入江が負傷すると、嚮導《きょうどう》（隊列変更の時の基準となる兵士）の吉野桜助が直ちに兵をまとめて進撃した（「御楯隊芸州戦闘略記」）。長州軍の指揮官の間でのバックアップ体制が着実に機能している。いつでも指揮を執るという自覚のもとで訓練を積んでいることがうかがえる。

さらに西国街道本道から幕府歩兵、彦根藩軍が来り、御楯隊は苦戦におちいった。良城隊は、兵を二つに分け、一・三番の二小隊は海岸の山に登り、五・七番の二小隊は北の山に登って征長軍に対戦した。海岸の二小隊はさらに二手に分れ、半隊は南の山頂に出、半隊は本道南山腹の征長軍と戦った。激戦が続いたが、薄暮になって海側の道の征長軍は退き、午後七時、和歌山藩軍も退いた（「良城隊芸州出陣日記」）。

御楯隊士新原敏三　この日の戦闘に従軍した御楯隊士の中に、芥川龍之介の実父新原敏三《にいはらとしぞう》がいた。兵士の実像を明らかにするために、新原敏三について少し詳しく紹介しておこう。

御楯隊は、元治元年（一八六四）八月十五日、大田市之進（御堀耕助）、山田顕義、品川弥二郎らにより結成された。新原敏三が、大林源次の変名で、御楯隊隊士として最初に確認できるのは、慶応元年五月作成と推定される「御楯隊支配帳」（京都大学附属図書館蔵、『山口県史　史料編幕末維新六』）である。「元治二年乙丑正月廿八日改御楯隊姓名簿」（同右）には、新原も大林もともに見いだせない。この段階では、いまだ入隊していなかったと考えられる。

「支配帳」の記載は、「山代才判生見《いきみ》村庄屋宗政勘右衛門存内《ぞんじうち》新原常右衛門嫡　大林源次」とある。父常右衛門こと常蔵は、実際は、文久二年（一八六二）八月二十四日死去しているが、何らかの事情でこのように記したのであろう。

この「支配帳」の中の山本吉郎右衛門の右肩に、「閏五月十八日放逐《ほうちく》」の後筆があり、幕末期の閏五月は、慶応元年（一八六五）しかないので、この「支配帳」は、慶応元年閏五月以前に作成されたものであることがわかる。この年五月二十六日、諸隊定員の人数増が行われ、総計一九五〇人、このうち御楯隊は二三〇人と定められた。それとともに、兵籍の厳重な取り調べを行い、姓名・宿所・年齢について、閏五月十日までに山口政事堂へ差し出すよう命ぜられた。この「支配帳」は、これらの動きに関連して作成されたと推定される。

大林源次の記載位置は、一～五小隊・一～四砲隊の中には入っておらず、伍外の一九番目である。新原敏三は、嘉永三年（一八五〇）九月六日生まれであるから、この年、数え年で一六歳、経歴からして順当なところである。なお、諸隊入隊に当たっては、「百姓町人之儀、農作商売等取続候者跡え立置、隊入相望候ハヽ、可被差免《さしゆるさるべし》」(文久三年十二月九日諸隊規則)と、家の存続を重視し、原則として長男は入隊出来なかったが、「狙撃等之業ニ熟達せしめ、志気も有之《これある》者」(同右)は、詮議の上、許可することもあった。いずれにしても村町役人の送り状が必要とされた。入隊は手続きを必要とし、出奔者が紛れ込むようなものではない。

次に大林源次が見えるのは、「御楯隊姓名録」(京都大学附属図書館蔵)である。この名簿は、茶色の台紙に「支配帳」とほぼ同様の隊編制と人名を記し、その上におびただしい付紙を貼付《ちょうふ》したものである。「支配帳」を原本として、その後の異動を記したものと考えられる。この一番小隊弐ノ伍吉下民之助の上に付紙で「大林源次」とある。さらにその上に「大林源治、只今ハ伍外ニ付、跡え立野権蔵代トして入置」とある。次と治は、しばしば混用される。これにより、大林源次は、慶応元年五月以降、しばらくして一番小隊弐ノ伍に配属され、幕長戦争で深手を負った後は、伍外となったことがわかる。

入隊後の大林源次は、隊士として日々の訓練に励んだものと考えられる。諸隊は専門の軍隊であり、農村にいて農閑の日を限定して訓練する農兵隊とは、全く性格の異なるものである。諸隊の一つ斉武軍の場合の日課は、午前六時から八時まで読書、朝食後から正午まで銃砲訓練、昼食後から午後二時まで撃剣、午後二時から四時まで講義、六時から八時まで読書と、教養教育と軍事訓練に明け暮れている。また習得科目は、下等兵士の場合、生兵・小隊・大隊教練、砲兵・砲隊教練書、常山紀談《じょうざんきだん》（戦国時代から江戸初期の名将や家臣についての史談を集録したもの）その他であり、中等兵士となると同様の教練書と小学・孝経そのほか、上等兵士となると、生兵の代わりに散兵教練と論語・孟子・詩経となる。

大林源次がこのような訓練をほぼ一年積んだ頃、慶応二年六月七日、幕長戦争は開戦した。御楯隊は、当初は四境の方面軍には配属されず、山口を防衛する上での重要地点である三田尻方面の守衛を担当した。

芸州口での激戦が続くなか、長州藩は、征長軍が一旦広島城下に退いた間に兵の交代を行おうとした。七月十日、三田尻屯在の御楯隊に出陣を命じ、装條銃第一大隊などを交代帰休させた。御楯隊は、三田尻を発し、七月十五日、玖波村に着陣した。

そして七月二十八日、大林源次は御楯隊士として大野村戦争に従軍したのである。この日の戦闘は、「衆寡之勢ヒ、且地形も其利を得されとも、防戦之趣き殊ニ目覚布《めざましく》、兵卒悉《ことごと》く奮戦を期し、或ハ本道を突返し、或ハ高山をもり返し、敵も亦進ミ戦ひ」（「御楯隊芸州戦闘略記」）と、大軍の征長軍に対して大苦戦したが、兵卒の奮戦によってなんとか持ちこたえた。

この日の戦闘によって、御楯隊は、即死者四名、手負一七名を出した。この中に大林源次が見られ、深手（左足　踝《くるぶし》　貫通銃創）であった。慶応二年十二月二十八日感状を受け、生業に支障があるとして、扶持米の給付が決定した。

この戦闘は芸州口戦争の中でも激戦であった。御楯隊は、定員二三〇名、一新組が一小隊として三〇人、合計二六〇人足らずである。これに対し、征長軍の幕府陸軍は八〇〇人、和歌山藩軍は一五〇〇人で、彦根藩軍一〇〇〇人を加えるとはるかに一〇倍を超える規模であった。この中で、多くの犠牲を出しながら、何とか持ちこたえた。不利な状況をものともしない士気の高さがみられる。大林源次こと新原敏三は、この激戦をかいくぐった剛の者だったのである。新原敏三は、明治時代になって東京に出て、新宿で牛乳業耕牧舎を経営した。芥川フクと結婚し、龍之介が生まれ、龍之介は後、芥川家の養子となった。

この父の血を受け継ぐ芥川龍之介が、小説の主人公保吉《やすきち》に託して「幸ひにも純一無雑に江戸つ子の血ばかり受けた訳ではない。一半は維新の革命に参した長州人の血もまじつてゐる。この血は江戸の悪遺伝を一掃したとは云ひ難いにしろ、少くとも一新したのに相違ない」（未定稿「紫山《しざん》」『芥川龍之介全集』第二二巻）と自己を語る時、あながち故なしとしないのである（三宅紹宣「芥川龍之介実父新原敏三と長州藩御楯隊」）。

征長軍の大野村進撃　七月三十日午後二時、征長軍が東方の大野口から六小隊くらい襲来した。激戦が展開したが、午後四時から大風雨となり、防戦が困難な状況となったので、良城隊等は松ヶ原へ帰陣した。

水野一手《ひとて》は、夕方その跡を追って大野村西教寺へ着陣した。これによって、大野村は再び征長軍の支配下に入った。

宮内村方面では、征長軍は二手に分れ、権之瀬山と折敷畑《おしきばた》山の両山から三大隊ほどが襲来した。そのほかにも地御前《じごぜん》、廿日市からも続々と進入してきた。

2　八月二日大野村・玖波村戦争

征長軍の玖波村進撃　八月二日、征長軍は大挙して大野村の四十八坂、松ケ原への両道から進撃した。四十八坂へ向かったのは、彦根藩軍および幕府陸軍二大隊（合計二〇〇〇人）で、和歌山藩の明光丸、幕府の旭日丸ならびに和船数艘が海上から玖波、小方村を砲撃した。

松ケ原へ向かったのは、和歌山藩軍ならびに水野忠幹の手勢（合計五〜六〇〇人）で、三手に分れ、一中隊は松ケ原、三小隊は妹背《いもせ》滝ノ口の左右の山伝い、一中隊は滝ノ口から本道を進んだ。別に幕府陸軍二大隊が、経小屋山《きょうごや》（五九七メートル）を迂回《うかい》して長州軍の横を衝こうとした（「芸州表出陣中日記」）。

征長軍の配陣は次のようである。

①本道から玖波へ進撃　西丸下二中隊、三番丁《さんばんちょう》一大隊　彦根二隊　大筒八挺
②右山手から進撃　三番丁一大隊、西丸下二中隊
③滝の道間道より松ケ原へ進撃　和歌山・水野軍
④大野村守衛　彦根一隊、和歌山人数少々、水野人数少々、歩兵一大隊、大垣人数少々

⑤海手　明光丸、大砲三挺三艘（和船に大砲を搭載したもの）
⑥宮内村において守衛、時宜《じぎ》により討入の心得　彦根二隊、高田人数、明石人数、別手組《べってぐみ》、広島藩少々

（「玖波攻撃手配書」井伊家伝来古文書）

長州軍は、事前に征長軍の進撃を察知し、四十八坂口と松ケ原口に諸隊を配備していた。四十八坂口には遊撃隊二・五番の二小隊、御楯隊四・六番の二小隊、良城隊一・三・五・七番の四小隊、維新団一・二番の二小隊、遊撃隊臼砲二門を配した。松ケ原口は、衝撃隊三小隊、御楯隊二番の一小隊、致人隊《ちじんたい》を滝ノ口右方の山上、衝撃隊四小隊を山下、遊撃隊三・四番の二小隊、御楯隊五番の一小隊、維新団三・四番の二小隊を滝ノ口左方の山上に配し、別に勇力隊を経小屋山に配し、遊撃隊の臼砲二門を左右の山上に備えた。

午前十時、征長軍は四十八坂口に進撃し、長州軍は、鳴川村に出て迎撃した。征長軍の攻撃は鋭く、正午頃から、御楯隊と良城隊は戦いつつ退いた。その間、遊撃隊は、玖波村の東方の小岡に登り、御楯隊はその後山に拠って防戦した。良城隊は、新台場に帰り、三丘《みつお》兵とともに大砲を放って奮戦した。

午後三時、征長軍は玖波に進入し、左方の山に拠り、その一隊幕府撤兵《さっぺい》隊一・二番小隊は、海岸に胸壁を築いて発砲し、明光丸と旭日丸は、玖波・小方沖へ乗り入れ蒸気を緩め、激しく砲撃した。

この砲撃は、軍艦三艘と和船に大砲を乗せた三艘であり、ライフル砲でよく的中した。ほとんど船来弾で、弾数三〇〇に達した。また、和船小舟を連ね、玖波の沖合から厳島（宮島）まで舟橋の如く

多数の船を繰り出した。

芸州口において戦況に通じていた広沢真臣《さねおみ》は、征長軍海軍の艦砲射撃について、「渠《かれ》蒸気船ニて陸軍之応援セシメ、難持《もちがたき》様子之由、尤《もつとも》遺憾ナルハ、味方海軍之無之《これなき》ヲ侮リ、関船《せきぶね》如ク和船ニ大砲ヲ乗セ、陸地近ク相進ミ、砲撃セシメ候由ニ致承知《しょうちいたし》、残念千万」（慶応二年八月二日付、木戸孝允・山田宇右衛門宛広沢真臣書簡「公宛諸士尺牘謄本」拾）と、軍艦がないため侮られ、和船に大砲を搭載した程度の船で砲撃され、苦戦していると山口の木戸孝允に報告している。征長軍による艦砲射撃が、長州軍に打撃を与えていることがわかる。

夜に入っても激戦が続いた。翌三日午前二時頃、征長軍が火を玖波宿（西国街道の宿駅）に放ち、砲撃戦が続いたが、午前四時、征長軍が退いた。

征長軍の松ケ原進撃　松ケ原口は、午前十時、大野村から水野軍が進撃した。右翼は峰を隔てて遊撃隊三・四番小隊を攻撃し、左翼は御楯隊・衝撃隊に迫った。数刻の後、左山の軍から維新団が三ケ月の峰に出て、小銃を連発した。この時、酬恩隊《しゅうおんたい》二小隊が来て援助した。征長軍は勢猛であって勝敗は容易に決しなかった。

長州軍は、手配りを改めて正奇の二隊に分け、正兵を正面から進戦させ、奇兵を背後の山へ出し、左の山手から横矢を入れ、討戦に及んだ。

征長軍が引き退いたので追討したが、二三小隊を番兵に残し、午後五時過ぎ松ケ原へ帰陣した。

これより先、勇力隊は、経小屋山上にあって三カ所に分かれ、大野村から四十八坂の本道を分断し、征長軍の攻撃に備えた。御楯隊二番小隊と致人隊は、大手の玖波口の急を聞き、四十八坂山上に登った。征長軍が玖波村に迫ったので、山を伝って進み、横撃して玖波の軍を応援した。

水野軍側は、長州軍の攻撃について、「賊兵高山ニ陣取、厳敷発砲致シ候付、味方ヨリ烈敷打立、七時比迄及接戦《せつせんにおよび》、賊兵数多討取候ヘトモ、彼ハ高陽に居、地ノ利ヲ得、益《ますます》厳敷打掛候故、甚苦戦ニ相成」（『南紀徳川史』）と、長州軍の制高を重視した戦闘に苦戦したと報告している。

しかし、銃撃戦の一場面では「芸州表山脇先生書状」によれば、大野村の経小屋山山頂の長州軍と城山《じようやま》山頂の竹中重固《しげかた》の家来が撃ち合ったところ、「此方之玉は彼に届き、彼のミニイエハ私に届不申候、右之竹中近来人スイツルと申元込長筒に御座候」とあり、一部には長州軍より射程の長い元込のスナイドル銃を持っていたことがわかる（「長防追討録」一七）。

宮内村方面では、八月二日午後三時から征長軍数百人余は、折敷畑《おしきばた》麓から駈け上り、二手に分かれ、一手は膺懲隊第二中隊に当たり、一は北第五大隊に当たった。銃撃戦となったが、日暮になり征長軍は退いた。膺懲隊が追撃し宮内村へ至ったが、海上の七、八隻の軍艦からも砲撃し、激戦となった。そのうち弾丸が尽きたので、午後十時、軍を撤収した（「四境戦争一事　山代口」）。

3　八月七日大野村戦争

長州軍の大野村進撃　八月六日夜、広沢真臣等は佐伯郡玖島村において広島藩の使節と会見した。長州藩は、広島藩との相互撤兵交渉を進めていたが、その情報が伝わらない現地では、両軍の衝突が起きていた。この会談において両藩の停戦交渉が進んだ。長州軍は、会談の終るのを待って征長軍に最後の痛撃を与え、これを機として軍を藩境まで撤退させる策を立て、八月七日、玖波、松ケ原、友田の三方面から大野村と宮内村に屯集している征長軍を攻撃しようとした。諸軍の攻撃部署は、次のようである。

①大手の四十八坂口

本道　遊撃隊四小隊（一・二・七番銃隊、維新団三番小隊）、良城隊二小隊、砲護兵（岩国）、ボード二門臼砲二門（うち臼砲一門は三丘砲隊）、

左山手　御楯隊四小隊

後軍　鍾秀隊二中隊

②搦手の松ケ原口

本道　御楯二小隊、維新団

左山越　衝撃隊

右山越　遊撃隊

③玖波村の守衛

左山上　良城隊二小隊

右台場　岩国兵、ボード二門（三丘砲隊）

④小方村の守衛

遊撃隊砲隊銃隊二小隊、地光隊

（「御楯隊芸州戦闘略記」「良城隊芸州出陣日記」「集義隊芸州出張日記」）

八月六日夜半、長州軍は進軍を開始した。前日からの大雨で、この夜は風雨がことに烈しく、大手の四十八坂口の各隊は、艱苦《かんく》して大野口に至った。征長軍はこれを事前に察知していて、直ちに発砲した。七日午前六時にいたり、維新団は征長軍の下手に廻って発砲した。遊撃隊一・二番小隊は、本道から進んで、右坂口の台場を攻め、七番小隊は、左の山上から横撃した。良城隊および岩国兵がこれに続いた。征長軍は台場を捨てて退いた。

遊撃隊一・二番小隊は、四十八坂から下撃し、七番小隊および臼砲一門は左の山に沿って進んだ。良城隊と岩国兵も二部隊とともに攻撃した。しかし、征長軍は多勢で、直ちに備を改めて反撃した。激戦が展開したが、長州軍は玖波村に退いた。

先鋒の御楯隊四小隊は、一台場を占領したが、後軍が続かないために守ることができなかった。さらに、後方の遊撃隊との間を横撃され、孤立に陥って最も苦戦したが、ようやく山を伝って、玖波、松ケ原両所に帰陣した。

搦手の松ケ原口は、暁にようやく大野口に達した。征長軍はすでにこれに備えて、滝の左山に陣営を設置し、砲台を築いていた。右山も所々に胸壁を連設していた。征長軍は、西教寺後方の砲台にフランス式砲四門を配し、その他数ヵ所の台場から霰弾を遠撃した。また小銃を雨の如く射撃した。松ケ原口の長州軍は、征長軍の防戦により進撃を阻止され、午前十二時、各部隊はそれぞれ松ケ原の台場に退いた（「集義隊芸州出張日記」）。

4　八月七日宮内村戦争

長州軍の宮内村進撃　明石村方面の戦争は、八月七日午前四時、峠口から長州軍が四手に分かれ進撃した。

膺懲隊二小隊は、本道左の山上から進んだ。

益田一手二小隊は、四ツ藤山から応撃し、台場一本松を乗取り、直ちに激戦した。神機隊は、これに応じて進撃した。第五大隊二小隊、鴻城隊一小隊は、四ツ藤山左の谷から進撃し、台場を乗取り、激戦し追撃した。

鈴尾《すずのお》（宇部）一小隊は本道から進撃、大野村口の中山峠へ向かい、激戦した。同手臼砲一門も応撃

図 17　宮内村戦争要図

した。膺懲隊一中隊、同臼砲一門は、本道から進撃した。

宇部二番小隊、同散兵隊、砲隊、臼砲二門、鴻城隊三・四小隊、臼砲一門は、折敷畑《おしきばた》から右の峠を通り、台場三カ所を乗取った。鴻城隊は、台場三カ所を乗取った。宇部一手、鴻城隊共に応撃し、征長軍が廿日市まで逃げ去ったので、正午、全軍が明石村まで引揚げた。

長州軍の攻撃に対して、宮内村に布陣していた高田・彦根・明石藩軍および別手組は、油断していたため不意討ちを受けても充分な応戦ができず、大敗走した。高田藩軍は、死者二九人、負傷三九人という甚大な犠牲者を出した。

高田藩届書によれば、敗因について、「数日之労兵、且折節大雨ニ而大小砲方不宜《よろしからず》」、「筒中雨入、火門《かもん》之通悪敷《あしく》、弾薬等も湿入」（「編年雑録」五八、慶応二年八月条）と、もっぱら雨によって大砲が発射できなかったためとしている。黒色火薬は吸湿性が強いが、雨は長州軍も同条件であり、火薬の取扱いに習熟していなかったことがうかがえる。

また、徹底抗戦しようとする者に対し、「士大将目付《めつけ》組頭ノ役士早々引揚、一人モ無之《これなき》ニ、各至死ヲ尽シ討死ヲ遂候トテ、是レ犬死同様ナリ」（「長征咄シ」第五号、庄田稲美家文書）と、すでに軍目付が逃亡してしまった状況では働きぶりが見てもらえず、犬死同様となってしまうという意識であり、主体的に戦闘を行うような士気は見られない。

彦根藩軍は、高田藩軍が退却したため、長州軍が大勢繰り詰め、雨霰のごとく弾丸を打立て、支え難くなったので、午前十時頃、串戸村辺へ引揚げた（『南紀徳川史』、『連城漫筆』二）。

明石藩軍は長州軍と出会ったが、「此勢は小銃和筒勝故火移兼《ひうつりかね》、不思《おもわず》控候得とも、新手之勢ニ而漸相防」（「編年雑録」五八、慶応二年八月条）と、火縄銃が主の軍では雨の中で発射できず、役に立っていない明石藩軍は、広島城下まで撤退した。

征長軍の大野村撤退　征長軍は、宮内村での敗戦により、大野村の軍は長州軍によって背後を切断される形となった。危機感を抱いた征長軍の中からは、早くも撤退の動きが始まった。八月九日、大野村の征長軍は、陣営を焼いて、ことごとく広島へ撤退した。その様子は、船に乗ること蟻の寺参りをするようであり、一〇〇〇艘も続いている。船に乗れない歩兵は、西国街道は避け、浜辺の間道を命からがら逃げ延びた。大野村の農民中丸は、「中丸某日記」の末尾に、征長軍による野荒しの激しさと、宿泊への謝金をせずに帰ったことを記して、征長軍の民衆虐待ぶりを厳しく批判している。

長州軍は、広島藩との協約に従い、松ケ原の陣営を毀《こわ》して、各部隊を玖波、小方、中津原に移動させた。山代口の各部隊は、藩境の亀尾川口から引揚げた。

六　休戦への動き

徳川慶喜の出陣計画　七月二十日、将軍徳川家茂が死去すると、後継者をめぐって多様な動きが起こった。結局、後継は一橋慶喜に落着き、幕府は七月二十八日、家茂の名において慶喜を相続させ、征長の軍務を処理させることを上表した。七月二十九日、慶喜に、徳川家相続および防長追討の名代出陣の孝明天皇の勅許が出た。よって、これ以降は徳川慶喜と表記する。徳川慶喜は自ら出陣して長州藩を討伐することに強い意欲をみせた。そのために準備を着々と押し進めた。

八月三日、幕府は、慶喜の出陣については、召し連れる万石以下の兵は残らず銃隊に編制すると達した（『続徳川実紀』第四篇）。

さらに、「戦士は単身ニ而、銃手之外無用之雑人従者等、統而《すべて》相省」（同右）と、兵士の質的転換を目ざした。

また、八月二日、慶喜は、フランス公使ロッシュに軍艦と銃砲の購入を依頼する書簡を発した（慶応二年八月二日付、ロッシュ宛徳川慶喜書翰『徳川慶喜公伝　史料篇』二）。

八月八日、慶喜は、出陣のため暇乞いに参内して、孝明天皇から節刀を賜った（『続徳川実紀』四）。八月九日、慶喜出陣の大坂城出発の日割が詳細に立てられ、出陣準備が整った。初日は、歩兵三大隊、御持小筒組三小隊、大砲一座、土工兵一隊ほか。二日目は、御持小筒組一大隊、慶喜同勢、大砲一座、歩兵一大隊ほか。三日目は、遊撃隊四大隊ほかであった（『徳川慶喜公伝』附録六）。八月十一日、慶喜が召し連れる遊撃隊や歩兵大隊の面々が発令された（『連城漫筆』二）。

このように慶喜は、征長のための軍備を着々と進めた。

休戦方針への転換　八月十一日、慶喜は、十二日予定の出陣延引を突然申し出た。『続徳川実紀』によれば、十一日に板倉勝静《かつきよ》が大坂から上京し、九州の小笠原長行《ながみち》や諸藩が引上げたという情報を伝えたことにより、出陣を延引したとしている。

八月十三日、慶喜は、関白二条斉敬《なりゆき》を通じて、征長出陣中止の勅令を内請した。翌十四日、国事掛の議事があり、斉敬と朝彦親王が奏聞した。孝明天皇は激怒し、速やかに追討の功を奏すべきことを命じた（『朝彦親王日記』）。八月十六日、慶喜は参内し、御前評定の席で弁明し、出陣辞退を上奏した。

朝廷は、これを聞き入れるほかなく、出陣は中止された。

八月十六日、慶喜は軍艦奉行勝海舟に命じ、広島に赴き、長州藩との止戦交渉を図らせた（『海舟日記』）。

二十一日、勝は広島に着いた。九月二日、勝は、厳島の大願寺において長州藩代表の広沢真臣《さねおみ》、井上馨らと会談し、休戦が締結された（『海舟日記』、『吉川経幹《きつかわつねまさ》周旋記』）。

これを受けて九月四日、先鋒総督徳川茂承《もちつぐ》は、芸州口、石州口の征長軍に解兵を命じた。自身も広島を出発し、海路帰坂の途に上った（『南紀徳川史』）。

九月十九日、幕府から正式の征長中止令が出された。二十三日には芸州口・石州口両道からの撤兵が命ぜられた。

七　良城隊の戦闘状況

長州軍の特徴　ここでは、長州軍の特徴をより微細に明らかにするために、軍事組織に焦点を当ててその内部構造や戦闘状況を見てみよう。そのためには、「良城隊芸州出陣日記」という詳細な戦争日記を残している良城《よしき》隊が、有効な分析素材となりうる。

良城隊は、正式には南第七大隊と称し、一門吉敷《よしき》毛利家の家臣団によって結成された隊で、農民兵も含んでいるが、狭義の意味での諸隊ではない。しかし、芸州口戦争において、遊撃軍等と合同して戦闘を遂行し、隊の内部構造においても共通性がみられる。また、様々な諸隊との共同作戦行動の実状もうかがえる。したがって、以下、良城隊について、①良城隊の前史、②幕長戦争における戦闘状況、③戦闘遂行の諸側面、の順で見ていこう。なお、正式には南第七大隊と記すべきであるが、当時の史料においても良城隊の名称はよく用いられており、ここでは良城隊に表記を統一する。また、「良城隊芸州出陣日記」を典拠とする場合は、個々の注記を省略する。

1　良城隊の前史

宣徳隊の結成と展開　良城隊の源となる宣徳隊《せんとく》は、文久三年十月結成された。吉敷毛利家臣の有志は、児玉斉の家に集まり、十月十五日を期して隊を結成することとし、血判書を廻して署名することを申し合わせた。その結果、十二月三日までに、三〇人が入隊した。宣徳は、吉敷毛利家の祖小早川秀包《ひでかね》の諡号《しごう》であり、隊名はそれに由ったものである。宣徳隊規則には、軽輩や農民の参加も認め、隊中においては実力主義であるが、分限を忘れてはならないとしており、かつ士道の遵守を求めている。一定程度の実力主義を認めつつ、身分制の原則が貫徹している。

宣徳隊は、有力な諸隊と気脈を通じ、時機に応じる動作をなすため、内海《うつみ》忠勝等五人を奇兵隊へ客員として入隊させ、軍事技術の習得を図った。宣徳隊士の奇兵隊入隊中の状況については、『定本奇兵隊日記』上に次のように散見する。

元治元年一月十九日、奇兵隊へ宣徳隊士入込。一月二十日、入込の五人へ酒飲。一月二十三日、五人製錬場入込。二月十四日、吉田豪介（内海忠勝）明朝より帰省。二月十七日、宣徳隊士残らず吉敷へ帰る。二月二十七日、宣徳隊より吉田五郎・伊藤三次来る。三月一日、二人精練場入込。

しかし、元治元年、京都進発の動きが高まるなか、個人的行動が活発化し、隊として維持することは困難となった。その結果、三月二日、解散を決めた。

その後、長州藩世子毛利元徳が京都へ進発することになり、吉敷毛利家でも上京の動きが高まった。そこで、もとの宣徳隊と保守派の驍衛士《ぎようえじ》のうちの有志を連合し、吉敷隊と名付けた。さらに、山口の町で難波伝兵衛らが寄組《よりぐみ》中の有志をもって一隊を組織していたのを結合し、服部哲二郎が指揮して久坂玄瑞の軍に加わって大坂へ出た。

吉敷隊の二七名は、久坂の軍に加わって七月十九日禁門の変を戦ったが敗れ、長州へ帰り、吉敷隊は藩命により解散させられた。

第一次長州出兵のなか、長州藩では保守派勢力が台頭したが、慶応元年（元治二年）一月の内戦によって改革派が再び藩政を掌握した。内戦では、内海忠勝ら一一名の吉敷毛利家臣は、御楯隊に属して活動した。このうち九名は、内戦終息後、奇兵・遊撃・御楯隊の三隊に分かれて入隊し、軍事技術の習得に努めた（高橋文雄『内海忠勝伝』）。

慶応元年十月五日、軍制改革により、家臣団を西洋式軍制に編制することとし、南第一大隊から第一二大隊、北第一大隊から第三大隊の手組《てぐみ》が発せられた。吉敷毛利家は、南第七大隊を編制することとなった（『山口県史 史料編幕末維新六』）。

このため、諸隊に属して西洋式練兵を学んでいる内海忠勝らを吉敷に帰郷させ、兵制改革に当たらせた。内海らは同志を手分けして吉敷領内に派出し、農兵を募って八小隊を組織し、初めて西洋式の一大隊を編制するにいたった（『内海忠勝伝』）。

このうちの一番・三番・五番・七番小隊が、芸州口戦争に参戦したのである。

2　芸州口戦争における戦闘状況

良城隊の出陣　前述したように芸州口戦争は、六月二十五日の戦争後、征長軍先鋒総督府の内紛のため、七月になって、征長軍は広島城下に撤退した。この間に長州軍は兵の交代を行おうとした。七月十一日、長州藩は、山口防御の重要拠点三田尻の守衛に当たっていた御楯隊を芸州口に送ることを決定した。そして、交代帰休して三田尻守衛を担当することになる第一大隊・第二大隊が三田尻に到着した上で、芸州口（小瀬川口）へ出陣するよう南第七大隊のうち半大隊へ命令が発せられた。出陣した隊の編制は　表11のようである。

各小隊の中には、五人前後で編制される伍が編制されていた。伍は、奇兵隊等の他の諸隊にも見ら

表 11　良城隊の出陣編制

隊	構　成（人　数）	人数
斥候等	斥候使役監察陣所見合兼 2　乗馬 1　口附 1 陣所見合後付 1　幕其外小道具　馬 1	4
第一小隊	司令士 2　嚮導 2　戦士 32　鼓手 1　器械主簿兼 1 後附 1　手子 1　弾薬其外小道具持夫 3　目籠一棹持夫 3	46
第三小隊	司令士 2　嚮導 2　兵卒 32　鼓手 2　器械主簿兼 1　後附 1 手子 1　弾薬其外小道具持夫 3　目籠一棹持夫 3	47
第五小隊	司令士 2　嚮導 2　兵卒 32　鼓手 2　器械主簿兼 1　後附 1 弾薬其外小道具持夫 3　目籠一棹持夫 3	46
第七小隊	司令士 2　嚮導 2　兵卒 33　鼓手 1　器械主簿兼 1　後附 1 手子 1　弾薬其外小道具持夫 3　目籠一棹持夫 3	47
輜　重	管轄 1　検査 2　後附 2　手子 1　武具方手子 1 器械修覆人 1　会計方 1　手子 1　医師 1　薬籠持 5	16
中　軍	軍監 1　乗馬 1　口附 1　参謀 1　記者（書記）1　後付 1 手子 1　手明 2　飯焚夫 20　鼓長 1	29

（備考）「良城隊芸州出陣日記」(毛利家文庫，山口県文書館蔵).
「良城隊戦書御賞典書写」によれば，兵士の中に農民出身者 30 人が加わっている.

れるものである。

七月十二日、吉敷毛利屋敷において、領主毛利元一は、司令士以上へ軍令を読知し、御意《ぎょい》を仰聞《おおせき》けた。嚮導《きょうどう》以下は、庭において同様のことが行われた。午前十時半、隊は吉敷を出発し、午後三時、三田尻に着陣し、専称寺、光明寺、雲光院の三寺に駐屯した。

七月十七日、山口の藩庁政事堂から、三田尻から乗船して岩国の新湊へ移動するよう沙汰があった。部隊の配置が藩庁政事堂によって指揮されている。しかし、海上不順で出帆困難のため、宮市へ出張中の木戸孝允と広沢真臣へ相談し、七月二十日陸行することになった。木戸と広沢は政事堂において中枢の地位を占めていたが、二人の一存で移動手段が変更されている。

七月二十日、良城隊は三田尻を出発し、二十二日、小瀬川口に着いた。軍監大田舎人、参謀児玉斉は、遊撃隊の小瀬本陣となっている籌勝院《ちゅうしょういん》へ行き、指示を受けた。その上で、大竹村へ着き、勝善寺・光明寺を屯所とした。

七月二十四日、明二十五日から松ヶ原へ出張、引続き二十八日大野村へ出陣するよう遊撃隊本陣から指令があった。各隊の分担は、二十二日出張は御楯隊、二十五日出張は遊撃隊、二十八日出張は良城隊と二日交代で、以下これに準ずるものであった。七月二十七日、小方会議所から御楯隊、遊撃隊、良城隊へ、「松ヶ原会議所之義、引請之隊ヨリ定詰致出張候《でばりいたし》筈ニ候得共、行不届次第《ゆきとどかざる》ニテ、差掛リ居合之隊々ヨリ長官壱人宛会議所詰相成候様ニ存候」と、指令が出された。これにより、会議所へは各隊の長官が一人詰めて、各隊が連携して作戦指令をしていたことがわかる。たとえば、斥候が使用する手旗については、七月二十七日、「目印被相定候由《あいさだめられ》ニて、白青染分ケ之手旗会議所ヨリ送来候」とあり、会議所で統一して作成し配布している。また、暗号についても同日、「山代口出張勢、此度暗号（り問は、たと答）相定候」と、小方会議所から各隊に伝えられている。

七月二十八日大野村戦争への参戦　七月二十八日、良城隊は午前六時、松ヶ原を出発し、大野村へ正午に着陣した。午後一時半、大野村中山峠から和歌山藩軍と大垣藩軍が襲来した。これに対し、御楯隊が先鋒となって応戦した。さらに遊撃隊の臼砲が西国街道を進み、征長軍を追った。この時、玖《く》波《ば》・小方《おがた》の沖へ幕府の軍艦二艘が襲来し、砲撃した。

良城隊は大野村の海岸側防御が専務であったので持ち場を守った。しかし接戦中の御楯隊から援兵の要請があったので、海岸の山上へ一番・三番小隊が駆け登り、残る二小隊は、北の山へ登り銃撃した。海岸の二小隊はまた二手に分かれ、半隊は南の山頂へ登り、半隊は南山半の征長軍を撃ちすくめた。それから激しい砲撃戦が展開し、日没前に征長軍は崩れ立ち、良城隊は追撃した。しかし薄暮のため兵を引くよう御楯隊から連絡があり、直ちに西国街道まで引き揚げた。大野口は良城隊の担当として滞陣の予定であったが、緒戦で地理不案内であり、御楯隊と相談の結果、第三小隊が殿軍《しんがり》として番兵を勤め、残り三小隊は御楯隊とともに松ケ原へ帰陣した。

この日の戦闘状況は、二人の負傷状況とともに、直ちに遊撃隊に報告されている。また、この日の一番・三番小隊の総指揮は軍監の大田舎人、五番・七番小隊の総指揮は参謀の児玉斉であった。軍監と参謀が小隊をたばねつつ指揮を行っている。

七月三十日、会議所から遊撃隊・御楯隊・良城隊へ次のような廻状が出された。

今夜中賊兵譬《たと》ひ致襲来《しゅうらいいたし》候共、其隊々之便り之山へ潜伏致し、夜之明るを相待、敵味方見分ケ相成るを待て可及防戦《ぼうせんにおよぶべく》候事第一之事ニ付、皆々其心得ヲ以、狼狽無之《ろうばいこれなき》様隊中御布告可被成置《なしおかるべく》候

（下略）

これによって、会議所が各隊に細かな指令を出して作戦を行っていることがわかる。八月一日の玖波の諸隊配置は、新台場は良城一番小隊、山頂は良城三番小隊と御楯隊、北山腹は良城七番小隊、東出丸山は御楯隊と遊撃隊と良城五番小隊であり、各小隊が他の諸隊と連携して作戦にあたっている。

八月二日玖波村戦争への参戦　八月二日、大野村の征長軍が、四十八坂口から大挙襲来してきた。長州軍は配分の通り持ち場へ進んだ。小銃の撃ち合いとなり、長州軍は小銃を撃ち出しつつ山に登った。四時間ばかり戦い、地雷へさそい込むため二谷ほど引揚げ、新台場へ拠った。一番小隊は新台場、七・三・五番小隊は北の高山へ登り、散兵となって撃ち立てた。新台場から三丘隊・遊撃隊・御楯隊が大砲を撃ち出した。北之岡の良城二小隊・遊撃隊のうち地光隊《ちこうたい》が加った。北上の峯の良城二小隊がこれに連動して撃ち下した。午後一時半、大激戦となり、征長軍の軍艦二艘が玖波沖に襲来し、長州軍は大砲・臼砲を雷鼓の如く撃ち出した。軍艦二艘は岸近く押し寄せ、大砲（雷フル）およそ二〇〇発を連発した。午後三時半になり、諸方面で苦戦して討死・負傷者が多く出た。夜に入っても戦闘は止まず、午前零時、征長軍は玖波宿を榴弾で放火した。その光で征長軍は姿が露見したため乱走した。さらに夜明けになって残らず退散した。

この激戦で、良城隊兵士は小銃を一五〇～二〇〇発も発射した者がいるほどであった。また、七番小隊司令士小野金吾が胸を撃ち貫かれて討死し、五番小隊司令士内海忠勝以下九名が負傷した。

八月六日・七日大野村戦争への参戦　八月六日、大野村夜襲の手組が会議所から各隊へ発せられた。大手の左山手は御楯隊四小隊、大手の本道は遊撃軍四小隊、一番・二番・七番銃隊、維新団三番、良城二小隊、大手砲護兵は岩国福田貢、同佐伯清太郎、大手ボード二門、臼砲二門は三丘《みつお》砲隊二中隊、後軍は鍾秀隊《しょうしゅうたい》、玖波前新台場左山上は良城二小隊、同右台場は岩国藩の池清記、同ボード二門は三丘砲隊、小方村守備は遊撃軍砲隊、銃隊二小隊、地光隊であった。

また、腰兵糧の用意が達せられた。合言葉は「天地」、笛一声は集合、三声は進軍とされた。午後四時、会議所の廻文が達すると良城隊では直ちに各小隊へ用意を触れ、午後十時、小方村へ着いた。そこで諸隊が会合して合図や合言葉を定めた。

遊撃軍・御楯隊は午前零時山之手へ登った。引続き大手の総勢が四十八坂を通って大野村へ繰り出した。大野口では、七日夜明け頃、遊撃隊・維新団が征長軍の下手に廻り発砲した。これによって遊撃軍一番小隊・良城隊二小隊・三丘砲護兵は一斉に火門を放ち攻め寄せた。征長軍は防ぎかね、台場を捨ててクモの子を散らすように退いた。よって長州軍は三丁ばかり追い詰めたが、海手の山の数ヵ所の台場から反撃があった。また、左の山から征長軍が急に起きて撃ち下した。さらに退散した兵も盛り返して、三方から撃ち立てた。

後詰の鍾秀隊も到着せず、大苦戦となった。この中で第五小隊司令士小野虎之允が胸部を撃ち貫かれて即死した。同隊司令士内海忠勝は、直ちに小野の司令旗と肩印を取り、死体を小瀬の本陣へ送ることとした。同時に士気を励まし、進軍の大声を発し、駆足で二〇間ばかり進んだが、腹部に銃弾を受けて重傷を負った（『内海忠勝伝』）。

よって良城隊は三〜四丁ばかり引き退き、盛り返すところにようやく砲隊・鍾秀隊が到着し防戦した。それから双方が撤兵したので、玖波村へ引いた。そこへ会議所から休息の指令があったので油見《ゆうみ》へ引取った。

この日の戦闘では、御楯隊が、高山深谷を越える行軍が多く、さらに夜暗く、雨が降り、道がわからず遅延した。松ケ原の軍勢も搦手からの攻撃に向かう時間に遅れた。大野村攻撃は、「手筈合兼《てはずあいかね》」て、これまでにない苦戦となった。

戦争の終結　八月八日、五番小隊司令士小野虎之允・内海忠勝の討死・負傷にともなって生じた欠員を補充する人事異動が行われた。一番小隊司令士（半隊司令）若月直記が五番小隊司令暫役となり、欠員となる一番小隊半隊司令は、一番小隊嚮導《きょうどう》吉田敬助と小沢治人が交番で勤めることとされた。勤中は嚮導のうち一人が欠員となるので、兵士田中祐一が嚮導暫役を命じられた。なお、八月二日討死した七番小隊司令士小野金吾の代りに八月九日吉敷から磯村半蔵が到着した。このようにして敏速に欠員補充をして隊組織の維持がはかられている。さらに八月十一日、一番小隊司令士林次郎兵衛が、病気のため吉敷へ帰郷することになった。この時も直ちに欠員補充の人事異動が行われている。

九月一日、軍監大田舎人は、司令中を呼び出し、吉敷から一中隊が出張を命じられたので、それと交代して出陣中の四小隊は吉敷へ帰るよう命じた。九月五日、交代兵が舟五艘で新湊へ着いた。これにともない、帰陣兵は九月七日新湊を出帆した。逆風のため難航したが、九月十日富海《とのみ》へ着船し、午後十一時、吉敷へ帰陣した。吉敷毛利屋敷の式台前において一同は領主毛利元一へ拝掲し、御意を仰聞けられ、直ちに酒頂戴があり、終了後それぞれ帰宿した。

3　戦闘遂行の諸側面

武器の調達　戦闘に不可欠の弾薬については、良城隊は七月二十七日小銃撃薬七、〇〇〇発、船来管一万発を「唯今不如意ニ付、一ツ書之辻御渡下可被成下《なしくださるべく》候」として、遊撃隊器械方へ支給を依頼している。これに応じて、翌七月二十八日、遊撃隊から弾薬七、〇〇〇余発が支給され、その内七〇〇発分を各小隊へ分配している。武器・弾薬は良城隊の兵站《へいたん》編制からみて吉敷から持参したとみられるが、現地においても補給された。

人夫　兵站の上で重要な役割を果たす人夫については、七月二十四日、良城隊は、遊撃隊本陣へ小隊に一二人宛合計四八人の支給を依頼している。これに応じ、七月二十五日、遊撃隊輜重《しちょう》方は、弾薬持夫・内夫ともに四八人を派遣した。なお、戦闘が小康状態になった八月二十九日、良城隊輜重方は、遊撃隊輜重方へ人夫の半分の二四人を返却した。さらに九月三日、残る二四人についてもすべて返却した。

食糧　食糧については、七月二十三日、在所の吉敷を遠く離れているので、糧米の運送が困難であるとし、総勢二〇〇人余の食糧を取替（「たてかえる」の方言）賄をしてくれるよう遊撃軍本陣へ願い出ている。これに対し、八月一日には、「廿八日一戦後は、兵糧等通ナシ受ラレ、弾薬モ右ニ準シ、入次第器械方ヨリ渡方いたし、万事手都合宜敷相成候事」の状況となり、兵糧・弾薬とも順調に支給されるようになっている。なお、八月二十七日には、「来月朔日ヨリ酒・醬油共月別三斗宛ニ相成、入用之節通帳ヲ以取寄候様ニとの事」と定められ、食糧は米銀方により細かく管理されている。

物資補給　物資運搬のため良城隊には荷物船が付いている。この船は七月二十一日三田尻を出帆し、七月二十九日新湊に着いた。また、戦闘途中の物資補給については、八月一日、肌着その他重さ二貫目までにして、荷は出張口・隊名・姓名等を詳しく札に書き、芸州口・下関口は萩の椿町若山金槌方、土床《つちどこ》口・亀尾川口は萩の松本市明安寺へ来月一日までに差し出せば、取りまとめて送るという廻達が各隊へ出ている。兵士の肌着その他の物資を確保することによって、戦闘状況を良好に維持するための細かな配慮がはらわれている。

病気への対策　戦闘における負傷者の治療や日常的な健康管理は、戦闘の遂行にあたり重要な課題である。診療の管理については、七月十四日、「小隊其外病人有之《これあり》候節ハ頭々ヱ申出、本陣聞届之上、医師診察被仰付《おおせつけられ》候事」として、次のような書式による手続きが必要であると達している。

　　何番小隊之中　何条何某
　右病気之義司令士より申出候ニ付、御診察候様存候事
　　月日　本陣
　右之通医師ヱ本陣より書廻シ無之《これなく》候ハテハ病院引請不被仰付《おおせつけられず》候事

このように診療は隊の厳密な統制下に置かれていた。

健康管理については、海浜の近村において虎狼痢《コレラ》の悪性病が発生するおそれがあるとして、八月に予防法として次のような心得を高森病院が発している。

①勉めて居室を清浄にし、内外庭回り隅々に至るまで一日一回は掃除をすること。床下も数々掃除し、総じて風の通りを良くすること。

②不熟の果物、腐敗しやすい品、熟の足りない食物は言うにおよばず、饑後食を飽くまで貪り、時ならざる品、汚濁の水物、さば、いわし、えび等の油濃き品、いか、たこ、クジラ等の剛き品は皆食してはならない。都《すべ》て大食、大飲はしてはならない。

③死んだ犬猫の類は、臭気のある物は速に取除き、塵芥《じんかい》は少しも留めず皆焼捨てること。

④居室を掃除してもなお悪い臭気がある類、又は悪性病の家と近接する居宅は、酢を煮、あるいは菊を焚くこと。居所は高くして、燥を善とする。この心得で万事悪水《あくすい》を断つことが肝要である。

⑤衣類に垢《あか》が付いたら数度洗い、よくよく乾して着るべきである。都《すべ》て湿気の籠った衣類・蒲団等は、時々取出し日光に曝《さら》して用いること。

このように細かな予防法を指令し、もし悪性病が伝染すれば、「御時節柄彼是別して恐入候次第」として、その徹底を求めている。

このようなこともあって、兵士の衛生管理については、風呂に入ることが計画的に行われていた。

九月になって本陣は、「諸隊風呂を之儀ハ、追々冷気ニモ相成候ニ付、以来一六三八日ニ被仰付候事、附ﾘ臨時之義ハ制外之事」と発している。涼しくなってからでも十日に四日の割合で風呂を立てており、兵士の体調維持に気が配られている。

討死・負傷者への対策　討死・負傷者への敏速な対策は、兵士の士気を落とさないために不可欠である。八月二日に討死した小野金吾へ八月四日、香花料《こうげ》として正金五両が下付された。八月五日、負傷者へ保養金として司令士内海忠勝へ金三〇〇疋、嚮導吉田敬助へ金二五〇疋、兵士・兵卒・地下夫一〇人へはそれぞれ金二〇〇疋が下付された。同様にして、八月二日の大野村戦争の討死・負傷者へは八月九日、香花料・保養金が下付された。

八月十九日、遊撃隊総督毛利幾之進から負傷した司令士へ肴料《さかな》正金一〇〇疋、負傷した兵士へ御菓子料正金五〇疋、即死した司令士へ榊料正金一〇〇疋、即死した兵卒へ榊料五〇疋、負傷した地下夫へ御菓子料二五疋が下付された。

討死者の死骸については、司令士小野虎之允の場合は、「司令士之義ニ付、死骸良城即刻ヨリ送り」と、八月七日吉敷へ送っている。兵卒松下才熊の場合は、「兵卒之義ニ付、鬢髪《びんはつ》良城へ送り相成候事、付、骸骨之義は小瀬籌勝院《ちゅうしょういん》境内ェ令埋葬《まいそうせしめ》候事」と、鬢髪は吉敷へ送り、遺骸は本陣の置かれていた籌勝院へ葬っている。現在、籌勝院には三三柱の神道墓が残っている。

八月二十三日、遊撃隊本陣から、衝撃隊・酬恩隊・集義隊・致人隊・良城隊へ、八月二日・七日戦闘の即死・負傷者について、先達ての雛型のようにとりまとめて差出すよう達した。本陣においても即死・負傷者を把握しようとしていることが知られる。これにともなって良城隊は、八月二十五日、討死・負傷者の姓名・役職・年齢を詳細に報告している。

招魂祭　戦死者に対しては丁重な招魂祭《しょうこんさい》が営まれた。小野金吾の招魂祭は、八月五日、七番小隊においてて営み、有志の参拝を各小隊へ廻達《かいたつ》した。祭は、小瀬から神主を招き、本陣から仕向物として木主、神酒五升、三方、神酒徳、立塩、注連縄、紙（広折一帖、小杉三帖）、洗米があった。社人へは初穂として金一〇〇疋、小者へ金一朱が出された。八月九日、小野虎之允・松下才熊の招魂祭が同様に営まれた。

八月七日討死した石津庄吉は、激戦中のため死骸は持ち帰れなかったが、八月十一日、探索に出て骸骨を持ち帰り、籌勝院へ埋葬した。その上で八月十八日、同様に招魂祭を営んだ。八月二日負傷した波多野安熊は、八月二十一日死去した。八月二十三日、中軍において同様に招魂祭を営んだ。以上のように、討死者に対して、所属の小隊または中軍で丁重な招魂祭を営み、他の小隊から参拝している。

招魂祭の意義について、他藩の眼からは、「討死仕候者は、前段之通、神ニもいわひ候と之事故、一統一命を不惜《おしまず》相働候趣ニ御座候」（中津浦船頭喜代治口上聞取「編年雑録」五七、慶応二年八月条）のように、長州軍の士気を高めるのに効果をあげていると見られている。逆に征長軍は、「黒ン坊組の打死を余り粗末に葬し故、人々不平を抱き、義論沸騰せしとなり」（『浦滋之助日記』）と、幕府歩兵隊の死者への葬いが粗末であったため、兵士の士気を落している。

処罰　戦闘中の軍律違反者に対しては、厳しい処罰が行われた。七月二十五日、第七小隊の田中重吉は、「私論ヲ唱へ、小隊中之動揺ヲ醸《かも》シ、司令士之指揮に背、数代之君恩ヲ令忘却《ぼうきやくせしめ》、不忠不義之極大胆千万之事」として、扶持召放、領分放逐の処罰を受けた。また、片岡直蔵と沖田弥吉も同様の処罰を受けた。

八月四日、第七小隊の高津義助が「玖波戦争之節不謂《いわれざる》趣」ありとして、七番小隊後付役を差し除かれ禁足処分となっている。

八月六日、蔵成神之允は、「於玖波《くばにおいて》戦争之節、司令士ヱモ不申届遁《もうしとどけずとんじ》詞ヲ設ケ、其場ヲ外《はずれる》之所行有之《これあり》」として、断髪かつ罰金五両に処せられている。同様の罪で吉見八蔵は罰金一〇両に処せられている。また、禁足処分となっていた高津義助は、扶持召放、領分中放逐、山口関門内塞に処せられている。以上のように、激戦にともなって恐怖心から発する軍律違反者が出ているが、厳罰でもって敏速に対処し士気の低下を防いでいる。

感状　戦闘終結後は、各人の働きに応じて感状が発給された。討死した司令士の小野金吾と小野虎之允へは、吉敷毛利家から遺族に宛て感状が出された。

また、切紙《きりがみ》で香花料として正金五両が下付された。さらに十二月十七日、本藩からは、家来小野虎之允の粉骨相働きと討死を奇特の至と記した当役中連署の奉書が、吉敷毛利氏宛てに下付された。

これに加えて香花料金一、〇〇〇疋が下付された。この他の討死・負傷者に対しても同様の感状が下付されており、伝統的な手続きに基づいて対応が成されている。

良城隊の活動状況　以上、良城隊に焦点を当てて微細な動きを見た。このことにより諸隊は、藩庁政事堂の統括下に置かれ、戦争遂行にあたって、きわめて統一的な指揮を受けていたことがわかる。その上で、四境の各方面での戦争においては、方面を担当する指揮官のもと、出陣した諸隊によって会議所が形成され、そこに集中して各隊が緻密な連携をとりつつ作戦や軍事組織の維持・管理を行っている。さらに武器の調達、人夫、食糧、物資補給、病気への対策、討死・負傷者への対策、招魂祭、処罰、感状など細かい配慮を行いつつ、兵士の士気を高め、困難な状況での戦争を乗り切ったことがわかる。

芸州口戦争の小括　芸州口戦争についてまとめておけば、次のようである。

（1）幕長戦争芸州口戦争は、慶応二年六月十四日、高田藩軍による岩国藩領和木村への砲撃により開戦し、八月九日、征長軍の大野村から広島への撤退により終結した。さらに、九月二日、厳島（宮島）の大願寺において、長州藩代表の広沢真臣と幕府代表の勝海舟の間で休戦講和が締結され、征長軍は広島から撤退した。

（2）長州軍は、藩庁政事堂の統一的指揮のもと部隊の配備が行われ、小瀬川口と山代口の二方面の軍が編制された。方面軍の本陣は、各部隊を統括し、密接に連携を保ちつつ作戦を展開した。

（3）長州軍は、諸隊はもとより、家臣団隊も基本単位は小隊組織に編制され、西洋式軍隊に改革されていた。諸隊および家臣団隊は、混成して戦闘を遂行した。

（4）長州軍は、散兵戦術を駆使し、山岳地形を巧みに利用して、制高を重視する作戦を展開した。また、ミニエー銃を標準装備し、征長軍のうち諸藩軍のゲベール銃を圧倒した。

（5）長州軍は、軍夫の動員体制を確立し、かつ、民衆の協力もあって、兵站《へいたん》を確保した。また、広島藩領においても民衆に配慮した施策を行って民衆を味方に付けた。これに対し、征長軍は、軍夫の逃亡が相次ぎ、作戦に支障をきたした。さらに広島藩領の民衆を抑圧したため、民衆の反発を招いた。

（6）征長軍は、旧式の諸藩軍もいたが、幕府歩兵組や和歌山藩軍は、西洋式軍隊であり、また、軍艦は、当時最新最強の軍艦であり、その艦砲射撃は、芸州口に軍艦が配備されていない長州軍を苦しめた。西洋式装備では、総合的に見れば質量ともに征長軍のほうが上回っていた。このことは、長州軍は、優れた西洋式兵器によって勝利したとする通説は正確ではなく、むしろ散兵戦術など西洋式戦法に習熟し、それを充分に使いこなした点に勝因があったといえる。西洋式軍隊は、兵士に銃を持たせれば済むという単純なものではなく、組織や兵士の改革が達成されて初めて有効なものになるのである。

第五　石州口戦争

一　石州口戦争開戦への過程

征長軍の出陣　石州口戦争の動きは、慶応元年（一八六五）十一月七日、幕府が長州攻撃部署を布告したことに始まる。石州口は、一之先は福山藩、二之見は浜田藩・津和野藩、応援は鳥取藩・松江藩、人数差出は先鋒総督の和歌山藩であった。これにともない福山藩（藩主阿部正方《まさかた》、一一万石）は、十二月一日から十日にかけて一番手九三七人、二番手九〇〇人余、左右大筒隊三三四～五人、三番手中軍一五〇〇人余、総計三六六七人余が福山を出陣した（石見国邑智《おおち》郡粕淵《かすぶち》林章九郎「御用書留」『邑智町誌』上）。福山藩軍は、石州街道を北上し、三次《みよし》を経て雲石街道に入り、布野《ふの》から赤名《あかな》を越えて粕淵に進軍した。

広島で行われた長州処分の通告に対し、長州藩は、すでに謝罪は済んでいるとして処分を受け入れようとしなかった。処分受諾の請書の提出期限は最終的に五月二十九日まで延期されたが、長州藩が請書を提出しない場合、幕府は六月五日を期して総攻撃するよう征長軍に命じた。

この命令を受けて、石州口では邑智郡粕淵に滞在していた福山藩軍は、六月二日、一番手四一二人を出陣させた。一番手は六日、益田に着陣した（『大和村誌』下）。

福山藩軍の様子は、長州藩探索方の報告によれば、次のようである。

六日着陣した四〇〇人余の内、士分体が一〇〇人余、銃歩兵六〇人程ゲベール銃を持ち、外に三〇挺ミニエー銃を取り混ぜ、人足持ちにして送っている。また、押太鼓二、貝（ほらがい）の者三人、鉦《しょう》（平たい鐘）二で西洋太鼓は無い。銃卒は黒木綿袴、士分は陣羽織、筒袖である。帯刀の者が一六〇人余、その他は、多くは人足である。士分は残らず手鑓《てやり》である。十二日までに二〇〇〇人位が益田におり、遠田《とおだ》、津田、三隅、浜田まで繰り出している。


（「須佐村打廻り尾本忠之允報告」「年度別書翰集」）


この報告から、福山藩軍は、一部は西洋式武器を所持している者もいるが、基本編制は封建身分制軍隊であったことがわかる。

浜田藩（藩主松平武聰《たけあきら》、六万一〇〇〇石）は、六月五日、先遣部隊が浜田を出立した（『江津市誌』）。六月九日、一ノ手（備頭片岡弾正、役職者六三人、人足三七五人）が浜田を出陣し、十日、益田近郊の遠田に着陣した。続いて十四日、二ノ手（備頭松倉丹後、役職者六九人、人足数不詳）および幕府軍監三枝刑部《さいぐさぎょうぶ》の隊が浜田を出陣し、十五日、津田村に着陣した（『長州征伐石州口戦争』）。浜田藩軍は、総数一五〇〇人と報告されている（「鍋田三郎右衛門書状」『南紀徳川史』第一三冊）。

石州口征長軍の指揮は、征長先鋒総督徳川茂承《もちつぐ》が命ぜられたが、六月七日、茂承の名代和歌山藩付

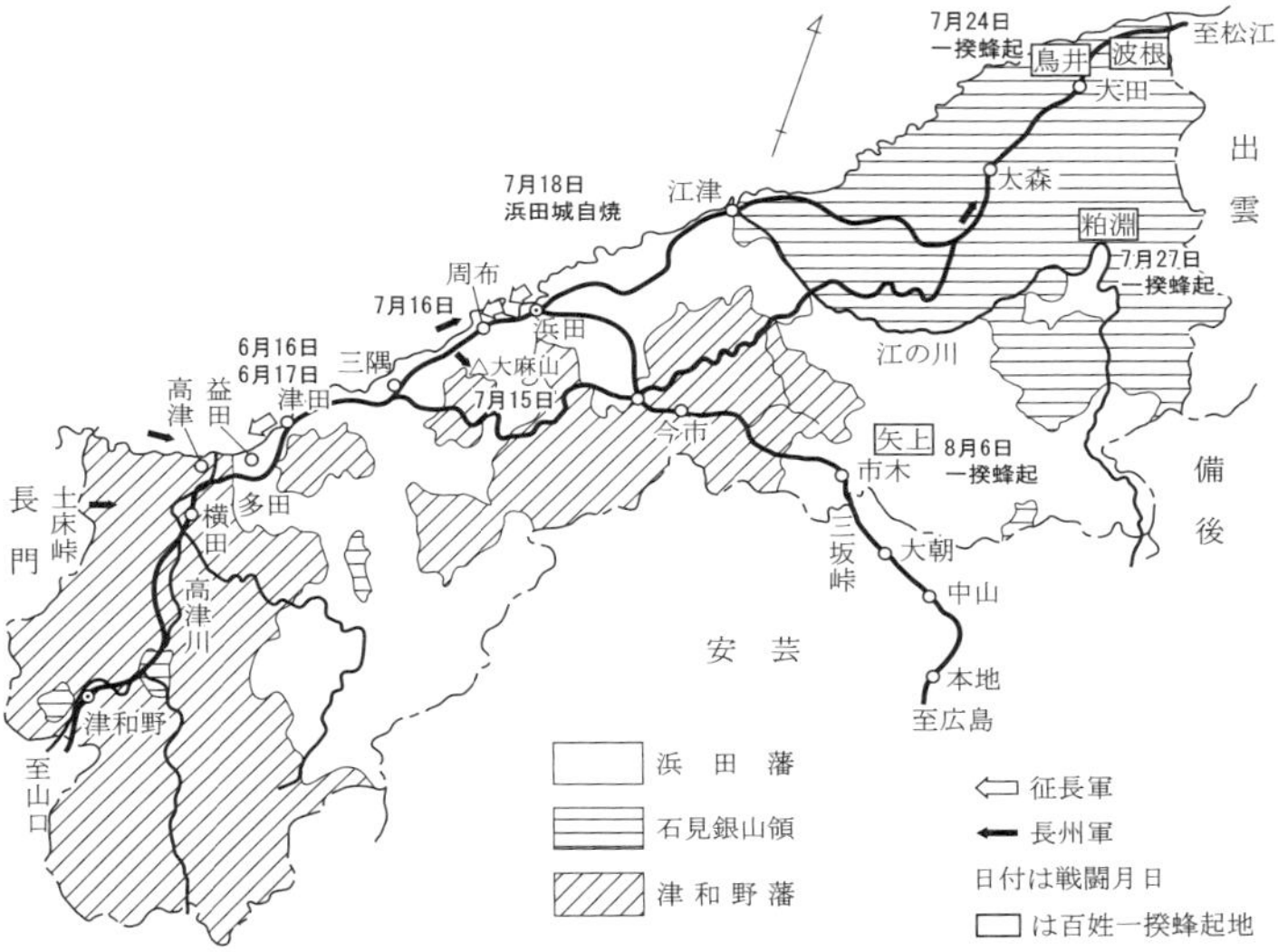

図18　石州口戦争要図

家老安藤直裕《なおひろ》（明治元年一月藩屏に列し田辺藩主、三万八八〇〇石）が指揮に当たることになった。和歌山藩軍は、安藤の家臣が五〇七人、郷夫七七五人、これと和歌山藩の士を合わせて総計二一一八人、このうち戦闘要員は一〇〇八人であった（『田辺市史』二）。

安藤が名代となる以前に、和歌山藩軍は広島から北上して石見国へ出陣し、安芸国との藩境に近い邑智郡市木駅では、六月七日から十五日にかけて総勢三五〇〇人くらいが通行した。そのため、毎日八〇〇〜一〇〇〇人の継ぎ立て人足が必要となり、動員された民衆が困窮している（「松氏春秋」慶応二年六月十五日条）。

松江藩（藩主松平定安、一八万六〇〇〇石）は、六月三日、一ノ手（大野舎人手、上下二五〇〇

人）が松江を出陣した。続いて四日に二ノ手が、八日から十一日の間に三ノ手が松江を出陣した（「慶応元年乙丑九月長州再乱之義ニ付見聞覚書」）。

鳥取藩（藩主池田慶徳《よしのり》、三二万五〇〇〇石）は、六月十二日、一ノ先（足軽まで総勢一二二人）が鳥取を出陣した。十五日、一番手（足軽まで総勢一八四人）が出陣した。二十二日、二番手が出陣した。さらに、七月七日、旗本先備（足軽まで総勢一六九人）が出陣した。行軍は遅々としたものであったが、七月六日に一ノ先、七月七日に一番手が浜田に到着した（『贈従一位池田慶徳公御伝記』三）。

二之見を命ぜられた津和野藩（藩主亀井茲監《これみ》、四万三四六八石）は、隣接する長州藩と交戦することを欲せず、兵を津和野城下に集結させ、待機させた。

長州軍の編制　石州口における長州軍の主力は、南園隊《なんえんたい》（六小隊、合計二二五人）、精鋭隊（四小隊、合計一五〇人）、清末育英隊《きよすえ》（合計六五人）、清末藩の二・八番小隊、北第一大隊（須佐《すさ》益田兵、半大隊が参戦）、第一大隊の一・三番中隊、第二大隊の一・三番中隊、第四大隊の一・三番中隊（一中隊はすべて七二人編制、第一・二大隊合計では三五二人と記載している）などであった。総司令は、支藩清末藩主毛利元純《もとずみ》（一万石）が務めたが、元純は出陣はしたものの長州藩領内に留まり、実際の指揮は、慶応の軍制改革を進めた大村益次郎が参謀を兼務して担当した（「四境戦争一事　石州口」、「御手当沙汰控」、「四境戦前後清末藩軍備」、「増訂振武隊記」）。

二　石見国村落の動向と軍夫の逃亡

戦争経過の前に、戦争の展開した石見国の村落の動向を見ておこう。このことは、軍夫動員への民衆の抵抗と逃亡の問題を理解するために不可欠であるからである。

幕長戦争期における石見国村落は、猛烈な物価高騰に見舞われていた。その原因は、幕府による貿易開始にあると認識し、幕府への批判と、幕府と対抗している長州藩への支持が高まっている。

第一次長州出兵段階の民衆動向　元治元年（一八六四）八月、第一次長州出兵段階の民衆動向について、石見国邑智《おおち》郡宮内村（浜田藩領）の医師松島益軒が記した「松氏春秋」は、次のように伝えている。

夷国交易始まりたるより、諸品高く相成り、当年（元治元年）より十年位以前よりは、万物五増倍といへども、その内

銑　二十貫につき代銀、以前は七十目、当年は二百八十目

鉄　同目方　代銀、以前、中百目、上百三十五目、当年、中三百八十九十目、上金子六両余

塩　壱斗につき、以前は、銀一匁七八分、当時は銀五匁

綿　銭百八文につき目方拾匁替えなり

（「松氏春秋」元治元年八月十四日条）

このように、十年前より諸物価が五倍高騰し、民衆は、その原因は外国との貿易開始にあると正確

に認識している。そのため、幕府の貿易政策を批判する長州藩は、物価高騰を救済してくれるとして期待が高まっている。

この頃独立して、天下の民、諸色高価を患《わずら》ふるを救ふ者、只《ただ》長州父子と、六十四州皆長州侯に帰服す

関八州及び京坂又西国・中国は勿論、世民は長侯に服し、万歳を唱ふる者多く、諸侯は長州の武威に畏《おそ》る、世俗の歌に

江戸が見たくば長州へ御出で　やがて長州が江戸となる

見せてやりたや異国の者に　長州刀の切れ味を

六十余州に長州が無くば　やがて日本が唐《から》となる

（「松氏春秋」元治元年八月十四日条）

このような長州藩を強く支持する民衆動向のなかで、元治元年九月、第一次長州出兵にともなう浜田藩による軍夫動員に対して、強制するならば、百姓一揆も辞さないとする抵抗運動が起こっている。そして、軍夫に出て大砲の煙になるくらいなら、怨みある浜田藩主の大砲を受けて死にたいと国中一同に言上するほど、浜田藩への激しい反発が見られる（「松氏春秋」元治元年九月四日条）。

一方で、長州藩を支持する民衆動向が見られる。

この頃天下の諸民、長州侯様を賞すること申し述べ難し、雲州辺も日外《いっ》か長州の御代となるかと相待つ由、天下万民皆かくの如し、当国辺も民俗（民衆）三人寄れば、ただ軍談ばかりなれども、

> 長州御長久あれかしと、口にも云ひ心中にも祈念すること限り無し、如何なることか、恐れ多くも上の御逆鱗にて征伐あることを憎み、上滅するとも長州長久なるべしと祈念する由、天下を横行する人々、諸国諸民の言を談ずるに皆かくの如し　（「松氏春秋」元治元年九月四日条）

このように、長州藩を支持し、第一次長州出兵において、長州藩が負けないでほしいとする意識が高まっている。この状況の中で、九月五日、軍夫動員を拒否するため、邑智郡矢上村において八〇〇人が結集して、一揆が発起した（「松氏春秋」元治元年九月五日条）。十一月になり、軍夫動員拒否の一揆はさらに拡大していった（「松氏春秋」元治元年十一月二十二日条）。

一揆結集は、邑智、出羽《いずは》に拡大した。これに対し、浜田藩は、「長州へ行くの行かぬと申せば、鏖《みなごろ》しにせんと仰せられたる様子にて、これに気を失ひ御受け申したる由なり」（「松氏春秋」元治元年十一月三十日条）と、強圧策で軍夫動員を強制し、民衆の抵抗を圧殺した。

第二次長州出兵段階の民衆動向　石見国の民衆の動向は、第二次長州出兵段階でも同様であった。慶応元年十二月、幕府が長州藩攻撃部署を発した直後において、津和野藩や浜田藩の民衆は、長州藩のほうを支持し、たとえ征長軍が出陣して来ても、宿を貸さないような気運が発生している。そして長州藩を支持する民衆動向は、日本全体のことであるとしている（「松氏春秋」慶応元年十二月二十八日条）。

一方、強行された浜田藩の軍夫動員に対し、第一次長州出兵の時と同様に抵抗運動が発生した。慶応二年六月二十日、邑智郡の三村では、家別残らず中野村の幸米河原に二〇〇〇人が結集した。そして、軍夫動員に反対し、動員を強制する家は打ち壊すとし、浜田藩から派遣された出役がもし民衆を手討ちなどした場合は、鍬や鎗（猪狩り用）で取りかかると議定した。市木駅や出羽も同様であった。この民衆動向のため、浜田寄手《よせて》の征長軍が勢いを失い、逆に、長州軍は勢いを得ている（「松氏春秋」慶応二年六月二十日条）。民衆動向が戦局に影響を与えているのである。

軍夫動員への抵抗運動は、相互に連携して抵抗運動を続けた（「松氏春秋」慶応二年六月二十二日条）。また、市木村では、継立人夫に対し抵抗が起こった。

市木駅は、男子たる者は尽《ことごと》く壱人も残らず大野と云ふ山中に群聚《ぐんしゅう》し、皆竹鎗にて談合に及ぶ、去る廿一日矢上村群聚の内より、六人程使者を遣はす、返事に、市木駅紀州の荷物は、たとへ役人触れたりとも、三ケ村の者継立て候へば、尽く竹鎗にて刺し殺すとなり

（「松氏春秋」慶応二年六月二十二日条）

このように、和歌山藩の荷物は、たとえ役人の触れであっても継ぎ立てしないとし、もし破るものがいれば、竹槍で刺し殺すと強い決意を示している。

軍夫の逃亡　軍夫は、征長軍も各藩ごとに国元から連れて来ていた。しかし、戦争開始前から、これらの軍夫の逃亡が相次いだ。和歌山藩の場合、いよいよ長州行きとなり、石州路より討入りと触れがあるや否や、数多《あまた》の軍夫が一気に欠け落ち、紀州をめざして帰ってしまった。軍夫の逃亡が相次ぐ

と、これを防ぐため、逃亡した軍夫を捕らえて拷問にかけるなど、厳しい対策がとられた。また、不足分を補充するため、現地での軍夫徴発が行われ、人々はこれを忌避するという動向が発生している（「松氏春秋」慶応二年六月七日条）。

現地動員の軍夫の数は、六月七日、市木駅に宿泊した和歌山藩第一陣の場合、騎馬四人、雑兵二〇〇人に対し、周辺村落を含めて五〇五人となっている。市木から浜田までであるが、三〇〇〇人の和歌山藩軍へこの割合で軍夫をつけると、七五〇〇人必要であると見積もられている（『石見町誌』下）。

戦争が始まり、征長軍が敗戦すると、軍夫の逃亡はさらに加速した。このため六月十七日の益田戦争において、福山藩軍は、「夫卒は大抵散乱候間、無拠《よんどころなく》大小砲輜重《しちょう》等余程相残置」（「慶応二年六月二十三日阿部主計頭届書」『南紀徳川史』第一三冊）のように、軍夫がいないため大小砲や輜重を持って退却することが出来ず、以後の戦争遂行に影響を及ぼしている。

このような軍夫の逃亡を防止するため、浜田藩は次のような強硬手段をとっている。

夫方《ぶかた》にては源太郎殿は大筒の方へ申しつけられ、事始まり候えば、鎖を以つて大筒へ繫《つな》ぎつけられ候由、左無く候えば、音にたまげさり候由、誠恐ろしき役に申しつけられ候

（「長征風聞日記」『大和村誌』下）

このように、戦争が始まると、大砲を運搬する軍夫が、恐怖心から逃亡しないように、鎖で大砲に縛り付ける方法がとられたのである。

軍夫の逃亡は、征長軍全体の作戦にも影響を与えた。芸州口戦争のところで紹介したように浜田藩は、形勢挽回のため、広島在陣の講武所砲隊の石州口出動を要請した。しかし、広島藩の軍夫が逃亡したため、講武所砲隊の出張が不能に陥っている。このため、七月七日、浜田藩は、二～三〇〇人くらいの人夫は差し出すので、急いで出張してほしいと嘆願している（「慶応二年七月七日付浜田藩士永井鉄太郎伺書」「慶応二年征長関係記録」所載「稿本」二六二二）。

講武所隊は、七月十八日、広島を出陣したが、途中の三次《みよし》で浜田藩人足三〇〇人全員、大森銀山領人足一五〇人の内一三〇人余りが脱走してしまい、これ以後の移動が困難となっている（「石州大森陣屋引揚候御届書」「征長一件」）。

このように援軍の移動が遅延している間に、浜田城自焼にともなって征長軍は総撤退することになり、参戦できないまま終わった。

石見国村落では、幕長戦争期において、征長軍に対する民衆の厳しい批判意識と、その一方で、長州藩を支持する動向が存在しており、征長軍の軍夫動員に対する抵抗運動や、軍夫の逃亡が続発していたのである。

三　益田戦争

長州軍の出陣　六月十五日午後八時、長州軍の南園隊、第一大隊半大隊、第二大隊半大隊、精鋭隊、清末《きよすえ》二小隊は、長州藩領と津和野藩領境界の土床口《つちどこ》から、津和野藩領横田へ向かった。土床道筋は、石見国と長門国を結ぶ内陸部の重要交通路である。北第一大隊半大隊、清末育英隊は、海岸部の仏坂《ほとけざか》道筋と海路で津和野藩領高津へ向けて出発した（「四境戦争一事　石州口」）。

土床口から進軍した部隊は、翌十六日未明前、横田に達した。午前七時、横田を発陣し、津和野藩領と浜田藩領境界の扇原関門に向かった。守衛の浜田藩兵は関門を鎖し、小銃を発射した。第一大隊中隊は、山の端左側の山の尾に沿って散兵をしき、小銃を発射した。南園隊一番小隊が関門に突撃し、守衛隊長の岸静江《きししずえ》を斃《たお》した。関門兵は敗走し、南園隊は追撃して多田村に至った。次いで、全軍が多田村に至った（「増訂振武隊記」）。この戦闘で長州軍は、得意の散兵戦術を使用しており、以後の戦闘でも駆使することになる。

益田前哨《ぜんしょう》戦　十六日正午、長州軍は多田村を出陣し、一手は、南園隊三・四・六番小隊および第一大隊から編制し、本道を進み益田に入った。もう一手は、南園隊一・二・五番小隊および第一大隊福間中隊から編制し、西側の平野を進んだ。益田は、北流する益田川と高津川の下流に平野が広がり、在郷町が形成されていた。

福山藩軍は、万福寺《まんぷくじ》、勝達寺《しょうたつじ》、医光寺《いこうじ》に拠り、浜田藩軍も益田本郷に出て備えた。医光寺は、益田川が山間から平野に出て曲流する右岸奥にあり、背後に龍蔵山を擁していた。万福寺は、医光寺の少し下流の右岸にあった。勝達寺は、両寺の中間後方にあった。その後方に秋葉山を擁していた。午後五時、長州軍は益田を攻撃し、福山藩軍・浜田藩軍と交戦した。日暮れになり、長州軍は横田村へ撤収した。

一方、北側の田万《たま》浦から海路を進んだ北第一大隊は、十六日の日の出ころ高津《たかつ》に到着した。高津は高津川が日本海に注ぐ左岸に開けた村で、津和野藩領であった。清末育英隊は、午前八時に到着した。午後四時、高津川を渡り益田に向かったが、浜田藩軍は既に引き揚げており、日暮れになったので高津まで撤退した（「四境戦争一事　石州口」）。この日の戦闘は、長州軍は、中核部隊の精鋭隊は横田村に残したままであり、探りを入れる程度で無理な攻撃はせず、前哨戦で終わった。

益田戦争　六月十七日午前八時、横田村の長州軍は、精鋭隊が先鋒となり、南園隊、第二大隊を合わせ益田へ進軍した。また、北第一大隊と清末育英隊は、高津から益田へ進軍した。この日は、浜田藩軍一《いち》ノ手も益田に配備され、万福寺、医光寺、勝達寺に立て籠もった浜田・福山両軍およそ一〇〇〇人と、午前十時頃から激戦を展開した。正午頃、征長軍は益田の町家を放火した。午後三時頃に至り、征長軍は退却し、代わって長州軍が益田に入った（「四境戦争一事　石州口」）。

戦争は、万福寺、医光寺、勝達寺に立て籠もった征長軍が、前に川幅約一〇〇メートルの益田川、後ろに秋葉山という地の利により、要害宜しきを得て、長州軍は苦戦した。この苦境を切り開いたのが、高津から益田に向かった北第一大隊と清末育英隊である。これらの隊は、山崎口から進み、困難

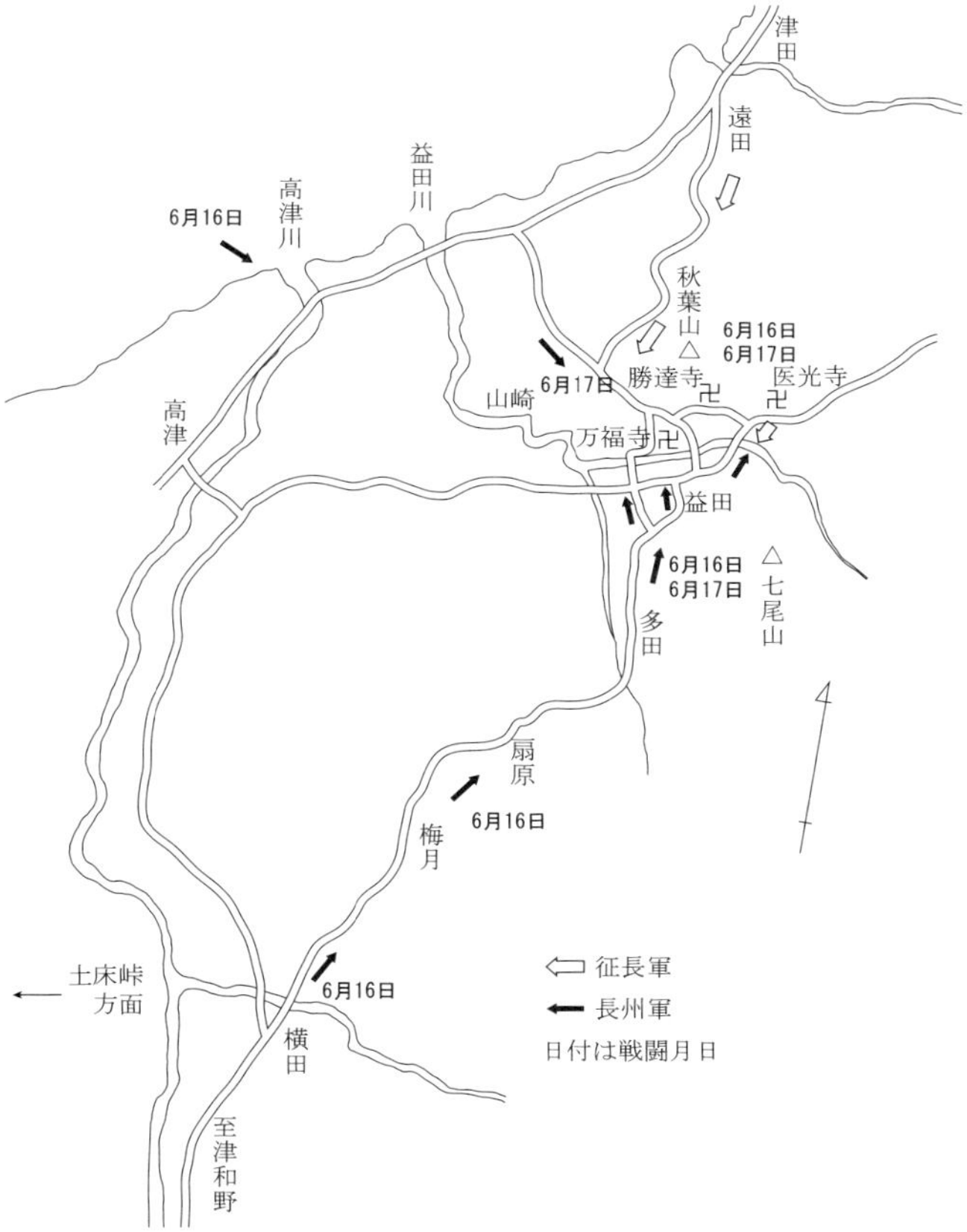
津田
遠田
益田川
高津川
6月16日
秋葉山
6月16日
6月17日
勝達寺
医光寺
6月17日
山崎
万福寺
高津
益田
6月16日
6月17日
七尾山
多田
扇原
6月16日
梅月
6月16日
土床峠方面
横田
至津和野
征長軍
長州軍
日付は戦闘月日

図19　益田戦争要図

を冒して秋葉山を攻撃して占拠し、「須佐大隊敵営之後山え間道より登り、下《さ》ケ矢にて打出ス、玉尽《ことごと》く敵え当り、前之右之如《（ママ）》く進退度を失ひ」（「精鋭隊より報知」「中島日記」所収）と、逆に山上から攻撃して効果をあげ、征長軍を正面と背後から追い詰める形となった。

その様子を福山藩兵士は、「敵は勝達寺の目上の山へ緊《きび》しく攻め懸けしかば、山上なる我兵は耐えかね、銃手散乱せしかば、我が銃隊長及び長槍の輩も余儀なく引き退かざるを得ざる」（「福山藩左先鋒吉田隊大木秀蔵実験記《（ママ）》」森本繁『福山藩幕末維新史』所収）と、山上に位置しながら持ちこたえることができず、苦境に陥ったと述べている。

征長軍は、益田川に懸かる橋を焼き落としていたため、長州軍は敵前渡河を決行した。長州軍が万福寺に攻め入った時、福山藩軍は追い詰められた余り、鎗をもって駆けだして反撃した。長州軍も抜刀して激しい血戦となった（「四境戦争一事　石州口」）。この接近戦により、精鋭隊四人が討死した。接近戦においては、鎗も一定の効果をあげている。しかし、戦局の流れに影響を与えるものではなく、正面と背面の山から攻撃を受けて追い詰められた福山藩軍と浜田藩軍は、浜田方面に向けて退却した。退却に際し、軍夫が逃亡していたため、大量の武器・兵糧を残留したままとなり、以後の作戦に影響を与えた。福山藩軍は、「只末後一段輜重《しちょう》大小砲共遺棄致し候段は、敗之字を免《まぬが》れかたく、残念至極ニ候」（「慶応丙寅筆記追加」「稿本」二五八五）と、武器の遺棄については残念至極としている。

長州軍は、長持・弾薬・甲冑・フランス式銃・馬具・糧米ほか膨大な兵器と兵糧が遺棄されていた

図20　万　福　寺

図21　医　光　寺

と報告している。

長州軍の民衆への配慮　益田の戦闘において、大村益次郎は、征長軍は籠城の体にて、万福寺・勝達寺の近辺は町家が取り囲んでいるので、大砲を用いると人家を焼失させる恐れがあり、攻め取るのは困難であるとしている（「四境戦争一事　石州口」）。大村が、民衆に対して周到な配慮をしていることがうかがえる。

放火が戦火ではなく、征長軍によって意図的に行われたものであることは、「敵より大砲散弾リウタン等発し、町之屋禰《やね》（屋根）ム禰《ね》（棟）より出火ニ及ひ、乍併《しかしながら》是ハ一軒にて、敵営之近辺ハ彼より致放火《ほうかいたし》、家数三十軒程焼失いたし候」（「精鋭隊より報知」「中島日記」所収）によって確認できる。また、福山藩側の史料も、「我より町家へ火を放ち、敵の後を絶たんとて浜田へ此の旨論じ語るに、浜田益田とも同意しければ」（「福山藩左先鋒吉田隊大木秀蔵実験記」）と、放火を意図的に行ったとしている。

また、益田に入った長州軍は、「市中之放火を鎮し、暮ニ至り鎮火に相成り、益田之人民大ニ帰服セし」（「四境戦争一事　石州口」）と、火災を鎮火するのに尽力し、益田の人々の信望を得ている。長州藩の民衆に対する配慮により、糧米移送に関しても「石地人民も一向不動揺《どうようせず》、地下《じげ》役人庄屋抔《など》立会、余程心配《こころくばり》致し呉候」（「四境戦争一事　石州口」）と、地元民衆が協力的であり、弾薬その他の輸送が順調に行われた。

民衆が長州藩に帰服していることに関して、浜田に近い場所に住む津和野藩領の庄屋は、福山・浜田藩の武器・道具・兵糧を高津辺へ長州軍が移送し、兵糧の内を百姓共へ負《おわ》せ、取米相場白米一升につき二〇〇文に決めて売り、「何分百姓共を愛憐、助勢致遣《つかわしいたし》候、奇兵隊を神仏之様ニ思ひ、実貞ニ相勤候よし」（「長征石見戦争聞書」）と記しており、事実であったことが確認出来る。

長州軍の散兵戦術　長州軍の戦法の特徴については、対戦した福山藩士が詳細に伝えている。長州軍の最大の特徴である散兵戦術については、次のように記している。

又長人（長州人）千人程出候噂に候得共、漸く一バタロンの内を半分に分、一行に押出し、夫より相図にて散兵に分れ候ても、二人位つゝの打方、草木の影、或は百姓家の家根の上抔《など》より打出し、身体顕《あらわし》不申《もうさず》、一場所より二発は打不申由、煙を目当に打たれ候事を厭《いと》ひ、一発打候と場所をかへ、殊に立込不致《いたさず》、皆寝込《ねこめ》之由、又元込《もとごめ》之筒を多く用ひ候様子之由、山を登り又駈下り、或は家根の上より打、直に飛下り候由、猿の如しと申居候、又追々詰寄るに従ひ、散兵広く散り候故、多人数の様に思ひ候由、然る処、御家の人数は、懸り初は十分に散し候ても、詰寄るに従ひ追々すぼみ集り候故、猶更《なおさら》当候由　（「福山藩某書翰抄書」）

このように散兵に分かれた兵士は、物陰に隠れて身体を現さず狙撃してくるとしている。さらに、一発撃つと場所を変えるとしているが、これは、当時の黒色火薬は、爆発すると大量の白煙を生じさせるため、それを目当てに撃たれるのを避けるためである。また、ミニエー銃は、先込めであるが、低い姿勢で弾込めをするため、身体を現さないとしている。そして、兵士は各自の自発性に基づいて、巧みに自然物を利用して、広く散開して攻撃してくるが、福山藩兵士は、恐怖心のため寄り集まってしまうため、ますます弾に当たってしまうとしている。

散兵戦術について、福山藩から幕府への届も、「敵は撒兵《さんぺい》を以、麻畠等繁《しげみ》之内より多人数入替り、新《あらて》手を以発砲」（「六月廿日阿部主計頭届」『続徳川実紀』第四篇）と、散兵戦術を駆使したと報告している。

一方、浜田藩兵士は、長州軍の戦法は賤《いや》しき戦いと記し、西洋式戦法の本質をいまだ理解出来ていない。

敵方ニテハ賤キ戦、一同黒装束ニテ、ミネヘールヲ持、アチコチニ五人六人ト隠レ居り打出、勢ヲ揃候テ戦候義ハ無之《これなく》、賊徒同様之振舞致候趣、鎗持更ニ無之、旗馬等モ無之、具足着用不致《いたさず》候由、麻畑或ハ藪之中ヘ隠レ居候テ之戦争ニ有之候

（「寅六月浜田藩福田方へ同藩国元より来状写」「征長一件」）

このように、旧来の戦術観からすれば、長州軍は、姿を見せず攻撃してくるので、賊徒同様の振る舞いであり、賤しき戦法を用いると見えたのである。ここに新旧の戦術観の違いを明瞭に読み取ることが出来る。

長州軍のミニエー銃　長州軍が用いたミニエー銃について、福山藩兵士は射程距離の長さを指摘している。

長人四五丁の川を隔て打候得共、不残《のこらず》ミニー筒故、敵之玉は尖く飛来候得共、此方之玉は中々

届不申《とどきもうさず》、殊に当りも細にて、耳の左右を飛音数発の由、右に付、追々引取候仁、甲冑を売払ひ、借金致し候てもミニーヘールを求め不申候ては、戦場へは出不申抔《いでもうさずなど》、口々に申居候

（「福山藩某書翰抄書」）

ミニエー銃は、射程距離が五〇〇メートルに達するのに対し、福山藩の用いているゲベール銃は、射程距離約一〇〇メートルである。四四〇〜五五〇メートルの川を隔てての銃撃戦では、ゲベール銃は弾が届かず、全く役に立たなかった。福山藩の記録に、撃っても無駄弾になってしまうとの記述が多く見られるのはこのためである。

逆に、射程距離の長いミニエー銃は、遠距離からの狙撃に用いられ、効果を発揮した。幕府軍監三枝刑部は、「長勢砲発ニテ肩先討抜カレ」（「征長一件」）と、目立つ服装をしていたため、狙撃されている。

目立つ陣羽織・筒袖《つつそで》は狙われるということなので、山岡十郎兵衛の差図にて、目立つ陣羽織を脱がせ、木の枝そのほか等へ懸けさせて働かせたところ、後で見ると弾の跡が数発あった。長州軍が狙撃に習熟していることは、福山藩の中に広く伝わり、白などの目立つ筒袖を染めさせ、割羽織の袖を切り捨てるなど、服装を改める動きとなっている（「福山藩某書翰抄書」）。

さらに、ミニエー銃は、椎《しい》の実《み》弾で、施条（ライフル）に沿って回転がかかって発射されるので、当たった時の衝撃力は強力であった。

急所にも無之《これなき》場所を被打《うたれ》候へ共、臑当致居《すねあていたしおり》候に付、鎖を肉中へ被打込《うちこまれ》、場所にても掘出し候へ共、残り有之《これあり》、宅へ帰り候後、尚又掘出し候へとも、未《いまだ》残り有之《これあり》候、今次深疵《ふかきず》のものより平癒《へいゆ》に手間取、殊に度々苦痛を致し難儀之由

（「福山藩某書翰抄書」）

ミニエー銃の弾は、すね当てをした上から当たると、鎖ごと肉に食い込み、取り出してもなかなか完全には除くことが出来ないとしている。すね当てをしていると、かえって傷が大きくなってしまうと、ミニエー銃の威力を伝えている。

長州軍の砲術と武器の諸問題　長州軍の砲術については、次のように記している。

何分長人砲術丈け熟練成事何れも驚き居申候、エイエイドンドン抔《など》にては迚《とて》も間に合不申、御役人始後悔之様子、場所にて掛候時分、貝太鼓更に用立《ようだち》不申、気憶（ママ）れか故、操練場之様には音も不出《いでず》、柳原か山下の左衛門の如く、ボロンボロン位之事にて、一向役に立不申故、後には金鼓相用不申由

（「福山藩某書翰抄書」）

砲術は、通常八人で編制される砲隊が、各自のそれぞれの役割を遂行しつつ、組織的に撃つ必要があるが、長州軍は砲術に習熟しており、組織的砲撃が達成出来ていることがわかる。

以上の戦争状況から、福山藩士は、具足を無用としている。

此度畳具足御物入を掛け持参候処、更に用立不申、不益相成候、右之訳は、此処之戦争刀槍之疵《きず》は壱人も無之、皆砲丸疵のみ

（「福山藩某書翰抄書」）

具足は、刀鎗から身を守るのには有効であるが、大砲や鉄砲に対しては無効であり、目立つ上に、動きが制約されるので、無用としているのである。

また、袴についても従来のものは不便であるとしている。

大口《おおくち》（大口袴、裾の口が広い袴）之類は、山坂道無き場所奔走之節、木其外等引掛り、何れも裾《すそ》はずたずたに致し候ゆへ、皆《みな》下を切取候よし、堀幾馬申候には、同人は半大口着用候処、夫にても所々へ引掛り、邪魔に成り候間、股引かダン袋（和式洋装のズボン）に無之ては差支《さしつかえ》候よし、其外も同断に付、此度一同ダン袋を拵《こしら》へ候事に相成

（「福山藩某書翰抄書」）

このように実戦を経験することによって、旧来の戦法の欠陥を悟っているのである。

鎗については、万福寺における接近戦においては、長州軍が死傷者を出し、一定の効果をあげた。福山藩側の記録は、そのことを誇大に強調する傾向があるが、この福山藩士は、冷静に戦況を分析している。

戦士の分、筒無之に付、槍を入候には、軍目付《いくさめつけ》初長人も驚き候由、筒先え向ひ、槍にて打込抔《など》、無法之事にて、福山人数は、他藩と違ひ、がへん（無頼漢）同様、無敵なる仕業《しわざ》を恐居

（「福山藩某書翰抄書」）

このように、銃口に向かって鎗で突撃するのは、無法の作戦であると批判している。

また、鎗は普段は従者に持たせているが、いざ戦闘になると、その鎗持ちが逃亡してしまうとして

いる。

槍の論に曰く、手詰に成候迄には敵を打か打たれるかにて、万一打たるゝ処手詰に成り、いざ槍と申時分には、槍持何へ参候か、中々側には居不申《おりもうさず》、訓練之様には参り不申

（「福山藩某書翰抄書」）

このように封建身分制軍隊は、戦士と従者が一単位を構成することを原則としているが、いざ戦闘という時には、鎗持ちが逃亡してしまい、戦術以前の大きな欠陥を持っていたのである。

長州軍の民心収攬　戦法以外についても、長州軍の民心収攬について、次のように指摘している。

長人能く人を馴付候由、定て浜田領分之百姓上手に押付候半《そうらわん》と之説、縄川死体を見、何れ侍分之者に可有之《これあるべき》と申立流《（派）》に石塔立候由、福山にては死候ては加様《かよう》には不行届と申説、御長柄《ながえ》（長い柄の槍）一人足を打れ寺に休居候処、諸隊崩れ逃候跡にて長人見付、長之方へ連行、医師に掛け、十分に療治、折々見舞人来り、平癒之上、最早歩行出来可申《しゅったいもうすべし》と連返し、路用無之由に付、二歩呉《くれ》十里程之事故、如何様《いかよう》にも致し参り候様、途中迄送り来り候由

（「福山藩某書翰抄書」）

このように、長州軍は、敵側の戦死者を手厚く葬り、また、負傷兵を見付けると充分に治療し、回復すると路金を与えて送り返すなどしている。このような姿勢を示すことによって、民衆を味方に付ける策を行っている。

四　大麻山・周布村戦争

征長軍の布陣と長州軍の出陣　益田を退却した征長軍は、六月二十三日、さらに七月二日軍議を開いて陣容の立て直しを図った。その結果、和歌山藩軍は、浜田城下西方の周布村聖徳寺《しょうとくじ》を本陣とし、兵を周布・門田《もんで》・三宅村に配した。浜田藩軍は要害の地である大麻山《たいま》（五九九メートル）に拠った。松江藩軍および福山藩軍は、長浜村に布陣した。遅れて到着した鳥取藩一ノ手三七〇余人は内田村、同一番手人数一五二〇余人、二番手人数一一一〇余人は浜田城下に陣した。同中軍一一七〇余人は、いまだ石見国には入らず、出雲国今市に陣した（「増訂振武隊記」）。

これに対し益田に滞陣していた長州軍は、七月五日、南園隊が出陣し、内陸部の仙道を通って嶺村に着陣した。精鋭隊、第一・二・四大隊の六中隊、清末育英隊《きよすえ》、北第一大隊は、海岸部の浜田街道を進み、三隅に入った（同右）。

内田村戦争　七月十三日、南園隊と第四大隊二中隊は、周布川に沿う内村《ないむら》に進んだ。そして周布川対岸の内田村に布陣する松江・福山藩軍を攻撃した。征長軍は大砲二門でよく支え、長州軍は川を渡ることが出来ず、夕刻、撤退した（同右）。

この戦闘について松江藩の届出は、熱田村の後ろの山上に人数を繰り出し、手当をしていたところ、

「敵合六七町相成候間、彼よりも小銃打立候ニ付、味方よりも大砲十発計《ばかり》撃立候処、二三発彼屯集之場所え相込候故、大ニ敗走致候」（「黒川秀波筆記」「稿本」二六一七）と、大砲による砲撃により長州軍を敗走させたと記している。松江藩軍の大砲は、西洋新式の六斤砲、加農砲各一門、十二吐因砲四門、手臼砲三門を所持していた。さらに、臼砲、シナイドル銃、横栓元込十二連発ベンセル馬上銃など最新の西洋式武器を備えていた（『松平定安公伝』）。

松江藩の軍備について、福山藩兵士は、「雲州西洋銃隊はか成に引廻し候得共、士気不振《ふるはざる》由、因州は和筒を用出し次第、一同役に立不申由」（「福山藩某書翰抄書」）と、松江藩の銃隊を高く評価している。

鳥取藩軍は、一ノ先が内田村に出て、松江・福山藩軍の後詰を行った（『贈従一位池田慶徳《よしのり》公御伝記』三）。

七月十五日、南園隊は再び内田村を攻撃し、周布川を隔てて銃砲を発した。松江藩・鳥取藩・福山藩は大砲、小銃を発射してよく守った。また、川の増水で渡河することは出来ず、川を隔てての銃撃戦のみに終わった（「増訂振武隊記」）。

この戦闘において、鳥取藩軍は、大砲・小銃を発射している（『贈従一位池田慶徳公御伝記』三）。この戦闘を出雲荷宰領伊奈仁右衛門は、「長人手銃之玉ハ悉《ことごとく》相届候得共、因・紀之備ハ敵合二十町斗《ばか》リ之処、弾玉不相届《あいとどかず》、福山勢・雲州勢之手銃ハ用ニ不立《たたざる》ユヘ、大砲ヲ以テ長人四五百人程打倒シ」（「征長一件」）と、征長軍諸藩の小銃はいずれも役に立たなかったが、大砲は効果をあげたと記している。

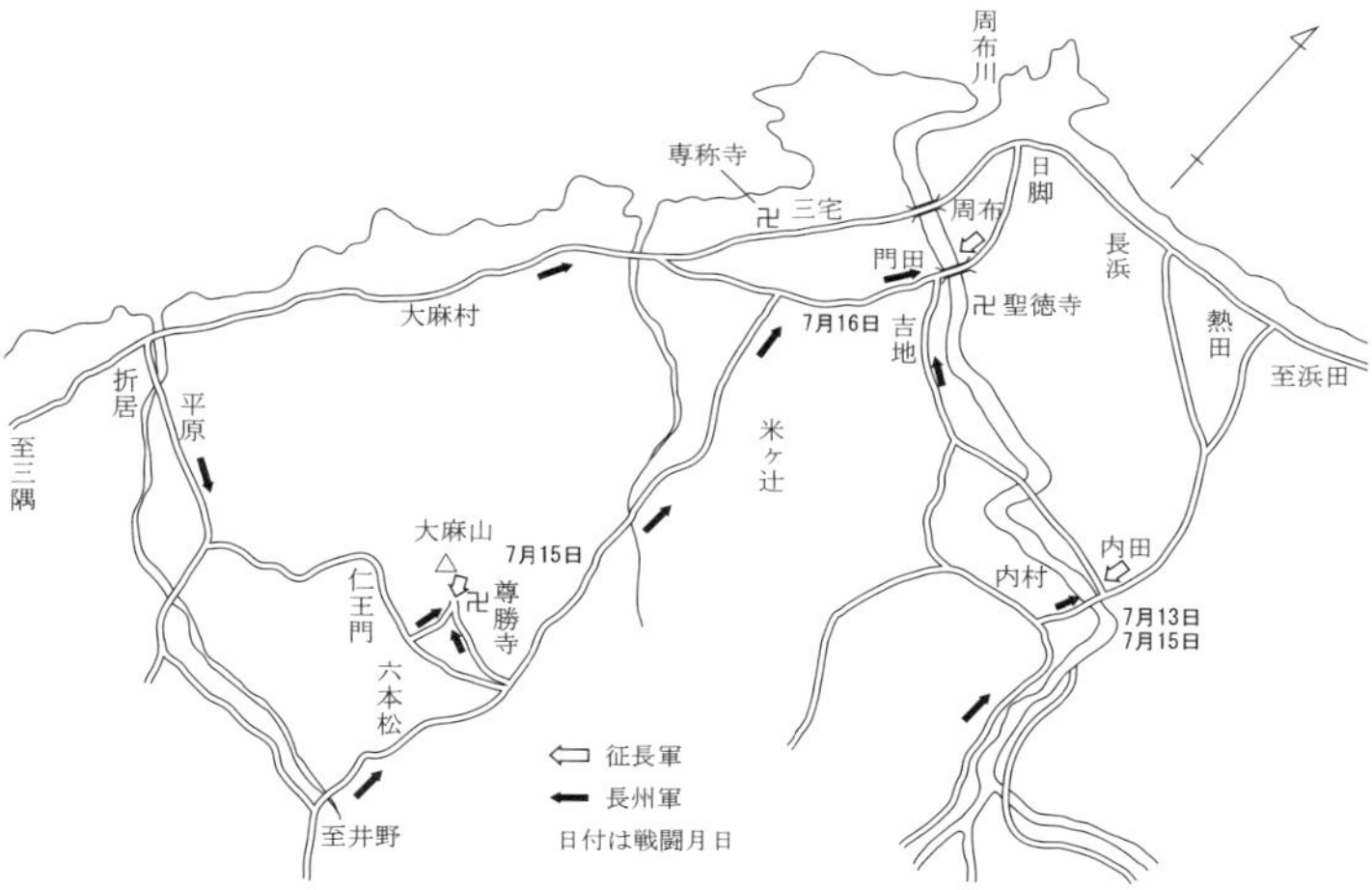

図22　大麻山・周布村戦争要図

しかし、長州軍の攻撃は、大麻山の浜田藩軍を孤立させるための陽動作戦であった。

大麻山戦争　長州軍の本隊は、十五日午前七時、山間の井野《いの》村から大隊の中谷《なかたに》・国司《くにし》の二中隊、精鋭隊、臼砲隊、火矢隊が、日本海に臨む折居《おりい》村から大隊の林・福間二中隊、清末一小隊が押し出し、大麻山へ攻め寄せた。浜田藩軍八〇〇人ほどが立て籠もっていたが、長州軍は臼砲や火矢で攻撃し、午前十時攻め落とした（「四境戦争一事　石州口」）。

長州軍の戦法について、大森代官鍋田三郎右衛門は次のように報告している。

長人之所為《しょい》ニテ、備ハ無之、散兵ニテ木陰又ハ巌岩之間ニ潜ミ罷在、五六人モ相顕レ、発砲イタシ候テハ其儘相隠レ、彳《たたずむ》所モ不相定《あいさだまらず》、諸方右之通ニテ、軍勢之多寡《たか》モ不相分《あいわからず》、ネラヒモ付兼《つきかね》、シカモ敵兵ハ峰ヨリ打下シ、浜田

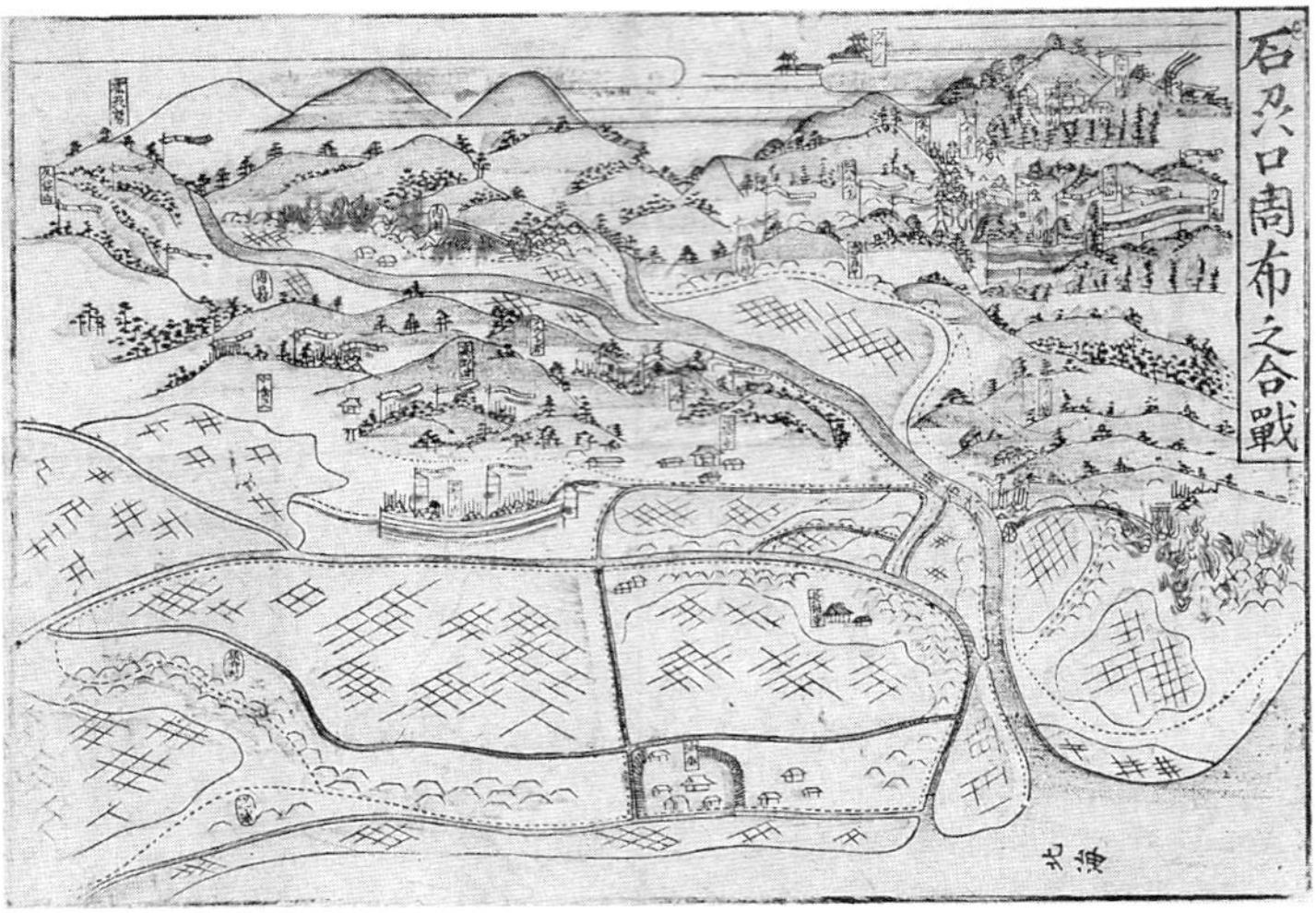

図 23　石州口周布之合戦（山口県立山口博物館蔵）

勢モ中腹ヨリ打上候勢ニテ、彼我損益
不少《すくなからず》候ニ付、一旦麓へ可引籠《ひきこもるべし》
（「征長一件」）

このように、長州軍の散兵戦術によって、兵士が見えないため、浜田藩軍は攻撃目標が定まらず、しかも制高を取られたため敗退したとしている。浜田藩軍は、大麻山という天然の要害に拠りながら、山の中腹の標高五〇〇メートルに位置する尊勝寺に陣し、油断していたため、夜明けに麓から密かに登った長州軍に制高を取られ、散兵戦術によって敗退したのである。

周布村戦争　十六日午前七時、長州軍は、大麻山から国司中隊、精鋭隊、清末一小隊、臼砲一門が押し出し、折居口、海辺から、福間・林の二中隊、高杉弁蔵小隊が押し寄せ、三口から銃戦した。大概二〜五丁（二二〇〜五五〇メートル）くらいの距離で施条銃による狙撃を行い、効果をあげた。征長軍も大砲・小銃等数百発を撃ちだし防戦したが、正午、長州軍は周布川を渡り、大砲等を分捕った（「四境戦争一事　石州口」）。長州軍の進撃によって、征長軍は浜田城下に総退却した。

この戦闘について、安藤家臣団の兵士は、「間近ク相成、所々五七人つゝ散兵ニて寄来候ニ付、ブリウキドース玉又は破裂丸色々相打」（「陣営中雑記」『田辺市史』五）と、長州軍の散兵戦術に対して、大砲で応戦したと記している。

和歌山藩軍は、長州軍の攻撃によって敗走し、さらに「紀州之安藤は、出張《でばり》中人民を大キニ苦め候様子ニて、一統悪《にく》む事甚シ、長浜辺之者は、竹槍を以、紀州敗走兵を逐《おう》ニ至ル」（「四境戦争一事　石州口」）と、出陣中民衆を苦しめていたため、民衆の反発により竹槍で追われている。

五　浜田城自焼と長州藩民政の展開

止戦交渉と浜田城自焼　七月十五日夜、浜田藩から長州藩の折居《おりい》の出張場へ、ひとまず止戦するための応接をしたいとの書面が届いた（「四境戦争一事　石州口」）。

七月十六日午後二時、浜田藩から使番《つかいばん》が長州軍のもとに来て、止戦を申し出た。長州軍は、浜田藩重役中宛に応接場所を知らせるよう返書した。浜田藩は周布村を希望し、長州軍も了承した。よって、午後七時交渉が始まった。これによって、止戦の詳細は家老が出席して評議することとなった。翌十七日、中老職久松覚右衛門が来た。長州軍参謀杉孫七郎は、浜田城下の諸藩兵の二十日までの退去と、浜田藩の趣意書を要求した。返答期限は、十八日午前十一時までとした（同右）。

十七日、浜田城では軍議が開かれ、停戦か抗戦かを議論したが、防戦の目途はつかなかった。そのため藩主松平武聰《たけあきら》一家が浜田城を退去することが決定され、同日夜半に船で脱出し、松江藩に向かった。

十八日、浜田藩主の浜田城退去を知った征長軍の諸藩軍は、浜田から撤退していった。諸藩軍が撤退したため防戦は困難となり、抗戦派も戦闘を断念して浜田城の放棄が決定された。浜田藩は、十八日午後四時、亀山（六七メートル）の山頂を中心に築かれた平山城である浜田城を自焼し、浜田から退去した。

民衆の蜂起　浜田藩や征長軍が退去し、政治権力の空白が生じると、市街から放火・略奪の動きが起こった。この動きについて、津和野藩領長見村庄屋は、「町人、又は近辺之小百姓、日雇人共、我も々々と思ひ思ひに駆付、戸まへをやぶり、米負出《おいいだ》し、取勝にいたし」（『於杼呂我中』）と伝えている。食料に困窮した下層町人や小前《こまえ》（小百姓）層が主体であったことがわかる。

十九日、長州軍は、総軍が進発して浜田城下に入り、直ちに市中の警備に当たった（「増訂振武隊記」）。

浜田藩に隣接する大森銀山領では、長州軍の進出が間近に迫ると、代官鍋田三郎右衛門は、七月二十日夜、幕府領のある備中倉敷へ向けて逃亡した。ここでも政治権力の空白が生じ、七月二十四日、安濃《あんの》郡鳥井村から百姓一揆が蜂起し、一揆は豪農層を打ち壊しながら安濃郡・邇摩《にま》郡・邑智《おおち》郡へと展開した。石見地方では、猛烈な物価高騰が発生しており、困窮化した小前層が立ち上がった。以後も次々と一揆が蜂起した。一揆の展開状況を簡潔に記しておくと次のようである。

・七月二十四日夜、安濃郡鳥井村で米買占めの地主・豪商打ち壊しの一揆蜂起。隣村の野井《のい》村の豆腐屋（豪農、豆腐屋は屋号）は全焼、さらに安濃郡・邇摩郡へと広範囲に波及。豪農層六七軒余打ち壊し（「慶応丙寅筆記」二二、「岡山藩士徳田孫四郎等用状」、『石見銀山異記』下）。

・七月二十九日、邑智郡粕淵・浜原・石原・酒谷辺において、物価値下げを要求して豪農層打ち壊し（「岡山藩士徳田孫四郎等用状」、「長征風聞日記」）。

・八月二日、邇摩郡都濃津《つのつ》村で加徴年貢《かちょう》のことで小前の者が村方騒動（国沢家文書）。

・八月六日、邑智郡矢上村で米価値下げを要求して小前層が一揆蜂起、豪農層を打ち壊し、中野村、井原村へ波及（「松氏春秋」、『石見町誌』下）。

・八月十日、那珂《なか》郡西原井組の周布村、長浜村をはじめ一三村で村役人の不正を追及する一揆蜂起（「石州出張日記」、「石州大森長州本陣民政方沙汰控」、『浜田市誌』）。

・八月十一日、美濃郡多田・吉田その外数一〇村で百姓群集（「石州大森長州本陣民政方沙汰控」）。

・八月二十日、美濃郡槌田村において百姓一揆沸騰（「石州出張日記」）。
・八月二十一日、美濃郡都茂《つも》・丸茂・新都茂・久原村で百姓一揆沸騰（「石州出張日記」）。

長州藩の一揆鎮圧　七月二十五日、南園隊一・四番小隊は大森に出張した。大村益次郎は、二十六日大森に至り、一揆の取り鎮めを行い、銀山領の民政取締について、高須正吉と申し合わせて政策を開始した（「四境戦争一事　石州口」）。山口の藩庁政事堂は、大村益次郎の伺いに対し、八月一日付で民政の方針に関する判断を返送しており、大村が早い段階で民政に着手していることがわかる（「石州大森長州本陣民政方沙汰控」）。

七月二十八日、長州大森本陣は、一揆を起こした民衆の現状に対して、「何か余儀なき次第も可有之《これあるべき》付てハ、難渋渡世六ケ敷もの之義ハ、取続相成候様、早速遂詮議《せんぎをとげ》」（同右）と、一定の理解を示しつつも、武力蜂起に対しては、断固たる態度で対処することを沙汰した。具体的対策として、一揆の原因となっている米の問題への対応に着手した。

三十日、米価高騰の折から、当分は米を百文につき二合五勺で売買するよう沙汰した。また同日、村々小前の者へ、大森代官が残し置いた米を、村高に応じて分配することを沙汰した（同右）。

このように米価対策や難渋者救済を打ち出す一方、民政方が廻村して鎮静化を図った。八月八日邑智郡矢上村において、長州藩民政方国広勝馬は、使いを派遣して、一揆の者どもへ、「ただ今から直々に一揆の群衆の内へ入り、申し聞かすべき旨が有るので、一人も離散せず静まり居り申すべし、もっとも民政方（国広勝馬）一人と心得、手向いする時は、ただ一人にても一揆の百姓くらいは、目前に討捨て申すべし、その時は、その身その身の命を捨てる事、罪無き百姓を討捨てる事は本望ではないので、能く能くその旨を心得よ」と申し聞かせて置き、その後間もなく一揆勢六〇〇人くらいの一揆の中へ入っていった（「松氏春秋」慶応二年八月八日条）。

このように、長州藩民政方国広勝馬は、一人で六〇〇人の一揆の中に入って行くほど剛胆であり、「大豪の程こそ恐れ入り申し候」と、一揆鎮静に有能であったと「松氏春秋」は記している。

これに対し、七月二十四日、一揆が蜂起した鳥井村の近隣の波根《はね》宿に滞陣していた松江藩軍は、一揆に翻弄されている。松江藩家老神谷源五郎は、波根宿に一揆が乱入するとの風聞があったので、一揆に同調しないよう、波根村中の者へ七〇〇両を与えた。しかし、それを村方で配分している内に一揆が乱入し、藩士が取り押さえのため出向き、一向に聞き入れないため鉄砲で威《おど》したところ、逆に鉄砲三挺を一揆勢にもぎ取られた。さらに一揆勢三〇〇〇人が乱入し、松江藩軍は松江藩領の口田儀方面へ退去している（「慶応丙寅筆記」「稿本」二六二九）。もはや一揆を鎮圧する力を喪失している。

長州藩民政の展開　長州本陣は、一揆に対し、穏便な対策をとる一方、強硬策も用いた。八月十一日の長浜・周布村を始めとする一三村の一揆に対しては、容易には鎮静しないので、三〜四人撃ち殺している。その上で、死人には香華《こうげ》料米三俵、手負い人には二〇〇目下付している（山田宇右衛門ほか二名宛瀧弥太郎書翰「石州大森長州本陣民政方沙汰控」）。

大村益次郎は、一揆対策は、戦争遂行にとって重要な課題であるとして、次のように藩庁政事堂へ早急に対策をとるよう嘆願している。

先便申上候御究方《きわめかた》一達出張之事、何分早々御運上奉希《ねがいたてまつり》候、軍半ニ百姓一揆之始末、極々方正ニ不被行《おこなわれず》候ては、戦争之支《さわ》リニも相成申候、且一刻も早く始抹片付不申ては、追々面倒之儀差起り困り申候（慶応二年八月十二日付、国政方各中宛大村益次郎書翰「石州大森長州本陣民政方沙汰控」）

このように、大村益次郎は民衆の力をよく認識し、これを制御することは、戦争遂行に重要な課題であるとしているのである。

八月二十四日、長州大森本陣は、民政の方針を布告した。一揆に関しては、「一揆鎮静之儀に付ては、銘々連印を以て請状をも差出置、又々徒党せしめ候もの可処厳科《げんかにしょすべき》段、度々令沙汰《さたせしめ》候に付、歎願筋有之候へば、筋々を以穏便に申出、詮議之上可遂吟味《ぎんみをとぐべく》候に付、此往於村々《むらむらにおいて》拾人已上集会せしめ、不心得之者於有《これあるにおいて》之は、取糺之上、即刻兵馬を差向打果可申」（「石州大森長州本陣民政方沙汰控」）と、願いがあれば穏便に嘆願すべきとし、もし十人以上集会するものがいれば、兵馬を差し向けて討ち果たすと、強硬策をちらつかせている。また、物価政策に関しては、先般安価に販売するよう価格を定めたところ、かえって品不足になり、迷惑を発生させているので、価格定めのことは差し止め、諸方の相場を聞き合わせ、諸売買を許可するので、諸商人は高利を貪らず、実直な売買が専要であると、不当に価格を吊《つ》り上げることの無いよう沙汰している。

また年貢に関しては、「年貢其外諸事旧慣《きゆうかん》に依り、米銀請払之節ハ、村役之証書等取附け、惣《すべ》て諸勘定之始末堅固ニ可被取糺《とりたださるべき》事、但、前々より行形《ゆきなり》（方言で慣例のこと）と候ても、人民苛刻に不堪趣《たえざる》も候ハヽ、精記儀之上、地下《じげ》之ため宜様改正不仕是非《ぜひつかまつらざる》事」（「慶応二年八月石州御用掛宛長州当役中覚」「石州大森長州本陣民政方沙汰控」）と、諸事旧慣によることを基本原則とするが、従来行われてきたもので民衆にとって苛酷なものがあれば、民衆のために良いように改正すべきとしている。

一定の民衆への配慮を示しつつ、基本的には諸事旧慣による方針は、以後、基本方針として石見国占領地の民政が展開されていった。

石州口戦争の小括　石州口戦争についてまとめておけば、次のようである。

（1）長州軍は、散兵戦術を駆使し、ミニエー銃による狙撃に習熟し、少ない人数を有効に活用することにより、封建制軍隊である征長軍を敗退させた。また、戦争の目的を積極的に情宣し、民衆に対する細かな配慮をすることにより、民衆の支持を得、兵站《へいたん》も順調に機能し、戦争を有利に進めることが出来た。

（2）福山藩軍は、一部西洋式装備であったが、基本は旧式の軍事編制であり、軍夫の逃亡などもあって、長州軍に敗退した。

（3）浜田藩軍は、旧式の軍隊であり、民衆の抵抗により軍夫の動員が順調に機能しなかった。

（4）石州口の和歌山藩軍は、旧式軍隊で、士気が低く、また石見国の民衆を虐待したため、民衆から追われる事態となっている。

（5）松江藩軍は、武器は最新の西洋式であったが、積極的参戦は行わなかった。

（6）鳥取藩軍は、武器は旧式であり、戦闘への出動がほとんどなかった。

（7）石見国民衆は、物価高騰の救世主として長州藩を支持し、征長軍の軍夫動員には抵抗運動を起こした。また、動員された後も、逃亡を繰り返し、征長軍の軍事作戦の遂行に支障を与え、長州軍が勝利する要因の一つとなった。

第六　小倉口戦争

一　田野浦・門司戦争

小倉藩軍の出陣　幕府は、長州藩が処分受諾の請書を慶応二年（一八六六）五月二十九日までに差し出さない場合は、六月五日から討ち入るよう各方面の諸藩に達した。小倉口は、小倉藩（藩主小笠原忠幹《ただよし》、実際は慶応元年九月六日死去したが、秘されていた。一五万石）、熊本藩（藩主細川韶邦《よしくに》、五四万石余）、唐津藩、福岡藩、久留米藩、柳川藩、佐賀藩等が討ち入る計画であった。

各藩の出陣した人数は、史料によって戦闘要員と軍夫の概念規定が異なるので、多様な数値が残されている。八月一日の小倉引き上げの節の人数は、熊本藩一万四〇〇〇人、久留米藩一〇〇〇人、柳川藩一〇〇〇人、唐津藩二五〇人、福岡藩（黒崎その他海岸防備）二〇〇〇人、佐賀藩（木屋瀬《きやせ》へ出張）三〇〇〇人となっている（「編年雑録」五八）。このあたりの数値が、ほぼ妥当な出陣人数と考えられる。

これを受けて小倉藩は、五月二十九日、大目付塚原義昌に、六月五日以前に長州藩との境界の海岸へ軍隊を繰り出しておきたいので、六月四日から出陣したいと、伺書を差し出した。塚原はこれを了承し、同日、小倉藩は六月四日から出陣することを藩内へ布告した（『豊倉記事』）。

六月二日、老中小笠原長行《ながみち》ほか大小目付は、九州路指揮のため広島を発し、三日夜、小倉城下に着陣した。幕府軍は、長行付きの六〇〇余人、大目付・目付・使番《つかいばん》・勘定吟味役・別手頭・千人頭・右筆・徒目付《かちめつけ》・小人目付の各上下、別手組《べつてぐみ》五五人、千人組二五〇人、合計一〇〇〇人余であった（『豊前小倉戦争記　筑前藩秘録抜抄』）。

六月四日、小倉藩は、田野浦まで出陣した。壱番手島村志津摩は古田野浦、三番手渋田見《しぶたみ》新は門司、六番手小笠原織衛は新田野浦、本陣小荷駄兼原主殿《とのも》・頭士平井小左衛門三十人組・高橋唯之丞三十人組は古田野浦を宿陣所とした。このうち平井・高橋の二隊は、ゲベール銃を装備した西洋式軍隊であった。さらに、五日、支藩新田《しんでん》藩（一万石）の小笠原貞正は、楠原《くすばる》村陣所へ、六日、分家の安志《あんじ》藩（一万石）小笠原幸松丸は楠原村の内小路陣所へ着陣した（『豊倉記事』）。

小倉藩先手の規模は、戦士二八〇人、雑卒三〇三人、陪卒四三三人、合計一〇一六人であり、この中には小荷駄奉行幷糧米運送夫、同警衛の者、炊出方普請方の者は含まれていない。また、装備は大砲二〇挺、小砲五二五挺であった。先手は三備《そなえ》で構成され、城下守備の三備と適宜交代した。小倉藩軍の実戦部隊は、先手《さきて》と守備隊を合計して二〇〇〇人を超える規模であった。

千人隊の小倉着陣　六月十四日、千人隊が、小倉城下に着陣した。千人隊は、八小隊で編制され、ミニエー銃を装備した西洋式軍隊であった。小倉口に従軍したのは千人同心砲術方であるが、以下、千人隊と略記する。千人隊は、慶応元年（一八六五）五月十日、八王子を出発し、閏五月十日、大坂に着陣した。この時は、千人頭二人に率いられ、組頭三九人、同心二六一人、計三〇〇人であり、八小隊と八人の太鼓方から成っていた。小隊は、司令士一人、半隊司令士一人、左嚮導《きょうどう》一人、右嚮導一人、兵士三二〜三人の編制であった。慶応二年四月八日、大坂を出発し、同月二十二日と二十七日に分かれて広島城下に到着した。さらに六月十四日、小倉城下に到着した。この時の人数は二三九人であった。

千人隊について、ここで戦争へのかかわりと戦争後の動きもまとめて記しておこう。六月十七日田野浦・門司戦争では、第八小隊司令士と兵士三名は偵察に赴き、同夜は、第四・八小隊は長浜に警戒のため出張した。その後は、小笠原長行の陣所警固にあたった。七月二十七日赤坂戦争では、第一・二・六小隊は、熊本藩軍の応援を命ぜられ、富野《とみの》山へ、第七・八小隊は小倉藩軍支援のため赤坂へそれぞれ出動し、長州軍に対し防戦に努めている。七月三十日、征長軍の撤兵にともない、千人隊は小倉を引き払い、豊後国鶴崎港から船に分乗し、八月十八日、松山城下に入った。十月十九日、松山を出発し、大坂を経て、十一月十八日、八王子に帰着した（『八王子千人同心史 通史編』、「御進発御供中諸事筆記下（慶応二年五月より十一月まで）」『秋川市史 史料集第九集』）。

長州軍の出陣　長州藩は、小倉口方面には、陸軍は奇兵隊、報国隊、正名《せいめい》団、磐石隊《ばんじゃくたい》などを配した。奇兵隊は、山内《やまのうち》梅三郎を総管としたが、名目的なものであり、山県有朋が福田俠平とともに軍監とし

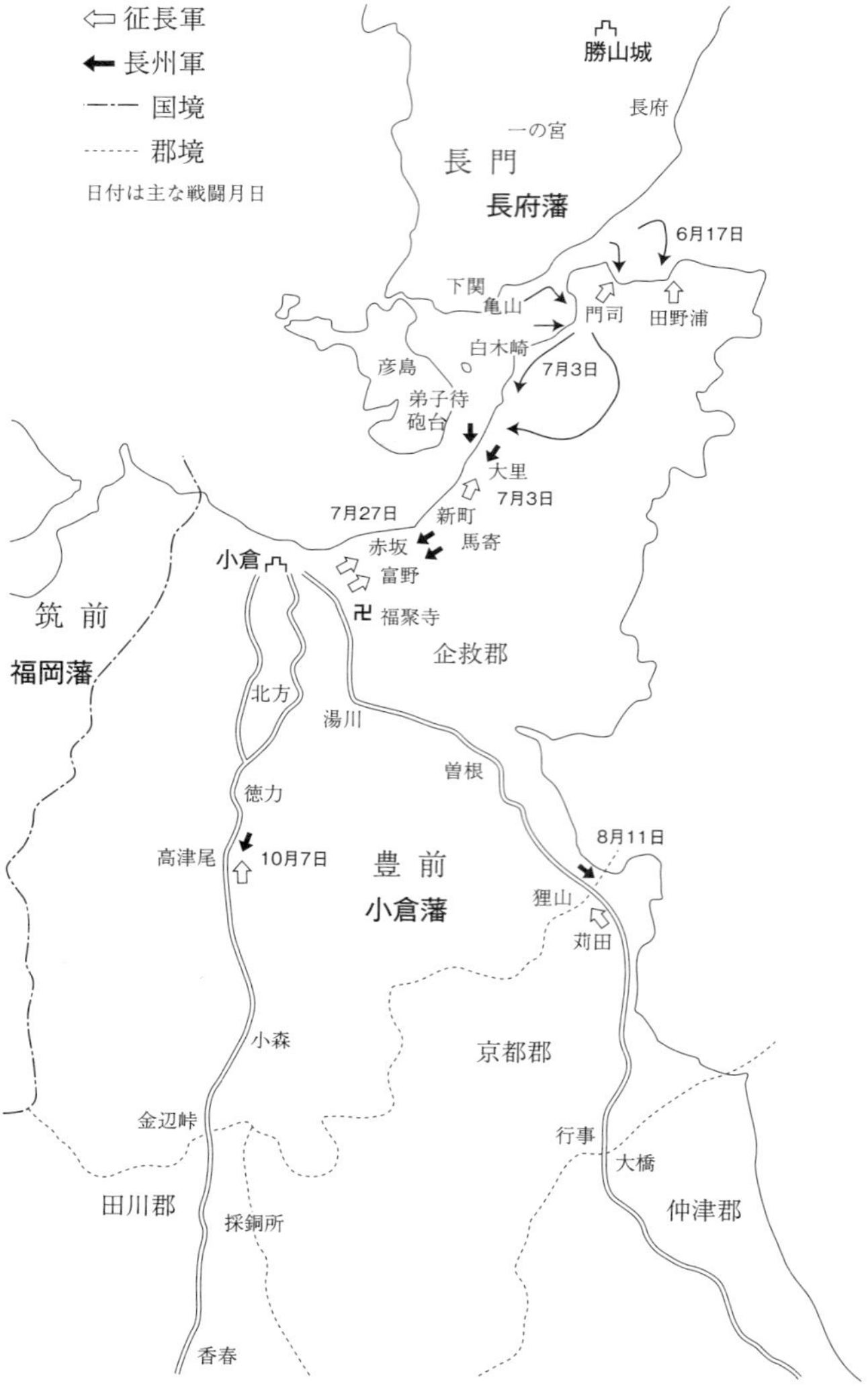
征長軍
長州軍
国境
郡境
日付は主な戦闘月日
勝山城
長府
一の宮
長門
長府藩
6月17日
下関
亀山
門司
田野浦
白木崎
彦島
7月3日
弟子待
砲台
大里
7月3日
7月27日
新町
馬寄
赤坂
小倉
富野
福聚寺
企救郡
筑前
福岡藩
北方
湯川
曽根
徳力
8月11日
高津尾
10月7日
豊前
小倉藩
狸山
苅田
小森
京都郡
金辺峠
行事
大橋
田川郡
採銅所
仲津郡
香春

図 24　小倉口戦争要図

て補佐した。奇兵隊の編制は、慶応元年二月の段階では図25のようであり、小隊単位の典型的な西洋式軍隊である。幕長戦争の段階ではさらに西洋化されていた。海軍は、表12のようであり、五艦すべてを小倉口に配したが、いずれも小型艦で、蒸気艦は二艦のみであった。また、山内は、小倉口方面の総指揮官の職務を行い、高杉晋作が参謀として補佐した。

六月四日朝、奇兵隊は司令士（司令官）中の会議で、明五日朝、一の宮へ移陣することを決定した。六月五日、奇兵隊総軍は、吉田の陣所を発し、一の宮に着陣した。総人数は七〇〇人余で、奇兵隊四二五人、正名団一五〇人、小者別当その他一二〇〜三〇人であった。

一の宮着陣後、奇兵隊への入隊志願者が相次いだ。六月六日、春日与七が再入隊を願い出た。また、船木宰判《さいばん》から石炭掘夫二〇名余が陣所に到着した。これは、四月二十日、石炭掘業の者が、「国恩之万一奉報度」として協力を申し出たので、本陣から報知があり次第駆けつけるよう申し渡しておいたことに応えたものである。以降も入隊志願者が続いた（『定本奇兵隊日記』中）。

長州藩村落の動向　村落においても、下関北部の海辺の村落長府藩領宇賀本郷《うかほんごう》では、「村少年、鍛忠の男辰次、政右の男、利吉の男等、逃れ出でて之に加わる」（「古谷道庵日乗《ふるやどうあんにちじょう》」八五、慶応二年六月十五日条。原漢文）と、報国隊に入隊する動きが見られる。

また、開戦した場合、征長軍が襲来することが予想される後背の村落では、農兵による警備が盛んに行われている。その様相を宇賀本郷の在村医古谷道庵は次のように伝えている。

軍監	参謀	書記	馬掛	常斥候	会計方	器械掛	輜重掛
2	4	3	3	1	3	9	4
69							

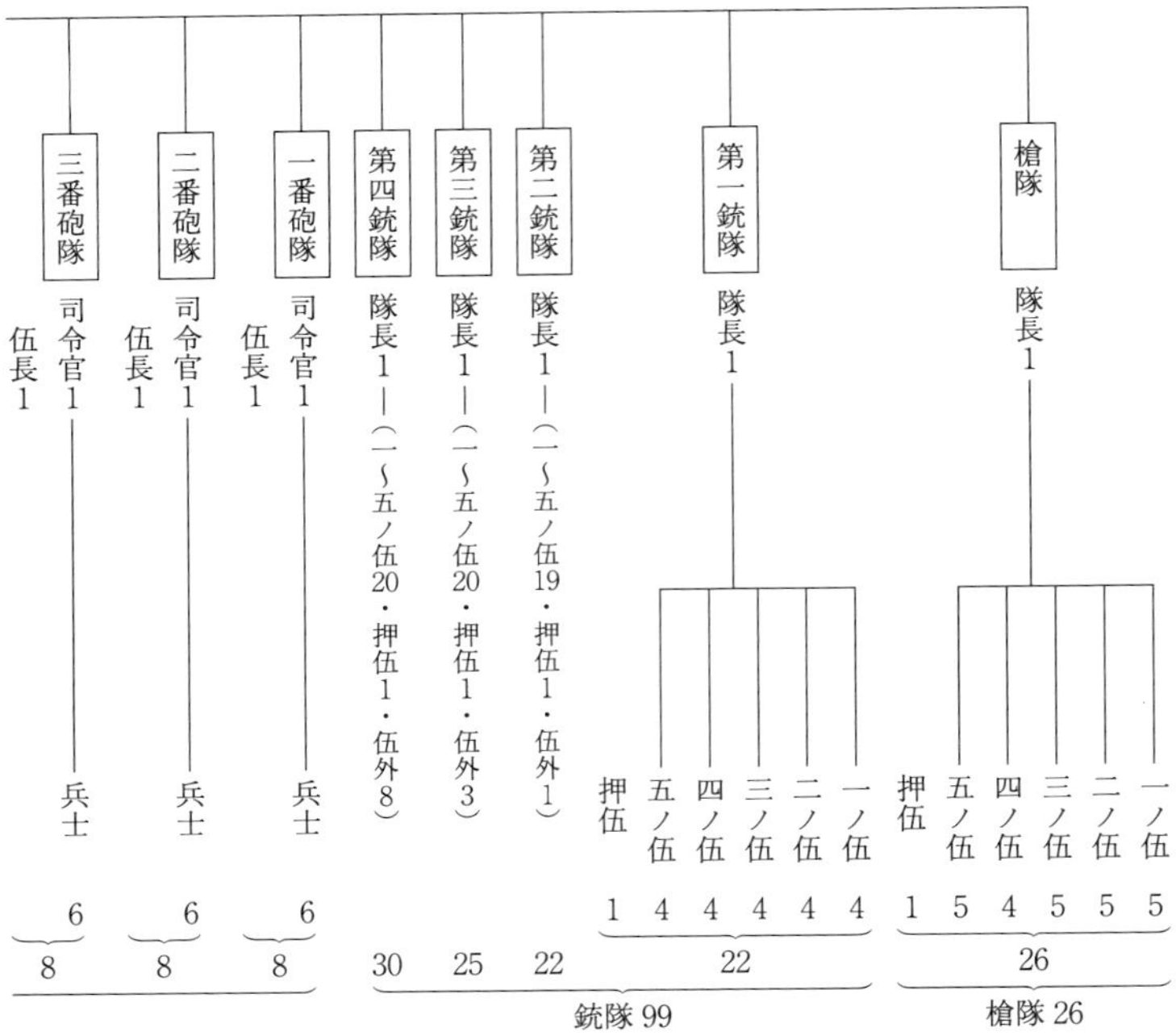

編幕末維新6』〔山口県，2001年，1102〜3頁〕から引用）

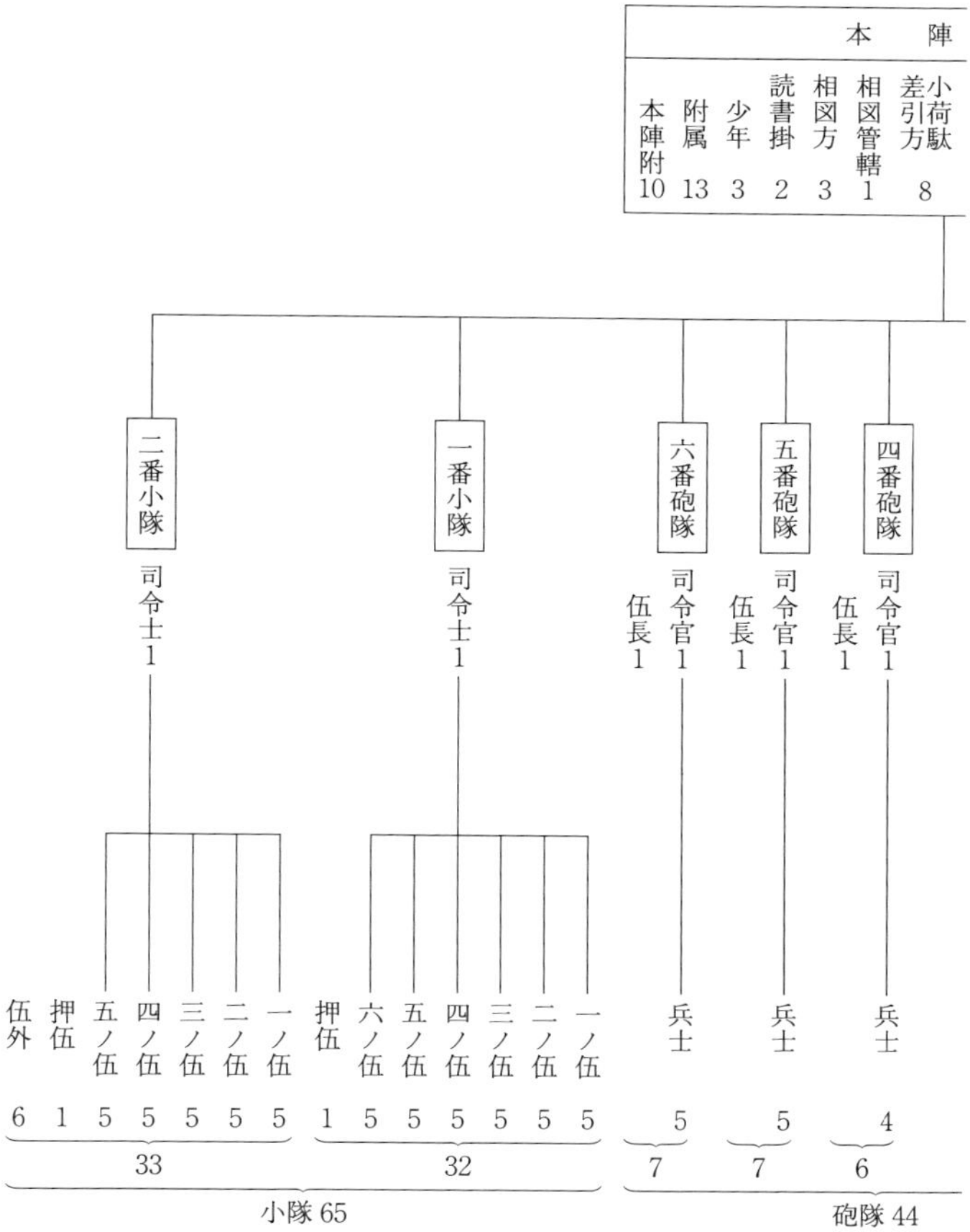

図 25　奇兵隊編制図（慶応元年 2 月，『山口県史 史料

6月17日	7月3日	7月27日
○	○	○
○	○	△
○	○	○
○	○	○
○	○	○

しげり』,「海軍歴史巻の23」

村銃等、川棚より返り、八幡宮の内に屯す。（中略）宇賀の銃手七十余人、八幡宮の前に屯し、湯《ゆ》玉《たま》以北、二見《ふたみ》の海岸に至るまでを守り、部を分かちて之を巡検す。其の他、川棚、吉見《よしみ》等の海岸、皆村銃之を守り、府卒之を督すと云う。（「古谷道庵日乗」八五、慶応二年六月十九日条）

さらに、「村兵、八幡宮に参り、銃方を試む。会するに方《あた》り、武人の用ふる所は、只銃のみ。其の他の弓鎗は、殆ど廃せり」（「古谷道庵日乗」八四、慶応二年三月三日条）のように、農兵の武器はすべて銃に変わっている。

また、軍夫の動員も、「凡《およ》そ村人の役に出づる者、毎日五七人、或いは十余人、三四日を経ずんば則ち返らず。一日にして返る者は、太《はなは》だ少なし。故に病妻弱児、草を刈り、田を耕せば、大いに苦しむ」（同右八五、慶応二年六月二十二日条）と、耕作をする上で困難だとしつつも、動員は何とか機能している。

軍夫をめぐる諸問題　幕長戦争は、近代戦争の様相を呈しているので、軍夫は重要な問題であり、かつ膨大な数にのぼった。長州藩の軍夫総数については不詳であるが、小倉口戦争の場合その一端がうかがえる数字がある。すなわち小倉口の軍夫を分担した支藩長府藩（藩主毛利元周《もとちか》、五万石）は、その夫役の延人数を四一万三八五六人、この米三一〇三石九斗三升、金二万一〇七五両三歩一朱余と計算している。そしてこの数字

表12　長州藩軍艦

艦名	種　　類	長さ(m)	幅(m)	排水量(t)	原名・購入代金等
丙寅丸	蒸気内車，鉄張製	36.9	4.5	94	オテントー，36250両
乙丑丸	蒸気内車，木造	45.6	6.6	300	ユニオン，5万ドル
癸亥丸	帆船，木造	33.5	8.7	283	ランリック，2万ドル
丙辰丸	帆船，木造	24.3	6.3	47	長州藩製造
庚申丸	帆船，木造	25.2	8.3	不詳	長州藩製造

（備考）「丙辰丸製造沙汰控」「艦船一件」（以上，毛利家文庫，山口県文書館蔵），『もりの
（『勝海舟全集』）により作成.

は、総夫役・米・金を平均して、本藩を一一分の七、長府藩を一一分の四に比例配分した推計値であるとしているから、本藩の夫役延数は一一三万六九六七人、米八五二七石二斗八升、金五万七八九八両余となる（「忠正公一代編年史」明治元年四月条）。四境の全体では膨大な数にのぼることが推測される。

長州藩に対し、小倉藩では、農兵の士気は高くなかった。田野浦警備に配備されていた農兵の日記によれば、農兵の中には、戦いのはじまる以前から、急病と称して勤務の交代を申し出る者があり、また、戦闘が始まると、小銃を山の中に隠し、小倉城下側の大里《だいり》へ向けて逃走している（『北九州市史　近世』）。

また、郡夫の交代を申し出る者が多く、六月十七日に戦争が始まると、動員された人夫も脱走し、その呼び返しが大庄屋中に通達されている。そして、「引取之者共、切捨候而も不苦段《くるしからざるだん》、是非追戻し」（『豊前国仲津郡国作手《こくさくて》永《なが》大庄屋御用日記』慶応二年六月十八日条）と、脱走者は切り捨てもかまわないとの強行策がとられた。また、村落に逃げ帰った者が、引き返さず背く場合は入牢《じゅろう》させ、もし隠れた場合は、妻子を代わりに入

牢させるとしている（同右）。

その後も交代を申し出る動きや身を隠す動きが続いた。七月三日の大里戦争では、四番備に差し出した人足三一七人が一人もいなくなり、皆逃げ去ってしまったので、炊き出しが大いに差し支えている。そのため近村から早く差し出すよう命じ、「無左右而者《そうなくては》、味方御勝敗ニ掛り」（同右、慶応二年七月三日条）と、炊き出し人足がいないことは、勝敗に関わる重要問題であるとしている。

人夫の逃亡は、小倉城自焼後においても続いており、戦争の勝敗に影響を与えたのである。

長州藩の応戦決断と戦争準備　六月七日からの征長軍による上関・大島攻撃に対し、六月十日夜、長州藩藩庁政事堂は応戦を決断し、三支藩および岩国藩など関係方面に伝達した（「柏村日記」）。下関方面には井上馨が派遣され、十二日、長府藩主に開戦を伝えた。

六月十四日夜、高杉晋作は大島郡から下関に帰った（「白石正一郎日記」『白石家文書』）。また、坂本龍馬も同日桜島丸（長州藩側の名称は乙丑丸《おっちゅう》）を率いて下関に来た（『定本奇兵隊日記』中）。

両者の間で、桜島丸の長州藩への引き渡しは、海軍局のある三田尻ではなく、下関で行うことがまとまり、十五日、久保松太郎は、乗組士官・水夫は下関へ出ることを海軍局へ命じるよう山口の藩庁政事堂へ願い出た。翌十六日、政事堂はこれを了承し、海軍局に対し、乙丑丸の受け取りを下関で行うことに変更し、士官・水夫とも早急に下関に行くよう命じた（「諸記録綴込」毛マ印）。部隊の配備などの総括的指揮は、藩庁政事堂が行っている。

図 26　九州小倉合戦図（山口県立山口博物館蔵）

六月十五日、奇兵隊軍監山県有朋は、一の宮を出発して下関に行き、高杉晋作と協議して小倉攻撃の方略を定めた。

六月十六日朝、山県は高杉を伴って一の宮に帰陣し、海陸軍の攻撃部署を議定し、隊長・押伍《おうご》を集め、豊前攻撃を密命した。高杉は直ちに長府毛利家に至り、小倉藩襲撃の策を述べ、長府藩の出軍を画策し、報国隊が出陣することになった。報国隊は、六小隊で編制されており、この内、四小隊が従軍した（徳見光三『長府藩報国隊史』）。

田野浦・門司戦争　六月十七日午前三時、奇兵隊総陣は一の宮を出発し、下関に至った。海軍はすでに午前二時半に出港し、蒸気軍艦丙寅丸《へいいん》は帆船癸亥丸《きがい》を引き、帆船丙辰丸《へいしん》は風潮に随《したが》い、田野浦沖へ碇泊した。蒸気軍艦乙丑丸は帆船庚申丸《こうしん》を引いて門司沖に碇泊した。午前六時前に至り、田野浦と門司の小倉藩軍の営舎をめがけて砲撃した。小倉藩軍の砲台からも大砲を頻りに撃ち出した。

午前七時、陸軍先鋒の奇兵隊第一・六銃隊、一小隊、一番砲隊、報国隊一小隊が小舟に乗り浜手に押し寄せた。上陸するや否や無二無三《むにむさん》に衝突した。敵との距離二三間まで進み、散々に打ち退け、遂に本陣を乗っ取り、山手に登り砲台を奪い取った。そして奪った弾薬を用いて小倉藩軍の陣中へ撃ちかけ、所々を放火したところへ、奇兵隊第二・三銃隊、二番砲隊、正名団一小隊、報国隊一手が渡海した。

小倉藩軍の残兵がなお山間から時々発砲した。長州軍は、人数を分けて狙撃した。小倉藩軍は退却し、守る者は一人もいなくなった。長州軍は、小倉藩の渡海用の船一〇〇〇余艘を焼き払い、兵を分けて門司口へ進んだ。一手は海浜から進み、早鞆《はやとも》山上に登り、三砲台を奪い取り、一手は渓谷の間に出て、小笠原貞正の陣所へ押し寄せ、残らず焼き払い、ともに門司関で合流した。田野浦を守るのは報国隊一手のみとなった。ここにおいて合図をもって中軍に報知し、中軍の一手はことごとく下関を出発した。すなわち奇兵隊第四・五・七銃隊、本陣詰一手、第三・四番砲隊、正名団二小隊はともに門司関に至った。

午後二時、海軍から使節を遣わし、下関へ引きあげることを諮《はか》った。この勢に乗じて大里を襲うべきだとする意見もあったが、暫く退いて時を見て進撃することに決定した。そのことを海軍に報じ、午後四時過ぎ、門司の人家に放火し、先鋒から順々に下関に帰った。なお門司・田野浦の人家焼失に

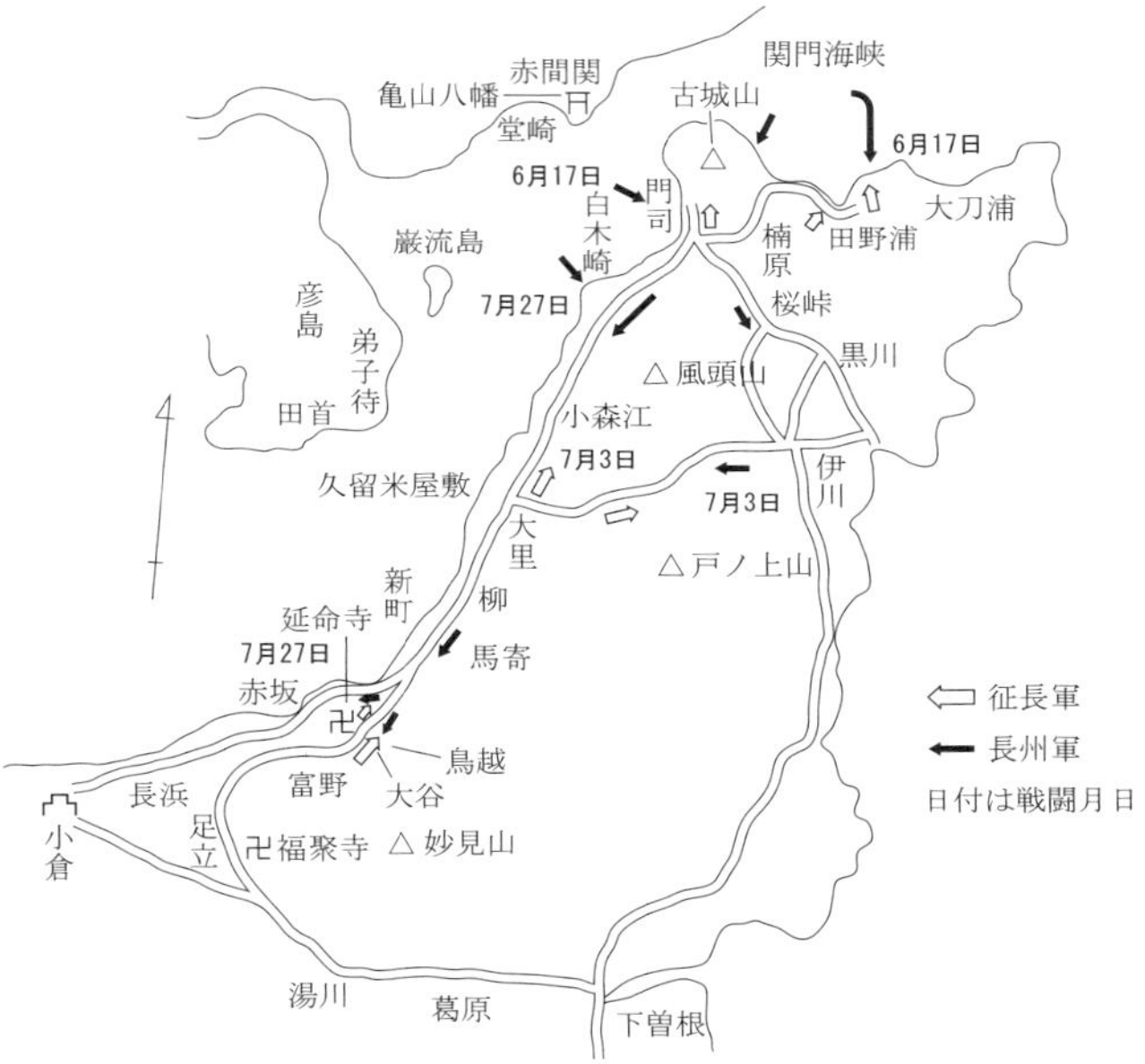

図 27　田野浦・門司戦争，大里村戦争，赤坂戦争要図

ついては、民衆が困窮するので、戦争が終わり日常へ回復した後は修復するとの一書を残した（「四境戦争一事　馬関口」）。放火は、征長軍が最初に大島を放火したため、以降の戦争において長州軍が放火するきっかけとなった。

長州軍の散兵戦術　長州軍の戦術の特徴は、散兵戦術であった。奇兵隊小隊長武広九一は、田野浦上陸後、「各々散兵にて戦争に及ぶ」（『戊辰戦争従軍日記』）と、日記に記している。小倉口戦争でも長州軍は散兵戦術を駆使した。

乙丑丸を率いて長州軍に加わった坂本龍馬は、散兵戦術の意義について次のように記している。

銃にて久しく戦時ハ、必そこに拾人、かしこに弐拾人、或ハ三四拾人斗《ばか》り、名々（銘々）人の蔭により集り候。是ハ戦になれぬ者にて、か様ニなり候方ハ、いつも死人多くなり、まけ申ものにて候。強きものハか様にハならぬものにて候。先年英人長州にて戦しに、船より上陸すると、ばらばらと開き、四間に壱人宛斗りに立並び候

（慶応二年十二月四日付、坂本権平宛坂本龍馬書簡『坂本龍馬全集』）。

坂本は、散兵戦術の意義を高く評価し、元治元年（一八六四）下関戦争におけるイギリス軍の戦法を引用して、西洋式戦法の特質である散兵戦術の有効性を指摘している。

これに対し、「小倉ノ兵、戦ヲ習ハズ、諸人楯ヲ取リテ、アチコチニ集リ、海上ヨリ見ルニ、至テ見苦シ」（同右）と、小倉藩の兵士は、戦術を習っておらず、人の陰に隠れようとして寄り集まってしまうと、その弱点を指摘している。

また、報国隊の戦闘について、小隊長伊佐順助と内藤省市郎は、「海岸ニ隊ヲ二行ニ引テ、左右ヲ射シテ登ル。自ラ真先ニ立、隊長ノ旗ヲ振リ、号令シ進ム」（同右）と、小隊長が、先頭に立って率先して進撃する戦法をとっていることを記している。この戦法は、後に続く兵士への信頼がないと成立しえないものであり、これが実践できていることは、小隊長と兵士の信頼関係が確立していることを物語っている。

小倉藩軍の敗因　小倉藩軍の敗因について、幕府大目付は、小倉藩は、器械が乏しく、大砲はボー

トホーウイッスル砲が多く、小銃は火縄銃が多く、甲冑、小具足、重藤《しげとう》の弓などにて、埒《らち》があかずそのためにわずか三〇〇人ほどの奇兵隊に敗れてしまったと報告している。また、上陸した長州軍の総数は八〇〇人ほどとみている（「昭徳院殿御在坂日次記」『続徳川実紀』第四篇）。

一方、長州藩側は、小倉藩の装備は、「仏蘭式本込等之名器、幕府より借し与へし者と見ユル」（「四境戦争一事　馬関口」）と、最新式の兵器が含まれているとしている。要するに、兵器は立派でも、使いこなせていないのである。事実、小倉藩側の史料には、砲弾を撃ちきり、弾薬がすぐに底をついて、大砲が使用できない状態に陥っている記事が多く見られる（『豊倉記事』）。弾薬の補給体制が確立されていなかったことが原因と考えられる。

二　大里村戦争

大里村戦争　七月二日午後二時、奇兵隊は一の宮の陣営において隊長中が会議し、明朝を期して小倉領内へ進撃することを議決した。その方略は、①幕府軍艦富士山《ふじやま》丸への奇襲、②彦島砲台から対岸の大里《だいり》への砲撃と陸軍先鋒一の手の門司上陸と進撃および二の手の渡海、③大里への海側・山側からの攻撃と曽根口の押さえ、④下関の後詰め、であった（『定本奇兵隊日記』）。以後、ほぼこの方略に沿って作戦が展開された。

富士山丸奇襲は、報国隊五人と庚申丸水主が、上荷船に三貫目大砲三挺を積み込み、七月二日薄暮から出船した。商船の姿を成し、暗闇に乗じて密かに漕ぎ寄せ、富士山丸の蒸気機関を狙い、およそ七〜八間の距離から撃ちかけた。富士山丸が狼狽しているうちに軽船に乗り換えて帰った（『定本奇兵隊日記』）。富士山丸は一〇〇〇トン級の軍艦で堅固にできており、機関を破壊することは出来なかったが、心理的威圧を与えることになった。

三日午前二時半、この三発の砲声を聞くや否や、彦島砲台の二〇拇《ボンド》臼砲・一五拇長身忽砲《こつぼう》（ホイッスル砲）・六貫目筒七〜八挺が大里を砲撃した。また、後詰めの高田健之助一手が彦島に出張した。陸軍は、先鋒大手として報国隊三小隊、磐石隊一隊、奇兵隊二銃隊、予備の正名《せいめい》団一小隊、先鋒搦手曽根口として奇兵隊二銃隊、同二砲隊、臼砲二挺、予備の一銃隊が、亀山下の堂崎《どうさき》から乗船し、未明に門司に着船した（「白石正一郎日記」によれば、先鋒はおよそ六〇〇人）。

夜明けとともに大手・搦手ともに進軍し、午前八時、大里に至り小倉藩軍と互いに砲撃を交えた。小倉藩軍は、砲台に拠り、野戦砲ならびに小銃を頻りに撃発した。長州軍は兵を三手に分け、一は本道、一は浜手、一は山手田道から一同鬨《かちどき》をあげて進撃した。左の山手から小倉藩軍は大砲・小銃を撃ちかけたが、長州軍は無二無三《むにむさん》に突入し、小倉藩軍は砲台を捨てて敗走した。激戦になるに従い、長州軍は、「散兵ニ備、急鼓を鳴し、無二無三に突入」（「四境戦争一事　馬関口」）と、散兵戦術を使用した。

小倉藩軍が敗走した後、大里の人家を放火し、暫く休息する処、遊軍の奇兵隊一銃隊・正名団一小隊・長府銃隊などが到着し、また搦手の総勢力が来り会した。この勢力は、梶ケ峠を越え、所々で戦い、三里余を経て大里へ進入した。午前十一時、戦いで疲労した部隊から順々に門司へ引き揚げた。

中軍は、本陣は奇兵隊二銃隊、剣銃小隊、正名団三小隊、長府一小隊とも門司関へ渡海し、田野浦、桜峠などに押さえの兵を出し、半分は大里へ進んだ。作戦が完了し、総勢は門司あるいは大里から各乗船し、正午全軍が下関に帰った(同右)。

海軍は、庚申丸、丙辰丸、丙寅丸の三艦は、大里沖へ進み、幕府軍艦富士山丸、順動丸、翔鶴丸と砲撃戦を展開した。また、陸軍の渡海と引き揚げに際して、防備の役割を果たした。午後四時、三艦とも下関に帰港した(同右)。

征長軍の動向　対戦した小倉藩軍は、二番手渋田見舎人《しぶたみとねり》備、四番手中野一学備、五番手鹿島刑部《ぎょうぶ》備が応戦したが、苦戦した。小倉から小笠原貞正の備も繰り出し、小笠原幸松丸の人数および小荷駄備砲隊も加わり戦った。長州軍は、前述のように作戦に従って大里に引いたが、小倉藩軍は他の応援軍が来ないため、鳥越から赤坂辺までに引陣を張った。休息の後、長州軍を追い返すとの軍議に決し、小倉から応援の一番手島村志津摩備ほかと渋田見舎人備が申し合わせ、午後四時過、大里へ押し出した。長州軍は一人も残っていなかった。時はすでに黄昏《こうこん》に向かい、夜軍は遠慮すべしとの軍目付《いくさめつけ》の指揮により、赤坂の陣所に引き取った。

この日の戦争において、熊本藩軍は、上鳥越から富野村まで備え、千人隊は、海岸山越し町に備えていたが、戦地からの応援の依頼に対しても、出勢がなく、小倉藩は一手のみで苦戦したと述べている（『豊倉記事』）。

大里戦争の勝利は、長州藩の士気を高揚させた。この中で、先大津宰判《さきおおつ》屯集の毛利左門の手兵五〇人が、参戦志願のため、七月五日、下関新地《しんち》へ出張してきた。これは無断の行動であったので、七月六日付で伊崎《いざき》都合役《つごうやく》内藤清兵衛は藩庁政事堂へ報じ、対応の仕方を請うた。藩庁政事堂は、毛利左門は大津郡の応援の手組であるため、もとの屯集地へ帰陣させ、万一援兵を必要とする場合は、下関から直ちに命ずるようにすべきと回答している（「四境戦争一事　小倉口」）。部隊の配備は、藩庁政事堂が統一的に指揮していることがわかる。

三　赤坂戦争

赤坂戦争　七月二十六日朝、奇兵隊の司令士中は会議し、再び大里《だいり》を攻撃し、小倉城下へ進入する策を立てた。その策は、海軍による白木崎《しらきざき》から大里までの砲撃のもと、陸軍先鋒が白木崎から上陸し、攻撃の後、砲台を築き、曽根口を固め、機会を見極めて小倉へ進撃するというものであった（『定本奇兵隊日記』中）。小倉城下に入るためには赤坂を越えなければならないが、山がすぐに海に迫り、そのわずかの地を長崎街道が通っているという難所であった。

七月二十七日午前五時、彦島砲台から対岸を砲撃し、続いて各軍艦が下関を出帆した。庚申丸は弟子待沖《でしまつ》、癸亥丸はそれより六・七丁手前の沖、丙辰丸は大里沖へ碇を投じた。丙寅丸は、始終運転した。さらに各艦から砲撃した。午前七時、奇兵隊その他が渡海し、陸軍が砲撃を開始した。器械を損傷して出帆が遅れていた乙丑丸は、午前十時、下関の南部沖《なべ》を解纜し、大里沖を砲撃した。追々深入したが、また蒸気機関が不具合となったため、急いで下関に帰った。

征長軍は、赤坂砲台そのほか長浜辺りから長州軍を砲撃した。また富士山《ふじやま》丸、回天丸、小倉藩の飛龍丸の三艦は、互いに出没して長州軍を砲撃した（「四境戦争一事　馬関口」）。征長軍軍艦の艦砲射撃により、長州軍陸軍は、「船手より大砲を打懸、進退不自由、応援の兵道をタ、レ、先鋒銘々《（ママ）》苦戦致し」（「白石正一郎日記」慶応二年七月二十七日条）と、苦戦している。

長州軍の陸軍は下関に集合し、先鋒奇兵隊四小隊、野戦砲二門、報国隊三小隊、野戦砲二門、長府兵二小隊、山内《やまのうち》梅三郎一手一小隊、高田健之助一手一小隊、毛利左門一手一小隊は、ともに堂崎《どうさき》から乗船した。日の出頃、陸軍は白木崎へ上陸し、曽根口・桜寄・殿上山などへ押さえの兵を出し、小倉本道先鋒四小隊、二砲門を三手に分け、二砲門は浜手口に、報国隊二小隊は本道から大鳥越に攻め入った。奇兵隊二小隊は、馬寄《まいそ》村へ押し寄せ、暫く激戦し、四砲台を乗っ取った。うち一小隊は大鳥越に進み、報国隊と合併し、各嶺上に登り戦った。

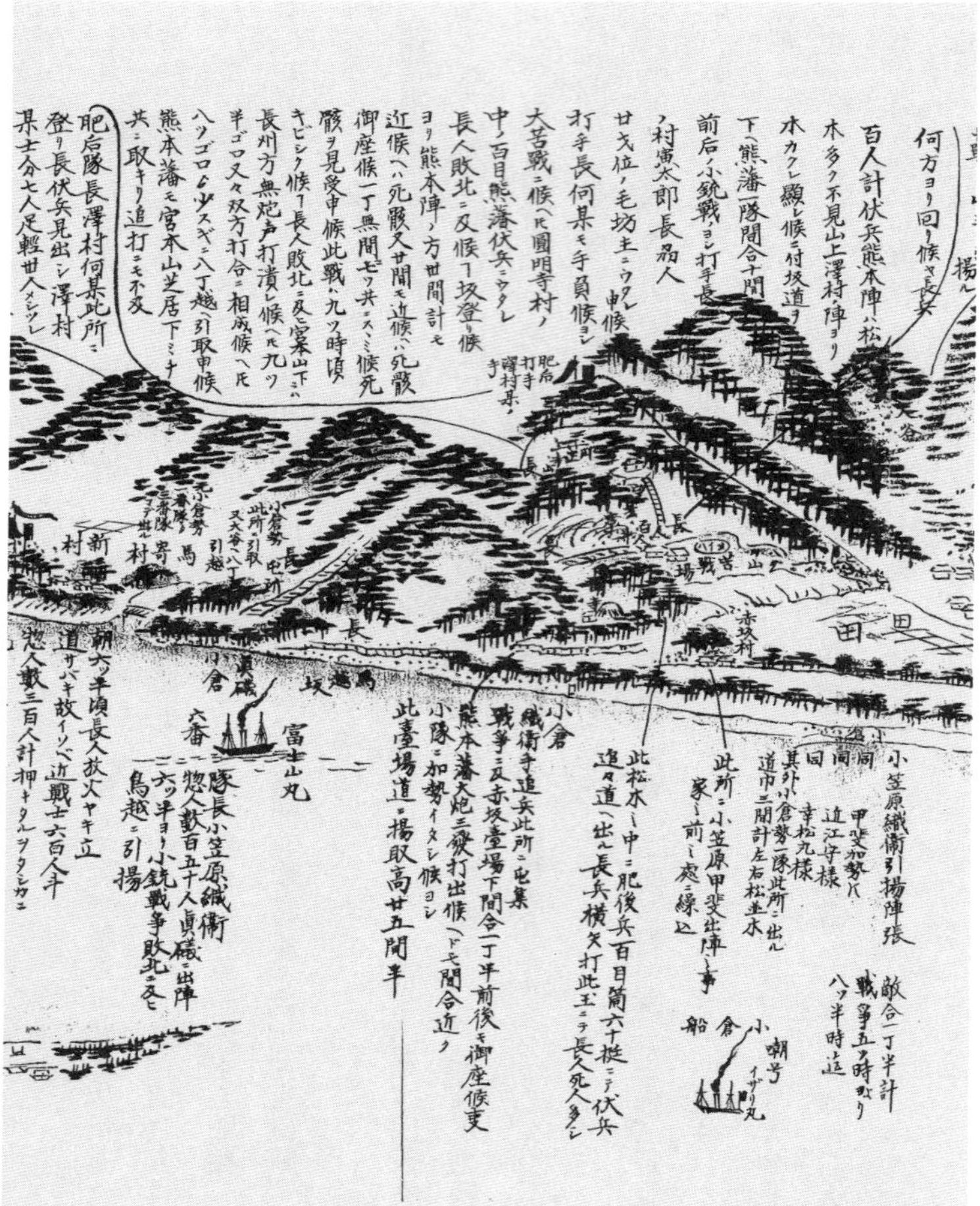

「長征合戦絵図」，東京大学史料編纂所蔵)

図 28　赤坂戦争図（「大日本維新史料稿本」所収

長州軍の中軍遊兵はすでに渡海し、直ちに大里に進み、大鳥越そのほかが困難な状況に陥っているとの急声を聞き、二三小隊宛たびたび援兵を繰り出し、ついに八小隊に至った。しかし、熊本藩軍は、延命寺山の高地に砲台を築き、地形の利に拠り、大勢で防ぐため容易に攻め落とせなかった。とりわけ奇兵隊小隊司令士山田鵬輔《ほうすけ》は一手を率い、大鳥越から左の山中に入り、間道の熊本藩軍の砲台下に進み出て、真っ先に険しい坂を登り、砲台に乗り入ろうとする時に銃弾に当たって討ち死にした。

また、別に一手をもって大谷越に出し、熊本藩軍の横合いに突き入ろうとしたところ、すでに迎撃の備えをしており、大激戦となった。

さらに幕府軍艦三艘が新町沖に碇泊し、大里と赤坂の間を砲撃した。

浜手、大谷、大鳥越の三手の長州軍は間隙なく戦い、午前六時から午後四時に至り、死傷者もついに一〇〇余人に上った。大いに疲労し、日も西山に沈もうとした。よって先陣から順々に大里へ引き揚げ、海軍、船木《ふなき》大隊、好義隊などをもって大里を守らせ、総軍は下関に帰った（『定本奇兵隊日記』中）。

この戦争での長州軍の死傷者は、即死一八人、負傷一〇〇人を越えた（「四境戦争一事　馬関口」）。幕長戦争において最大の犠牲者をだした。

熊本藩軍の軍備　赤坂は小倉防備の要であり、小倉藩軍を追撃して小倉に向かった長州軍は、赤坂を防備していた三〇〇〇人余の熊本藩軍と激突する形となった。熊本藩軍は、戦争の様子を次のように記録している。

午前七時、長州軍が新町口まで進み来たり、すでに道程八・九丁の間合いになったので、ライフルカノン砲（アメリカ式車台大砲で大型実弾を発する野戦砲。砲身四尺余、口径二寸八分）で砲撃した。長州軍は、二手に分かれ、一手は裏手の鳥越八丁坂に向かった。一手は、小倉藩軍を追って、本街道清水地蔵まで大砲を押してきて、砲撃に取りかかった。熊本藩軍は、拒馬台（百目筒、口径一寸三分、鉛丸を発す）をしきりに連発した。これにより長州軍の隊列は崩れ、大砲は取りかかる間合いもなく、清水地蔵上手の山中に入り、山間深樹の内から、もっぱら小銃を放って進んできた。敵間が二丁余りになったので、拒馬台による砲撃が効果をあげた。しかるに長州軍は、蒸気軍艦から破裂丸を絶えず撃ちかけてきたので、熊本藩軍は、ライフルカノン砲で応戦し、一発は蒸気釜の辺り、一発は艦に当たったのか、この艦は午前十二時過ぎ頃から大里沖へ引き退いた（「上野原竃　小倉戦争御目附御横目聞方写」）。

これ以外にも、熊本藩軍は、ホット砲（アメリカ式車台大砲。丸形空弾破裂を発す。口径四寸）やライフル砲（アメリカ式野戦砲。施条砲。尖形実弾）を駆使している（「維新関係重要文書集所載狩野書類、佐田文書」『改訂肥後藩国事史料』六）。

熊本藩軍は、ライフル砲やホット砲を砲台に据えつけて、地形を利して防備したため、小さな野戦砲のみの長州軍を圧倒した。しかし、長州軍の戦法について、次のようにその散兵戦術を印象深く記録している。

敵軍之儀は、土台地理委敷《くわしく》、山間九十折（九十九折《つづらおり》）之小道ニ至迄熟知いたし居候由ニ而、茂ミ之ケ所々々、或ハ薄茨之内抔《など》えも人数を配り、鯨波を発、勇気を励し、西洋散兵、相図之笛太鼓を交、炮玉之目付を避候ため歟《か》ニ而、暫も立場を定メ不申、銃隊指揮いたし候者抔ハ、別而《べっして》あちこちと縦横いたし、山手顚ハ之所抔《など》ニ而は、伏而采配《さいはい》を振、或は樹裏山蔭ニ而炮玉を除《よ》ケ、手強炮発いたし

（「上野原竈　小倉戦争御目附御横目聞方写」）

このように、長州軍が広く散開し、射撃時に発する白煙を目当てに撃たれるのを避けるため、同じ場所に留まらず、縦横に移動しつつ樹木や山陰から射撃してくると記している。

そのため現在の軍備では不充分であるとし、熊本藩家老長岡監物《けんもつ》は、七月二十七日、熊本の家老・中老宛に、赤坂戦争後も長州軍の襲来の恐れがあるので、三番手の繰り出しを願い、とりわけ銃一〇挺に熟練の隊長一人宛添え、都合二〇〇挺を急いで小倉に差し越すよう依頼している（「長州再征帳」『改訂肥後藩国事史料』六）。

熊本藩は、長州軍を圧倒したものの、西洋式軍制の採用に関しては、藩士の抵抗が強く、導入が遅れていた。そのため細川護美《もりよし》（熊本藩主細川韶邦《よしくに》の弟）は、赤坂戦争の長州軍の戦法に強い関心を示し、「洋銃之利器誠ニ関心（ママ）仕候、幸先頃ライフル小銃数挺買入、今般惣人数ニ分配仕置候ニ付、旁《かたがた》都合宜敷、乍《さりながら》去長人モ敗走之中ニモ、発砲操練之模様モ感心仕候」（「慶応二年八月八日細川護美書状」『改訂肥後藩国事史料』六）と、長州軍の退却しながらも発砲する戦法に感心している。

なお、熊本藩は、遅ればせながら、明治元年三月十三日、正式に軍制改革の令を下した。しかし、藩内の抵抗は強く、難航した。同年六月十八日になって、従来の六組の備を解体し、御番方および足軽隊の編制替を断行して、軍制改革の第一歩を実行に移した（森田誠一「幕末・維新期における肥後熊本藩」『明治維新と九州』）。

赤坂戦争で多くの死傷者を出したにもかかわらず、長州軍の士気は衰えなかった。翌二十八日、高杉は白石正一郎らと大里の浜久留米屋敷跡入江から上陸した。また、船木兵二〇〇人余が大里へ渡り、そのほかの小隊も大里の本道また山手の所々へ台場を築き、防御の用意をした。さらに、大里の町中に大篝火《かがりび》を焚き、夜の廻番をした（「白石正一郎日記」）。

四　小倉城自焼とその後の戦闘

小倉城自焼　七月二十九日朝、小倉藩は明日大里《だいり》へ向けて総掛かりで攻め入りたいとして、熊本藩本陣へ合同して備《そなえ》を編制するよう依頼した。熊本藩は、一列備に加わることはできないが、応援の人数は差し向けると回答した。しかし、三十日昼前から熊本藩軍は固所《かためしょ》の引き払いを開始した。撤兵理由は、熊本藩のみでの単独戦争に陥ることを恐れたことが主たる理由である。

固所の警衛がいなくなったので、小倉藩は、赤坂村に詰めていた千人隊、別手組へ熊本藩軍の跡へ繰り込むよう談判に及んだ。これにより両隊は赤坂延命寺山の下まで繰り込んだところ、小笠原長行《ながみち》の陣営から早々に引き取るよう申し越してきたので小倉城下に引き取った。小笠原長行は、三十日暮過ぎ、小倉の陣営を脱し、諸藩軍も次々に撤退の動きを開始した。

三十日夜、小倉藩は総軍議を開いた。そこで、小笠原長行をはじめ軍目付《いくさめつけ》は本営を引き払い、付属の兵も立ち去り、また諸藩の兵も立ち去ってしまい、孤軍の状況となったので、いったん小倉城下を退いて、要地に拠って戦争することに評決した(『豊倉記事』)。

翌八月一日早暁、軍議の結果を諸備その他の一統へ触れた。諸兵が蒲生村近傍に退く頃、小倉城および諸屋敷に火を放ち、その中を田川郡に向かった(同右)。

民衆による打ち壊しの展開　小倉藩が撤退し、権力の空白状況が生じると、それまで抑圧されていた民衆の打ち壊しが小倉藩領のほぼ全域にわたって発生した。八月一日夕刻、京都《みやこ》郡苅田《かんだ》村から一揆が蜂起し、庄屋宅などを打ち壊し、さらに在郷町の行事《ぎょうじ》に押し寄せて町家多数を打ち壊した。翌二日、一揆勢は行事に結集し、水帳《みずちょう》(検地帳)の焼亡を目標に庄屋宅を打ち壊した。それから二手に分かれ、一手は久保新町へ、他の一手は矢山村付近へ向かった。

これに対し小倉藩は、郡代を出動させて鎮圧し、一人を銃殺、九人を逮捕、うち三人を直ちに斬首した。一揆は、二日、仲津・築城《ついき》・上毛《かみげ》郡にも波及した。仲津郡では、村役人・徳人《とくにん》宅を打ち壊し、支配関係の諸帳面や貸し付けの帳面を焼き払った。築城郡でも同様の打ち壊しが行われた。大庄屋から筋奉行へ鎮圧要請があったが、翌四日、鎮撫役人の出動前に一揆は静まった。一揆は、上毛郡でも庄屋・徳人・富商を打ち壊し、米銀品物や預かり書を取り上げた。

長州軍に占領された企救《きく》郡では、八月四日津田手永《てなが》で騒動が起こり、大庄屋・庄屋・徳人・商人を打ち壊したが、長州軍が兵威を示し、かつ慰諭して鎮圧した。小倉藩庁が移転した田川郡でも、上野新町で不穏な動きがあったが、直ちに鎮圧された。打ち壊しの主体について、小倉藩は、小前難渋の者であると認識している。彼らが、政治権力の空白状況が生じたなかで、施行などによる生活困窮の救済を求めて豪農層を打ち壊したのである（宮崎克則「戦争と打ちこわし―慶応二年豊前小倉の打ちこわしを素材に―」『新しい近世史5　民衆世界と正統』）。

小倉藩の防戦体制と長州軍の渡海　八月二日朝、小倉藩は田川郡採銅所《さいどうしょ》において総軍議を開き、防戦の手配《てくば》りをした。それによれば、小宮民部、小笠原甲斐、原主殿《とのも》は採銅所に陣所を据え、さらにそこより内陸の盆地である香春《かわら》町を本陣として小笠原内匠《たくみ》が指揮し、小笠原貞正は五徳山真行寺に拠り、島村志津摩の一手は香春への入口にあたる金辺《きべ》峠を固め、採銅所から香春町に至る間は小笠原織衛が指揮するなどして香春街道の要衝を押さえ、田川郡の防備を固めた。それとともに、海岸部の中津街道の要衝である京都郡狸山《たぬきやま》を固めた（『豊倉記事』）。以後は、この金辺峠口と狸山口の二方面において戦闘が展開されることになった。

これに対し、長州軍は、八月一日、高杉と山県は下関を発し、大里へ渡り、小倉城自焼の実否を探り、夕方下関に帰着した（「白石正一郎日記」）。

八月二日午前十一時、長州軍は海陸軍とも小倉へ押し出した。陸軍は長浜口、海軍は小倉沖川口から十二時頃、小倉城下に入った。

三日、小倉藩からの分捕り品を点検すると「元来十五万石不似合器械其外極品多く致所持、銃砲弾薬ハ大概《たいがい》舶来物多シ」（「四境戦争一事　馬関口」）であった。したがって、装備は西洋式の新式のものもあったが、それを生かし切る軍制になっていなかったことが、敗因につながっていると考えられる。

小倉藩の残留兵器について長州軍が調査したものの一部によれば、鍛鉄巻張製本込ライフルカノン木製野戦砲車二門、同口込ライフルカノン惣鉄野戦砲車一挺、同木製野戦砲車二挺、アメリカ式ボート体口込ライフルカノン鉄製野戦砲車一二挺、フランス式忽砲《こつぼう》（ホイッスル砲）三六挺、アメリカボート砲四挺、一二ポンド臼砲二二挺、八〇斤ヘキサンス短ホンヘンカノン一挺、二四斤長砲三挺、一八斤長砲二挺、六斤重短砲一挺、銅和製施条砲二挺、鉄造六斤船用砲二挺、三貫目長重砲一挺、三百目以下和砲一二挺、前行車四個、右諸砲の弾薬、鉛、硝石、小銃（ミネール、ヤーケル、ケフヘル）三〜四〇〇挺と弾薬とおびただしい量にのぼっている（「四境戦争一事　小倉口」）。

小倉藩軍と長州軍の戦闘　狸山口の小倉藩軍は、八月十日午後二時、兵を二〜三手に分けて長州軍の曽根口屯所へ進撃した。長州軍は迎え撃って小倉藩軍を狸山まで撃退させ、曽根村へ引き揚げた。翌十一日、長州軍は追討戦を展開することになった。午前四時、長州軍は奇兵隊・報国隊・厚狭《あさ》一手・国司《くにし》一手・山内《やまのうち》一手の合計八小隊は、三手に分かれて進んだ。中津街道本道の軍は、小倉藩軍の砲台から砲銃が雨の如く発射されるなか、急いで散兵隊となり、直ちに砲台の麓に進入した。海陸両手の軍は、小倉藩軍の左右を撃ち、三道から等しく進戦した。小倉藩軍は火を放って退却したが、長州軍の後方の下曽根村でも火の手が上がり、長州軍は後方を突かれ、兵糧運送人夫などに多数犠牲者を出した。このため長州軍は葛原まで後退した（同右）。この戦争においても、長州軍が散兵戦術を駆使していることが注目される。

これらの戦闘を実見した民衆は、「双方取合ニ及、足場宜相成候方声を揚候て押駆候由、スハ敗軍と見え散々ニ相成候得は、田之畔、畑之畔、木陰、物陰ニ伏し、方々より鉄砲を打出し、又敵を悩し、随分見事ニ有之《これある》なり」（中津浦船頭喜代治口上聞取「編年雑録」五七、慶応二年八月条）と、散兵戦術の見事さを伝えている。

同日、金辺峠口の小倉藩軍は、本隊を高津尾村まで前進させた。高津尾村は、小倉城下から八キロメートルに位置する高地で、前面が開けて長州軍を一望のもとにとらえることができる形勝の地である。さらに丸山・志井村に兵を配備して長州軍の攻撃に備えた。

八月十六日、長州軍は、金辺峠口の小倉藩軍の前線部隊のいる徳力《とくりき》村を攻撃したが、志井村備所および高津尾村備所から繰り出した小倉藩軍に反撃され、城野《じょうの》村まで退いた。

八月十七日、狸山口において葛原村の長州軍は、狸山の小倉藩軍本営を攻撃したが、小倉藩軍も待ち受けて山々に兵を配り、所々から銃撃したため、長州軍は敗退して葛原村から湯川村にかけて布陣した。

八月二十八日午前六時、狸山口の小倉藩軍四〇〇余は二手に分かれ、一隊は狸山から曽根口を襲い、一隊は椎田から長野村へ進み、他に三小隊ばかりが漁船に乗り、海手から恒見へ上陸して、三方から一時に長州軍へ押し寄せた。長州軍はこれを迎撃し、狸山まで追い詰めた。ついで、金辺峠口の小倉藩軍も、狸山口の動きと連携して、高津尾村備所からの一隊は城野新町まで進出し、他の一隊は志井村から湯川村の長州軍陣営を襲ったが、逆に撃退された。

九月九日早朝、小倉城下の郊外の清水山に陣していた小倉藩軍の一大隊余の人数は、それぞれの隊に分散して諸口から城下に突入した。足立村の福聚寺《ふくじゅうじ》におかれた本営から遠く離れ、守備の手薄な長州軍各部隊はそれぞれ退却し、小倉藩軍は小倉城まで入った。その後、増援部隊を得て体制を立て直した長州軍は、小倉藩軍を追撃した。翌九日、長州軍は、金辺峠口の小倉藩軍前線部隊のいる徳力村を攻撃し、以後この方面では九月二十五日まで断続的に小競り合いが続いた。また、九月十二日、狸山口において長州軍は、小倉藩軍の前線部隊のいる上曽根村を攻撃した。以後、九月末まで一進一退の攻防が続いた。

なお九月十三日、小倉藩は、採銅所においていた仮政庁を香春町に移し、政庁とした。城下町名を藩名とする通例に従えば、以後は香春藩と称すべきだが、煩雑になるのでそのまま小倉藩と称することする。

十月四日、小倉城下の長州軍は大部隊をもって蒲生村・守恒村・祇園町などを攻撃し、各地の砲台を奪った。小倉藩軍は徳力村および高津尾村に退いた。一方、狸山口の小倉藩軍三〇〇余は曽根村へ押し出し、長州軍を突いたが、中曽根まで撃退された。

翌五日、金辺峠口の長州軍は妙見山台場、徳力上村の台場を攻撃し、諸砲台を奪った。さらに七日、本営のある高津尾村を攻め、激戦が展開された。小倉藩軍は抗戦したが敗退し、十日、長州軍は金辺峠を見下ろすことのできる平尾台南端の龍ケ鼻まで進出した（小倉城自焼後の戦闘経過は「四境戦争一事小倉口」、『定本奇兵隊日記』中、『豊倉記事』による）。金辺峠から香春までは下り坂で約八キロメートルである。これにより小倉藩は、止戦を求める動きが避けられなくなった。

休戦への動き　九月三日、幕府は大坂において、暫時兵事見合わせを発した。九月九日、幕府上使が豊前国行事村飴屋《あめや》彦右衛門（小倉藩屈指の豪商。飴屋は屋号。前述の一揆では施行により打ち壊しを免れた）方において、小倉藩主名代小笠原貞正へ暫時兵事見合わせを沙汰した。しかし小倉藩は、長崎で購入した新大砲を九月二十日試射し、狸山砲台へ据え付けるなど戦闘意志は強固であった（『豊倉記事』）。

一方でこれを契機に休戦を模索する動きが始まった。十月五日、小笠原貞正は熊本藩の細川護美《もりよし》に書簡を送り、困難な状況にあることを述べて、休兵もしくは兵の援助を要請した（『改訂肥後藩国事史料』七）。

また十月八日、小倉藩の使者は五卿の滞在する大宰府に至り、三条実美守衛の熊本藩士に依頼し、熊本藩が薩摩藩と共同して止戦について尽力することを乞うた。これにより熊本藩と薩摩藩の仲介により、小倉藩と長州藩の休戦の交渉が開始された（『回天実記』二）。十月十日、薩摩藩士と熊本藩士は香春に至って休兵のことを協議し、小倉藩士を伴って長州軍陣営に赴き、小森村において長州藩士光田三郎らと応接した。光田は休兵の不可を説き、止戦ならばあるいは応ずべきと答えた。よって止戦を談ずることとし、直ちに山口に報告して指揮を待つこととなった（「小倉藩庁届出書類」）。

十月十二日、長州藩は野村右仲を派遣し、止戦交渉が始まった。以後交渉が積み重ねられ、一時は決裂の危機もあったがそれを乗り越え、慶応三年一月二十三日、講和の和議が成立した。その内容は、①幕府がまた軍勢を差し向けることになっても、小倉藩は諫争し、出兵しないことを承知する。②長州藩主父子の冤罪がはれるまで、企救《きく》郡一円は長州藩が預かることなどであった。同日、前年暮の孝明天皇の崩御にともなう国喪を名目として、解兵令が発せられ、幕長戦争は終結した。

小倉口戦争の小括　小倉口戦争についてまとめておけば、次のようである。

（1）　長州軍は西洋式戦法に習熟しており、とりわけ散兵戦術を駆使した。さらに、藩庁政事堂の統一的指揮のもとで、効果的な部隊や軍艦の配置を行い、各部隊、軍艦、砲台の密接な連携のもとで作戦を展開した。

（2）　小倉藩軍は、西洋式軍隊は一部のみであり、大砲などは優秀なものを装備していたが、旧来の軍事編制のままの軍隊であり、有効に使いこなせず、長州軍に敗退した。

（3）熊本藩軍は、軍制改革への抵抗から、旧来の軍事編制のままの軍隊であったが、最新の大砲を装備し、高所の陣地に拠って防御する戦闘であったため、力攻めをした長州軍を敗退させた。

（4）幕府軍は、ミニエー銃を装備した西洋式軍隊であったが、防備を担当し、戦闘には投入されなかった。また、海軍は、当時最新で最強の軍艦を持ち、小型軍艦五艘のみで、しかも蒸気艦は二艘の長州海軍を圧倒していたが、大島口、芸州口と分散的に軍艦を使用し、さらに各艦の戦闘の稚拙さから効果的な戦闘が出来なかった。

（5）村落の動向では、長州藩では、農兵による地域の防備体制が確立し、背後を突かれる憂いなく作戦に集中出来た。また、軍夫の動員も、困難な状況ではあるが、支障なく行われた。これに対し、小倉藩では、軍夫の逃亡が相次ぎ、また、動員への抵抗があり、戦争遂行に影響を与えた。

第七　幕長戦争をめぐる国際問題

一　幕長戦争をめぐる国際問題の研究史

幕長戦争をめぐる国際問題の重要性　長州藩は、元治元年（一八六四）八月、四国連合艦隊に敗北した苦い体験を持つだけに、幕長戦争において西洋列強が幕府側に荷担することは重大な脅威であった。そのため激戦の最中であっても、総括的指揮を担当した木戸孝允が、山口を離れて下関に出向し、外国側と交渉に当たるなど最大限の配慮を払っている。

幕長戦争を巡る外国側の動向は、幕長戦争研究を進める上で重要なテーマの一つである。ここでは、イギリスとフランスに絞って、幕府および長州藩との関係について見ていこう。まず、研究史上議論の多いフランスについて検討しよう。フランスについては、幕府がフランスに戦争の軍事支援の要請を行い、フランスはこれを承諾したとする古くからの説がある。これに対し、その事実を疑問視する次のような見解がある。

まず大塚武松氏は、フランス公使ロッシュについて、最初は幕府と長州藩の間の調停をしようとしたが、長州藩の確固とした姿勢によって、平和解決に斡旋《あっせん》する意向を放棄したとしている（『幕末外交史の研究』）。大塚氏の幕末期における幕府とフランスの関係についての基本的解釈は、密約ないし物質的利益交換があったとするのは、日仏商社の計画および英仏両国における借款《しゃっかん》の募集計画を除き、憶測に基づくもので、事実ではないとし、また、ロッシュの平和主義を高く評価する。したがって、戦争の調停者としてのロッシュの行動を強調することになっている。

次に石井孝氏は、幕府の姿勢について、「幕府は、フランスからの直接的な兵力の援助だけは拒絶した」（『増訂明治維新の国際的環境』）とし、フランスについては、「ロッシュは、小倉でも兵庫でも、長州攻撃の戦術を教えたが、その本心はむしろ、長州との和解勧告にあった」（同右）と、幕府のフランスへの軍事支援要請とこれに対するフランスの援助応諾《おうだく》関係を否定している。

また家近良樹氏は、徳川慶喜とフランスの関係について、とくに著しくフランスに傾斜したと認められる痕跡《こんせき》はそれほど多く残されていないとし、買弁性を過度に強調する必要はないとしている（『徳川慶喜』）。

以上のように、近年の研究では、幕府によるフランスへの軍事支援要請と、これに対するフランスの応諾はなかったとする見解が多い。しかし、これらの研究で依拠している史料が、交渉過程を秘す目的で外向けに作成された作為的文書である等の根本的問題がある。以下、幕府とフランスとの交渉過程の内実を詳細に紹介し、かつ、フランスと交渉した長州藩側の史料によってフランスの意図を客観的に明らかにしよう。なお、フランスについては、後述するように、ロッシュとフランス本国外務省の見解が乖離《かいり》しつつあったことは留意しなければならないが、幕府側は、ロッシュをフランス本国を代表するものとして取り扱っており、フランス本国との乖離も決定的になっている段階ではないので、以下特に断らない限り、区別しないで記述を進めたい。

二　ロッシュと長州藩の交渉

ロッシュの下関寄港と長州藩への降伏勧告　イギリス公使パークスは、薩摩藩訪問のため、慶応二年（一八六六）五月二十一日横浜を出港し、五月二十七日長崎に到着した。パークスが西南の諸大名と友好関係を築こうとするのではないかと疑った幕府は、ロッシュに長崎行きを勧説した。これを受けてロッシュは、六月十一日、横浜を出港し、六月十五日、下関に寄港した。その様子を越荷方《こしにがた》担当として下関にいた久保松太郎は、次のように日記に記している。

夕、仏良西ミニストル（公使）軍艦え乗組来り、奉行ニ相対之儀申越、奉行軍事多用之由断り、杉留之助参り候処、書翰相渡ス、文言別ニ記、廿四日帰る由。

（「久保松太郎日記」慶応二年六月十五日条）

このように、ロッシュは、長州藩の奉行に対面を要求したが、断ったところ書翰を渡し、二十四日に再び帰ると述べたと記している。

また、奇兵隊日記は「昨宵、仏蘭西ミニストル乗組之軍艦馬関へ来碇舶、相接有之《これあり》候処、幕之周旋と相見、色々申掛、直様《すぐさま》出帆」(『定本奇兵隊日記』中、慶応二年六月十六日条)と記し、ロッシュが、幕府側に立って周旋活動を行ったと受け止めている。

この時ロッシュが長州藩に差し送った書簡の当時の訳文は、次のようなものである。

(前略)毛利大膳(敬親)が大君《たいくん》ニ向ひ敵対の色を顕すを見て、憂悲ニ堪へず、全権公使暫く此確《かく》執《しつ》の原由如何を問はず、今大君の諸勢を所置するを見るニ、一ニ正統天子の命を而已《のみ》遵法《じゅんぽう》せり、然ル時ハ大膳が此敵対を為せる事実ニ背くと言ふべし、滅せんとするニ、近き日洪(ママ)福太平を挽回する為ニ、全権公使、大膳が親友ニあらずと雖も、数ケ条の勧言を与ふべし(中略)全権公使来ル第八月三日(我七月〔正しくは六月〕廿三日)再び下ノ関を通航すべければ、其時大膳の使臣等と要務を談ずる為ニ要用なる時間を、馬関ニ於て碇泊すべし、是則此大膳をして大君ニ降参せしむる事を安易ニする上計なる由を、全権公使固く是を説明す(後略)

(慶応二年六月二十三日付、長州藩宛ロッシュ書簡『藤岡屋日記』一四)

この書簡は、『藤岡屋日記』では寅六月二十三日付となっているが、ロッシュのフランス外務省宛の報告(「一八六六年八月二十七日〔慶応二年七月十八日〕付、仏国外相宛ロッシュ書翰」日仏外交文書、「稿本」二六〇七)にみえる六月十五日付長州藩宛書簡と同趣旨であるので、六月十五日の段階で、下関において長州藩に差し出した書簡と考えられる。

ロッシュの書簡は、表向きは調停と称しているが、長州藩の態度を幕府に敵対するものであるとし、幕府は天皇の命令を遵法しているのみであり、これに背くことになると非難している。平和的調停ではなく、長州藩に降伏を勧告する威圧的なものである。この書簡の返答を、長崎からの帰途の六月二十三日受け取ると言い渡して、ロッシュは下関を出港した。

ロッシュの長州藩威圧　ロッシュは、六月十七日、長崎に到着した。六月二十一日、鹿児島から長崎に帰ったパークスは、ロッシュと会談した。そして幕府の出した下関海峡の通行を禁止する通告の問題を巡って、小倉に出陣中の老中小笠原長行《ながみち》と会見することとした。六月二十四日朝、それぞれ別の軍艦で小倉に着いたパークスとロッシュは、小笠原に訪問を予告し、午前九時、下関に投錨した。それから、それぞれ別個に長州藩士と会談した。長州藩側で交渉に当たったのは、木戸孝允、伊藤博文、杉孫七郎である。杉孫七郎は、遣欧使節に加わってフランスに滞在した経験があるので、石州口参謀として石見国に従軍中であったが、急遽《きゆうきよ》呼び戻されて下関に派遣されたものと考えられる。このことからも長州藩が、西洋列強との交渉を重視していたことがうかがえる。

ロッシュとの会談について、木戸は後年、岩倉使節団としてフランスを訪問した時、「仏は旧政府（幕府）を援《たす》け、ロセスも談判大に我を抑《おさ》ゆるの意あり」（『木戸孝允日記』二、明治五年十一月二十八日条）と回想し、ロッシュが、幕府を助け、木戸を威圧したと述べている。このようにロッシュは、対応した長州藩側からすれば降伏への威圧を加えているのであって、平和的に調停するというのは表面的なポーズに過ぎない。

三　小笠原長行とロッシュの会談

小笠原長行とロッシュの会談　六月二十四日午後五時、パークスとロッシュは小倉に帰着した。ロッシュはその晩、小笠原長行《ながみち》のもとで過ごした。小笠原は、ロッシュと秘密に会談することを依頼した（一八六六年八月二十七日〈慶応二年七月十八日〉付、仏国外相宛ロッシュ書翰」日仏外交文書、「稿本」二六〇七）。二十五日、小笠原は気分がすぐれずとして、パークスとの会談を中止した。しかし、ロッシュとは秘密に会談している。その内容は、「丙寅六月廿五日夜仏蘭西ミニストル応接大意　但密話」（明治文化研究会編『新聞薈叢』。同文が「閣老小笠原壱岐守殿仏国ミニストルえ応接」『藤岡屋日記』一四にも所収）として両者の発言が詳細に記録されている。

小笠原は、征長を始めて一年半にもなり、ここで征長を止めると、諸藩が幕府の命令を聞かなくなるので、長州藩を是非征伐しなければならないと説明し、ロッシュも、毛利敬親《たかちか》に服罪するよう説諭するために長州へ罷《まか》り越そうと計画しているが、多分屈服しないだろうとし、征伐はやむをえないと応じている。そして、小倉港に碇泊している軍艦は、順動《じゅんどう》丸一艘では長州藩の襲撃に対し不安であり、三〜四艘は配備すれば応撃も出来るとしている。

この指摘をきっかけに、小笠原は、戦争の作戦について教示を請うた。ロッシュは、アルジェリアでの軍事経験が豊かであり、詳細に作戦計画を語った。その要は、富士山丸《ふじやま》を東に配して陸地を砲撃し、翔鶴丸《しょうかく》で彦島を撃ち、同島を奪い、兵卒一万人で同島を守り、外国船による長州藩への武器密売を防ぎ、かつ要所に砲台を築き、大砲を据えつけるというものである。

次に小笠原は、下関の長州藩兵力について軍事情報の提供を求めた。これに応じてロッシュは、長州藩の兵員は二、三千人、軍艦は一艘のみで、他に薩摩藩の船が一艘見え、その他は良い船はいないとし、早急に下関を取り上げるべきであると答えている。

小笠原は、この作戦を遂行するためには、軍艦および大砲の増強が必要であるとし、その確保について周旋を依頼した。これに応じてロッシュは、江戸の幕閣へ書簡を送れば日本政府御用向心得のフロリヘラルトが周旋し、直ちに小倉へ配送するだろうと答えている。さらにその支払い方法について、横浜において貸借がどのようにでも出来るようになっており、すでにカション（フランス公使館書記官）が関係していると教示している。これは当時進められていた日仏商社の設立計画を告げて、小笠原の購入要請に便宜を与えようとしたものである（ロッシュは、横浜帰着後、慶応二年八月五日付で、小笠原に対し、勘定奉行とフランスのコンペニーとが談合し、金子《きんす》借り受けのことが決定したと報告している）。

小笠原は、さらに兵卒を二〇〇〇人呼び寄せるため、買い入れる船に乗り組ませ、早々に回送させたいと述べた。これに対しロッジュは、兵卒の輸送のために船を買い入れるのであれば、輸送船のほうが良いと答えた。そして、その雇い賃について小笠原が尋ねると、ロッシュは、「御差支《さしつかえ》無之様可仕候、大君え御懇親之証を此時ニ顕し候心得ニ御座候」（『藤岡屋日記』一四）と、差し支えがないようにしたいとし、将軍へ懇親の証を示す気持ちだとしている。

さらにロッシュが、長州処分についての方針をたずねると、小笠原は、もはや戦争が開始したので、罪科はますます重く、服罪してきても降参させるしかないと答えている。そこでロッシュは、降参してきたら、海岸通りの所領を残らず取り上げ、毛利敬親の孫を長防の太守に立てるべきと提言している。さらにロッシュは、幕府が少しでも早く強大になるように尽力したい、三兵《さんぺい》（歩兵・砲兵・騎兵）教師も近々日本に着くであろうと述べている。

会談の要点をまとめると、①小笠原長行は、長州征伐作戦の教示を請い、ロッシュは、長州攻撃の具体的作戦を伝授した。②小笠原は、長州藩の軍事情報を求め、ロッシュは、下関で得た情報を提供した。③小笠原は、フランス軍艦・大砲購入の周旋を依頼し、ロッシュは承諾した。かつ、支払い方法について詳細に教示した。④小笠原は、兵卒乗り組みの運漕船の雇い入れを依頼し、ロッシュは承諾した。⑤小笠原は、長州処分についてもはや降参させるしかないと伝え、ロッシュは、幕府が強大になるよう尽力したいと述べた。

このように、会談の内容からみて、小笠原は、フランスの軍事支援を要請し、ロッシュはこれに全面的に応諾したことが判明する。

ロッシュとパークスは、小笠原および長州藩との会談をそれぞれ遂げ、六月二十六日、小倉湾から出港した（「豊津藩筆記長州戦争始末」）。下関および小倉でのパークスの行動については、後述する。

四　板倉勝静とロッシュの会談

板倉勝静とロッシュの会談　ロッシュは、小倉から横浜への帰路、兵庫に立ち寄り、老中板倉勝静《かつきよ》と会談した。七月二日、板倉はロッシュの乗艦ラプラースを訪問し、四時間にわたって意見を交換した。その内容は、両者の関係の真相を明らかにする上で重要なものであり、また、発言のニュアンスからうかがえる情報も多い。よって以下、発言内容に沿って詳細に見ていこう（「島津家国事鞅掌史料」四三ノ一「稿本」二六〇七）。なお、項目番号を付け、現代語訳によって示す。

七月二日伊賀守殿仏公使ロセス応接ノ大意

（1）板倉　このたび小倉表《おもて》において、小笠原長行《ながみち》が段々厚意の面話をいただいた趣、委細は塚原但馬守（義昌）から承知し忝《かた》じけなく存じます。

ロッシュ　御国と仏国の御為筋につき専ら尽力致すのは、すなわち仏皇帝の命令を遵守致すだけなので、別段御挨拶には及びません。

（2）

板倉　蒸気運漕船・大砲・小銃そのほか専ら買い入れ方の儀、横浜において然るべき周旋を致されるよう頼み入れます。

ロッシュ　委細承知致しました。併せて江戸の御同列へも、その段を御申し遣わされるようにしてください。

板倉　江戸同列共へも右の趣を申し遣わす心得にて、すでに書状を認《したた》め置いているので、今日塚原但馬守へ渡し持参させます。

この時、但馬守へ書状を渡す。

（3）

ロッシュ　長州の事件について種々御話を申し上げたいが、この席にて不都合はないだろうか。

板倉　この席に加わっている者は、いずれも差し支えはありません。

ロッシュ　今日に至っては、力の及ぶだけの尽力がなければ成らず、かつ長州へまた一味の大名もあり、このことにつき御心付けがあるようにいたしたく思います。

板倉　このほど長崎表において、（本文空白）も格別政府の都合を計るのみの応接がある由承知致していますので忝じけなく存じます。

本文長崎奉行応接書は別にあり

（4）ロッシュ　御国のためになることはつとめて腹臓《ふくぞう》なく申し上げます。兎角《とかく》江戸の老中方には申し上げることについて取極めがなく、これには当惑します。以後は成るべくすみやかに取極めがあるようにしてください。

板倉　江戸の同列共も、諸事すみやかに取極めたく思うのは勿論の儀ですが、なにぶん右様に成りかねる場合もあり、延引することと思います。なお以後のことは但馬守をもって申し遣わします。

　此際暫時御雑話がある。

（5）板倉　この品は粗物ですが、大君家茂《いえもち》の思召しで、自分が大坂を出立の節持ち越し、あなたへ贈るよう命ぜられたので持参いたしました。

　この時、御品を直にロッシュへ相渡す。

ロッシュ　江戸表にてもこのほど出立の節具足を頂戴し、有り難く思います。このような厚い御取扱は恐れ入ります。今日頂戴の御品は身の廻りを離さず、永く愛玩《あいがん》したく思います。

（6）ロッシュ　一、当港に軍艦がなくてはなにぶん不都合と存じます。

一、長州を攻める手段は、まず引島（彦島）を第一に乗っ取り、同所へ砲台を築き、それから長州藩の陸地方を挟撃することが肝要です。いずれにしても芸州ならびに下関その他の処を同時に一気に攻め入るようにいたしたく、下関を攻め取った上は、おって同所を開港する旨を各国へ布告するのが然るべきと思います。そうすれば各国の軍艦・商船等は碇泊するように成ります。右は外国人のためだけに商法の利益等を計画して申し上げるのでは決してなく、外国船が下関へ相掛り居るようになれば、長州藩は外国人をことごとく恐れているので、下関を固める幕府軍へ手出しも出来ず、至極都合の良いことと思います。

板倉　下関を攻め取って直ちに同所を開港するのは最も難しく、ほかに何とか考はないでしょうか。

ロッシュ　ただ今申し上げたのは直ちに下関を開港するわけではなく、この後に攻め取りが成った節、各国公使へおって同所を開港する旨を布告しておくならば、前に述べたように外国船が碇泊するようになるので、自然と軍器そのほか運送方を頼むのに都合が良くなるということです。

板倉　この儀は尚おって談判したく思います。

（7）

板倉　今日は幸のことなので心付くことは腹臓なく申し聞かせてください。

ロッシュ　長州攻撃のことも、軍器が整うまでは、まずただ今の処は暫時見合わせのほうが然るべきです。その儀は小倉表で小笠原長行様へも申したようにいたしたく、その段は同人様へ直《じき》に申し上げておきました。

（8）

ロッシュ　薩摩藩の五代才助と申す者は、仏国都府パリへ罷《まか》り越した節、日本国の天子と大君とは旨意が齟齬《そご》しており、天子は外国人と懇切にすることを好まれているが、大君にはかえって外国人を避忌する情意があり、これによって国内は一和することができない旨、多人数が集会している場所において話をしました。その時、御存知の日本政府御用向心得のフロリヘラルトが居合わせ、右様のことは決してなきはず、全く才助の偽辞である旨、新聞紙に載せ差し出したことがあります。

板倉　右の新聞紙を一覧したく思います。

ロッシュ　ただ今この場に所持していないので、江戸表において差し上げます。英ミニストルが鹿児島に行った節に承ったことでは、兵庫港は諸大名は開きたく思っているが、兎角《とかく》大君において開く意志がない旨、薩州の太守が話したとパークスより聞きました。
他の大名にも六〜七名心意をはかりがたい者がいるやに思います。ただ今の処にては大君へ敵する者は長州のみであるが、状況によっては長州へ組する大名が六〜七頭《(ママ)》もあるように察します。

板倉　大名の内六〜七名と申すはいずれですか。当今の処にては長州を除き一名の他はいないと思います。

ロッシュ　肥前の話は御承知でしょうか。今から二カ月ほど以前、英アドミラール（提督）

が肥前佐賀へ罷り越したい旨を書翰をもって申し入れた処、右の返書に、参ってくれるのは恭じけなく拝承するが、この儀は大君へ伺った上でなければ不都合のことゆえ、まず断る旨を申し越しました。これをもって推考するに、佐賀は大君に対し全く異心はないと思います。

(9)

板倉　このほど英ミニストルが宇和島へ立ち寄りたい旨、長崎奉行へ申し立てたので、奉行から宇和島へ相達したけれども、右は何等の用事があって相越すのか承知していることはありませんか。

ロッシュ　長州からパークスへ参ってくれるよう申した節は、相談があるのでその儀は差し止めたが、宇和島の儀は何とも話がなかった。もっとも私が当港（兵庫港）へ立ち寄ることについては、パークスと落ち合っては不都合と思い、彼の航海の模様を聞いた処、薩州へ参り、それから横浜へ参ると申していました。ただ今の御話の趣では、宇和島へ行ったことかと思います。

板倉　横浜へ参ったなら、このたびパークスが宇和島へ立ち寄った事柄がわかったなら、江戸の同列共へ話をして下さい。しかしながら、拙者から頼まれて承ったようになっては宜しくないので、あなただけが承知しているような振合にしていただきたい。

ロッシュ　承知致しました。併せて私が当港にて御面語を申し上げた趣も、パークスへは内々にして下さい。

板倉　このことは承知しましたが、このたびの兵庫碇泊のことは、国内にて申し聞せなければならない筋へは、大君へ御機嫌伺いのため立ち寄ったと申し聞せます。この後に英ミニストルが万一罷《まか》り越した節は、同様に申し聞せるのがよろしいでしょうか。

ロッシュ　パークスへ面会の節、当港へ碇泊のことは話すべきですが、全く風待ちのため、かつは塚原を乗せて来たので立ち寄ったまでのことで、面会はなかったことにして話して置いてください。

(10)

板倉　今日面語の趣は、この方から英へは申し聞せはしないが、甚だ心配なのは、今日自分が兵庫へ相越したことは、必ず外からパークスへ知れると思います。そのようになった節は不都合ではありませんか。

ロッシュ　ごもっとものことと思います。それならば面語した趣を言われてもよろしいと思います。その故はイタリア条約のことについて面会したことにしたら、不都合はないと思います。

イタリア条約はどのようになっていますか。

板倉　イタリアの儀は、孛漏西（プロイセン）、白耳義（ベルギー）と同様の条約に取極め、その段に取り計らう旨、さきごろ江戸表へ申し遣わして置いたので、もはや済んでいることと思います。

ロッシュ　イタリア・白耳義はいずれも仏国の附属同様の国柄ですので、右様になれば大いに都合がよいと思います。

(11) ロッシュ　パークスがこのほど小倉へ参ったことは難渋を申していたが、しいて引き連れました。兎角《とかく》同人は表向と内心と相違致し宜しくない者です。

板倉　パークスが永々と在留しては吾政府のために成らないので、同人を本国へ差し戻す策はないでしょうか。

ロッシュ　パークスは日本政府のためを考えず、品々如何の処置がある段は委細仏帝へ申し遣わします。そうすれば英政府へも相通じることと思います。ミニストルを引き替えることの周旋は難しいことです。

板倉　英ミニストルが宜しくないため両国政府の情実が通ぜず、不都合のことです。貴国においてはその所は格別に厚意を慮られているので、仏国はいずれも頼もしいことと思っています。

長州の罪科を列挙した歴史を認め、江戸表において各国公使へ通達するようにします。

(12) 板倉　この節当港に碇泊されたことは不都合とは思いますが、これも厚意を尽そうとすることなので、その段御諒《りょうさつ》察下さい。

そのため大君も御悦びにて、当節は大坂には同列は僅かに二人の処、繰り合せて罷り越したことでございます。
ロッシュ　大君へもよろしくお伝え下さい。私は終身大君の側にいる心得です。
(13) 板倉　書翰の内、貨幣を払わずして軍器等を買い入れ方が出来るというのは、どのような仕法ですか。
ロッシュ　コンペニーのことを御存じでしょうか。右の仕法をしておくならば、金銭を払わないでも出来るようになるが、委細の儀は何分承知していないので、江戸において申し上げます。小栗上野介（忠順《ただまさ》）などはよく存じていることでございます。
(14) 板倉　蒸気船や大小砲その他は、どれほどあればよいでしょうか。
ロッシュ　なお申し上げます。
(15) 板倉　海陸軍その他製鉄所等の儀については、かれこれ周旋いただき忝《かた》じけなく存じます。
ロッシュ　段々御丁寧のことに存じます。併せて御挨拶はすべて成功した上でうかがいたく存じます。
(16) 板倉　本荘宗秀が先頃横浜において面会の節、段々厚意をいただき忝じけなく存じます。
ロッシュ　御同人は何事も打ち明けて御談判できる人で、私は朋友同様に心得ています。
(17) 板倉　英から兵庫のことについては、この前から種々切迫に申し立て、大君にも深く心配されています。ついては近日稲葉美濃守（正邦）へ命じ、江戸表において談判に及ぶ儀もあるので、その節は何分宜しく頼み入ります。

（18）板倉　承知いたしました。御同人が江戸へ御出の儀は至極宜しいことと思います。

ロッシュ　パークスが当港へ罷り越すような儀については、承知はありませんか。

板倉　パークスが当港へ参らないようにするには、大君が広島へ出張されるのが然るべきと思います。

ロッシュ　言われる趣はもっともですが、品々心配の筋もあり、すみやかに広島に出るということにも成りかねます。

（19）板倉　このたび長州へあなたから差し遣わした書翰の返書はどのように申し越しましたか。

ロッシュ　下関にて同所の奉行とか申す者に会ったところ、その者が申すことには、このたび幕府が大島において老幼を殺したなどの話もあった。これに対し、一体長州は大名のことにて、大君の命令に従うべきはずで、長州から謝辞を申し入れるのは当然のことゆえ、次第によっては何とか取り計らい方もあるとの旨を申し諭しました。しかし、かれが申すには、たとえ主人父子は承知しても、私共は二州（長門・周防）のために討死する覚悟である旨でした。最初遣わした書翰は、山口へ差し送った様子であるが、面会致したいということのみで、大君へ御詫びをするということは聞きいれないため、そのまま出帆しました。

(20) ロッシュ　パークスからこの後定めて申し出るであろう儀があります。その次第は諸大名が集会の上、国事を相談する旨を申し出ることです。その節の答は、わずかの言のみにて相済ますべきで、そのわけは、長州の一事が済まないでは、諸大名の会議と申すことは成りかねる旨を言い聞かせれば済むことです。

(21) 板倉　あなたはパリ万国博覧会の節行かれますか。
ロッシュ　長州の事件があっても行くことができますか。
板倉　厚意の次第はよくわかりました。しかしながら、あなたのような日本の事情を了解している者が参加できるようにしたく思います。
ロッシュ　カションを遣わしください。通弁のことは塩田三郎で差し支えありません。

（後略）

会談の内容と外向け発表の相違　この会談の内容を要約すると次のようになる。

（1）板倉勝静は、蒸気運漕船・大砲・小銃そのほか買い入れ方の周旋を依頼し、ロッシュは委細承知した。

（2）ロッシュは、長州攻撃について、今日となっては、力の及ぶだけ尽さなくてはならないと、強攻策を主張した。そのための長州攻撃の戦争作戦を詳細に伝授した。

（3）板倉は、ロッシュが長州藩へ遣わした勧告書簡の結果を尋ねた。ロッシュは、長州藩は、将軍へお詫びの儀を頼み入れる様子は見られないので、それ以上追及することはあきらめ、そのまま出帆したと答えた。

（4）両者の会談内容がイギリスに漏れないよう、周到に対策を練り、イタリア条約のことについて面会したことにした。

この会談において、板倉はフランスに軍事支援を要請し、ロッシュが応諾したことは明白である。しかし、この会談内容は、会談の中でも秘密が外に漏れないように対策が話し合われているように、外向けには作為されたものが発表されたとみられ、幕府はフランスの援助申し出を断ったとする誤った情報が当時は流布している。

たとえば七月八日、松平慶永が、松平容保を訪ねた時、容保は、「今般兵庫港へ仏船渡来之次第ハ、一橋殿より委細御承知なるへし、仏ハ幕府の味方をなし、長州を討度《うちたく》と申候よしなれとも、板倉ハ、我国の事を外国人に頼候ては、人心之折合《おりあい》に係ハるへしとて断り、仏も承服致し候由」（『続再夢紀事』四）と、板倉が、フランスの援助申し出を断ったと伝えている。しかし、板倉がロッシュの援助申し出を断ったとするのは、会談の内容を正しく伝えるものではない。これは外向けの作為された情報を容保がうのみにして語ったものであり、真相は、板倉が蒸気運漕船・大砲・小銃そのほか買い入れ方の周旋を依頼し、ロッシュがこれを委細承知したものであったのである。この作為された情報は、かなり流布していたとみられ、パークスも伝聞している。石井孝氏は、パークスが記録した情報をもとにして、幕府はフランスからの兵力の援助は拒絶したと解釈したが、それが誤りであることは、以上のことにより明白であろう。

五　本荘宗秀の幕長戦争挽回策

本荘宗秀のフランスからの援助要請計画　幕閣の中には、フランスからの援助を得て、戦争を有利に進めようとする考えがあった。芸州口戦争のところでも述べたように、征長先鋒副総督本荘宗秀は、芸州口で敗退を続ける局面を挽回するため、六月二十五日、広島で拘禁中の長州藩藩主名代の宍戸《しど》備後助等を釈放し、長州藩と交渉を試みる策を模索した。この策は本荘の独断で行われたため、征長先鋒総督徳川茂承《もちつぐ》の反発を招き、本荘の責任が追及されることになった。

本荘は弁明のため、大坂の板倉勝静《かつきよ》等に七月五日付で書簡を送った。その中で、戦況打開策として「仏ニ談判ニ及び、三十艦を借出し、世上之評論は不顧《かえりみず》、夷人を遣ひ候ハヽ、夫ならバ速ニ功も可取」（慶応二年七月五日付、板倉勝静・稲葉美濃宛本荘宗秀書翰『藤岡屋日記』一四）と、フランスから軍艦三〇艘を借り出し、その援助に頼った戦況回復策を述べている。

本荘とロッシュの関係は、前述したように、ロッシュが板倉との会談の中で、「何事モ打明シ御談判有之《これあり》、私ハ朋友同様ニ心得居候」（「島津家国事鞅掌史料」）と述べているように、両者は親密な間柄であり、充分実現可能性を持った作戦構想であった。しかし、本荘は、独断で長州藩使節を釈放した責任を追及され、大坂に召還され、このフランス援助による戦争挽回策は、着手されることはなかった。

六　徳川慶喜のロッシュへの軍事支援要請

徳川慶喜のロッシュへの軍事支援要請　七月二十日、徳川家茂《いえもち》は大坂城で死去し、戦争遂行は、一橋慶喜に託された。七月二十九日、慶喜は徳川家を相続し、将軍職就任以前であるが、実質的に征長軍の統括者となった。慶喜は、幕府軍の軍制改革に熱心に取り組んだ。その中で、八月二日、ロッシュに大小銃砲・蒸気船等の購入依頼について、次のような書簡を送った。

（前略）然るに海《（ママ）》軍而已を以て攻撃せは、譬《たと》へ勝算ありと雖も、我も又損傷なきあたわす、随て数ヶ月の時日を費すに至らは、如何《いかなる》成難事を生するも量《はか》るへからす、是某か深く苦心する処なり、前々月小倉又は兵庫に於て、右等の事に配意せられし事、閣老より具に承り、某所感激《かんげきするところ》する也、此上大小銃砲並に運送蒸気船等速かに配意せられ、我軍備をして十分の勝算を保ち、且は足下の厚意を十全せん事を欲す、爰に由て不日平定に至らハ、我国の洪《（ママ）》福無此上《このうえなし》、足下の尽力又莫大ならん（後略）

（慶応二年八月二日付、ロッシュ宛徳川慶喜書翰『徳川慶喜公伝　史料篇』二）

このように慶喜は、ロッシュに対し、小倉での小笠原、兵庫での板倉との会談での軍事支援応諾の配慮に感謝の意を表明するとともに、大小銃砲ならびに運送の蒸気船等をすみやかに手配することを依頼している。

慶喜の依頼に対し、ロッシュは、すみやかに承諾し、八月二十二日、フランスへ飛脚船を差し立て、大小銃砲の備えのある軍艦を買い入れることを申し遣わし、ならびに横浜へ帰着するゴンボート(gunboat 砲艦)艦へ船将その他大砲等を乗り組ませ、差し向けると返答した。慶喜はこれに深く満足したが、戦況を回復する見込みが立たないため、止戦の方針に変更となり、ゴンボート艦のことは、しばらく連絡を待って取り計らうよう八月二十七日書簡で依頼した。ただし、「三兵伝習ハ勿論、此程相嘱せし軍艦、其外海軍必用《(ママ)》の器械及大小砲買入方周旋の儀は、最富国強兵の要需、前文決議の上ハ、愈《いよいよ》急務に付、益足下の尽力を乞ふ」(慶応二年八月二十七日付、ロッシュ宛徳川慶喜書翰『徳川慶喜公伝史料篇』二)として、継続して軍事支援を要請している。

慶喜とロッシュの親密な関係　慶喜とロッシュの親密な関係は、その後も継続し、慶応三年(一八六七)二月六日・七日、慶喜は、ロッシュから国政改革に関する所見を聞いている。その中でロッシュは、長州藩攻撃の軍事作戦について教示し、海陸軍が整うよう世話をするので、それを待って一挙に討滅すべきと述べている(『徳川慶喜公伝　史料篇』三)。さらに四月十三日、ロッシュは、慶喜に呈書を提出している。その中で、薩摩藩士その他の謀《はかりごと》の情報を提供し、鹿児島および下関の開港や、外債を英仏二国に募ることを提案している(同右)。このようにロッシュは、一貫して幕府支援を続けたのである。

以上のことから、幕長戦争において、幕閣小笠原長行《ながみち》、同板倉勝静《かつきよ》、徳川慶喜は、幕長戦争において長州藩攻撃のためフランスの軍事援助を要請したことが確認出来る。これに対しロッシュは軍事支援を承諾し、その手配に奔走している。また、征長副総督本荘宗秀のように、長州藩攻撃のためフランスの軍艦を借用する戦争計画を構想している者の存在も確認出来る。

フランスからの軍事援助は、征長軍の敗退によって幕府側から休戦を申し入れたことにより、大規模なものは実現しないまま終わった。しかし、西洋列強に敗退した経験を持つ長州藩にとって、フランスからの幕府への軍事援助の問題は、重大な脅威であり続けた。

フランス外務省とロッシュの乖離に関する薩摩藩の長州藩への情報提供

一方で、フランス本国外務省は、ロッシュの外交政策に違和感を持ち始めていた。この動きは、当時ヨーロッパに派遣されていた薩摩藩留学生によって素早くキャッチされた。この情報は、薩摩藩の手によって、長州藩に伝えられた。

慶応二年八月十二日、西郷従道《つぐみち》は、広島から山口へ行く途中、岩国に立ち寄った。そこにおいて岩国に滞在中の広沢真臣《さねおみ》や、芸州口参謀河瀬安四郎等および岩国藩要人と当面する形勢について会談した。その中で西郷は、「仏より日本在留之ミニストルは、所詮《しょせん》幕府を助ケ候論之由ニて、国元ニおゐてハ左ハ無之、然はミニストルを追々差替ニ可《いたすべし》致との事之由、本国ニて薩州人承り候との事」(『吉川経幹周旋記』五）と、ロッシュとフランス本国が乖離《かいり》しているという重要な情報を伝えた。この情報は事実に基づいたものであり、やがて明治元年、ロッシュは本国召還となった。

ロッシュが必ずしもフランス本国の支持を受けていないという情報は、ロッシュの威圧を受け続けていた長州藩にとって、戦争遂行の自信を与える上で有益な情報であり、それは薩長盟約に基づく薩摩藩の支援の一環であった。薩長盟約の成果が、このような国際的問題においても発揮されていることは、注目されよう。

七　パークスの外交方針

イギリス本国の指令とパークス　イギリス公使パークスは、鹿児島へ向け横浜を出航する五月二十一日の直前、イギリス本国からの指令を受け取った。すなわち五月二日にクラレンドン外相の訓令（西暦一八六六年四月九日付、和暦で慶応二年二月二十三日付）を、五月十五日に外務次官ハモンドの書簡（西暦一八六六年四月二十六日付、和暦で慶応二年三月十二日付）を受領した。したがってこれ以後におけるパークスは、これらの指令に沿って行動したと考えられる。

クラレンドン外相の訓令は、日本の内紛に対して中立を維持する大原則を提示し、日本では政治的勢力を求めることなく、もっぱら貿易の発展に留意すべきとしている。しかし貿易の発展のためには、幕府の貿易独占の廃棄をめざし、朝廷・幕府・諸藩の調整をはかることが必要になり、幕府には大名の貿易参加を認めることを進言し、大名には、天皇・幕府と協調して、目的を果たすための処置をとるよう勧めるというものである。これは、実際に行動に移すとなると、中立・内政不干渉の原則から逸脱するという微妙な問題が生じてくる。

ハモンドの書簡は、この問題について、日本における変革は、徹底的に日本的性格を印象づけるべきとしている。これによりパークスは、雄藩が主体的に行動するのを希望することになるのである（『増訂明治維新の国際的環境』）。

パークスは、鹿児島訪問を終えて六月二十一日長崎に戻り、ロッシュと会談した。協議の末、両者は下関海峡に向かうことになった。パークスの第一の関心は、幕長戦争のために下関海峡を封鎖しようとする幕府側の動きについて、それを長崎奉行に命じた小倉の小笠原長行《ながみち》に会見して糺すことにあった。

木戸孝允とパークスの会談　六月二十四日朝、小倉に到着したパークスは、小笠原に訪問を予告し、ついで午前九時に下関に着き、そこで木戸らと会見した。この会見で木戸は、幕府の先制攻撃によって戦闘が開始されたが、長州軍はこれを撃破し、多くの戦果をあげたと述べた。さらに幕府との講和については、長州はいま攻撃を受けている状態なのだから、講和の提議は、長州からなしうるものではなく、幕府から来るべきものであると答えた。そして、長州は外国の援助を求めず、ただ外国の干渉がなされないことを信頼するのみであると言った。これを受けてパークスは、調停の提議をいずれかの当事者にするのは望ましいように思われなかったとし、調停の意欲が極めて消極的となっている。

小笠原長行とパークスとの会談

パークスは六月二十六日、小倉において小笠原と会見した。パークスは、幕長戦争中は、外国船の下関海峡通航を差し止めるという長崎奉行から出された予告に対し強硬に抗議し、撤回を要求した。そして、戦争中の下関海峡の通航に関して、砲撃がない時節は、通航の差し支えはない旨の返答を引き出している。さらにパークスは、征長軍の長州攻撃の場所について、下関から攻撃しては外国船の通航に支障が生じるので、戦争のないようにすべきと述べて、「下之関ハ繁盛之地ニ候処、放火等有之候へば、土地衰微、後日不都合之儀故、同所より御討入ハ御見合《みあわせ》、外場処より御討入相成間鋪哉《まじくや》」（「閣老小笠原壱岐守殿英国ミニストルえ応接之次第」『藤岡屋日記』一四）と、下関への放火などがあっては土地が衰微し、後日不都合が生じるので、下関からの討ち入りは見合わせ、他の場所から討ち入るべきと小笠原を牽制《けんせい》している。

なお、この会談の中で小笠原は、日本へ渡来中のイギリス軍艦の譲り受けについて依頼した。これに対しパークスは、「軍艦之義は国法も有之、御譲り中候事も御貸渡中事も難出来候《しゅったいしがたく》」（同右）と、イギリスの国法があるので、譲り渡すことも、貸し渡すことも出来ないと、要請を拒絶している。そこで小笠原は、イギリス本国へ連絡をとって軍艦を購入することについて依頼した。パークスは希望の向は承知したと述べているが、積極的姿勢はうかがえず、外交辞令の範囲にとどまっており、ロッシュとは対照的な対応を示している。

八　パークスの中立方針

パークスの中立表明　パークスは、幕長戦争に関して中立方針をとった。二十六日午後二時、通弁官ラウダが下関に上陸し、木戸と杉孫七郎が応接した。そこにおいて、山口の藩庁政事堂で決議した幕府との和議をしばらく見合わせるとの内容を話すと、長州藩の事情も氷解した様子であった。さらにラウダは、「戦争中多くとも外国は一向関係無之《これなく》候故、外国船は自由に通行致させ候様、小倉にて閣老壱岐へ申入、其他の事は不申述《もうしのべず》との事に御座候」（慶応二年六月二十六日付、林良輔等宛木戸孝允書翰『木戸孝允文書』二）。この書簡は木戸と杉との連名で藩庁政事堂の林良輔と山田宇右衛門宛に出されたものであるが、花押の据わっているのは杉だけであり、書簡中に記述された筆者の行動を記した内容と併せ考えて、杉が代表して認《したた》めたと推定される）と、戦争は外国にとって関係ないので、外国船は自由に下関海峡を通行できるよう小笠原に申し入れたとしている。そして、「長州にて和議不折相ならは、援幕候等之義は決而《けっして》懸念無御座候」（同右）と、長州藩が和議を受け入れないなら、幕府を援助することはしないと、イギリスは、中立を保証すると伝えた。このことについて、木戸と杉は、「爰元《ここもと》一統大きに安念罷《まかり》在《あり》候、何卒諸口進撃之御手段御運《めぐ》らし奉祈候」（同右）と、大きな安堵を抱き、諸方面の進撃を遂行するよう指示している。幕長戦争の緒戦で勝利し、戦争遂行に自信を持っている長州藩にとって、西洋列強の干渉さえなければ良かったのであるから、イギリスの中立表明は、長州藩にとって重要な意義を有することになったのである。逆に幕府にとっては、パークスの反対のまえに下関海峡の封鎖ができなかったことは、幕長戦争の作戦に重大な支障を与えることになった。

長州藩のイギリス船砲撃とパークスの軍事輸送禁止の布告　慶応二年七月二十一日、イギリスの汽船チュサン号が下関海峡を通航中、長州側の砲台から砲撃された。同船は、長崎において幕府側の要請に応じ、武器・軍需品と幕府軍艦の乗組員七二人を乗せ、武器・軍需品を小倉で陸揚げし、さらに下関海峡を航行中、長州砲台から空砲による威嚇《いかく》射撃を受けた。この事件を知ったパークスは、チュサン号が幕府側の小倉と交通し、その甲板に幕府軍艦の乗組員を乗せていることから、長州藩が砲撃するのは説明がつくとする。しかし、長州は交戦団体の権利を要求しえないから、こうした攻撃は正当化できないであろうといいつつ、突如として、イギリス船が下関海峡で幕府の士官により軍事輸送船として雇われることは、望ましくないと論理を飛躍させる。それは、当然長州藩の攻撃を挑発することになるからであり、幕府はその危険に対してわれわれを保護する力がないとする。パークスは、イギリス船に対しこのような幕府のために軍事輸送することを禁止する布告を、七月二十七日発した。チュサン号からの報告書がパークスのもとに届いたのは二十七日付であり、同日付でパークスはこの布告を発していることがわかる。敏速に対応していることがわかる。

日本政府としての幕府は、外国船を雇って軍事輸送する権利を持っている。しかしパークスがこれを否認したことは、長州藩に幕府と同等の地位を付与したものといえる。これは、慶応元年五月の四国代表覚書でうたわれている厳正中立の原則の適用である。この厳正中立は、両交戦団体に同等の地位を与えることになる（『増訂明治維新の国際的環境』）。

パークスによる長州藩の下関海峡再武装の黙認　パークスの中立方針は、長州藩による下関砲台の再建を黙認することとなった。パークスは、東インド艦隊司令長官キング提督に、長州の再武装の企図には、ただ抗議するにとどめるよう指示している。

八月十三日、下関海峡に派遣されているイギリス軍艦アーガス号の艦長ラウンドは、下関で高杉晋作らと会見し、長州藩が海峡の北岸に砲台を建設して砲をのせたことをあげ、元治元年の下関協約違反と抗議した。高杉は、ただ彦島の樹木の間に少数の砲を置いたのみであり、ラウンドが主張するなら砲を撤去すると述べた。これに対しラウンドは、パークスに報告するとのみ答えた。

九月七日、木戸孝允は、艦上にラウンドを訪問し、長州藩は防衛のため、仮に樹石の間に野砲などを配備しておいたもので、止戦後はすぐ撤去するつもりであるとし、防御のためやむをえない事情があることについての了解を求めている。

実際は、長州藩の下関海峡における砲数は合計五一門、砲台は一七カ所に及んだ（『定本奇兵隊日記』中、慶応二年八月二十二日条）。これらは、彦島から対岸の大里《だいり》まで届くレベルの本格的な大砲であり、軍事専門家が見ればそのことは一目瞭然であった。しかしラウンドは、それ以上深く追及しようとはしておらず、パークスの指示にあるように、海峡再武装の事実を確かめても、形式的抗議にとどめている。パークスのこの厳正中立の原則の適用と不干渉は、結果的には長州藩にとって有利に働くことになった。

九　キング提督と毛利敬親の会見

会見準備　慶応二年十一月、木戸が薩摩藩との修交使として鹿児島に赴く途中、長崎に寄港した時、キング提督もたまたま長崎にいた。木戸がキングと面会した時、キングは下関に寄港した時に、長州藩主に拝謁したいと願い出た。木戸は、鹿児島に赴く途中なので即答はできないと答えた。十二月十四日、木戸は下関に帰着し、翌十五日、書を藩政府に送って、キング引見の可否を議定することを促した。

十二月十六日、藩政府は引見の好機と決議し、毛利敬親《たかちか》はこれを許可し、世子元徳《もとのり》に対応させようとした。また、吉川経幹《きつかわつねまさ》も同席させようとして、その依頼のため広沢真臣を岩国へ派遣した。会見場は下関を予定していたが、他藩人の通行が多く、疑惑を生ずるおそれがあるとして、急遽三田尻に変更した。十二月二十七日、下関に寄港したキングは、会見地を三田尻に変更したいとの要請を受け入れ、二十九日に三田尻に寄港することを承諾した。その情報は、二十八日夕刻、山口に達し、元徳は即刻三田尻に出た。木戸、広沢、井上馨らも随従して会見の準備に入った。

キング提督と毛利敬親の会見　二十九日正午、井上らは出迎えのためイギリス艦に行き、キング以下一〇名を会見場にあてられた豪農貞永隼太宅へ導いた。元徳と経幹は中門まで出て迎え、応接の席まで導いた。一応の挨拶があり酒宴に移った。敬親は出席しない予定であったが、キングの強い要請を受けたため出席することになり、山口を出発して宴半ばに到着した。そこでさらに盛宴を張り饗応を尽くした。キングは敬親の好意を感謝し、翌日、軍艦に案内することを約束し、午後五時辞去した。

翌三十日午前十時、敬親、元徳、経幹はイギリス軍艦を訪問するため、長州藩軍艦丙寅《へいいん》丸に搭乗して出発した。イギリス軍艦は、日本国の旗印をあげ、礼砲一八発を放ち、音楽を演奏して歓迎した。キングは、前日の歓待の感謝とパークス以下への進物の礼を述べた。キングは艦中を案内し、大砲の実射を見学させ、記念撮影を行った。終わって饗応を尽くした。午後四時、敬親らは丙寅丸に帰り、暮前に貞永宅へ帰還した。この日、キングは敬親に進物を贈った（「柏村日記」）。

キング側の反応　長州藩はキングとの会見に最大限の努力を払った。しかし、キングは異なった印象を持ったようである。長州藩主との会見についてキングは、パークスに対し、鹿児島、宇和島、福岡で接触したすべての人々から受けた好意と友情が、三田尻では欠如していたとし、また、外国人に対する猜疑心からの自由も欠如していたように思われると報告している（キング提督よりパークスへの書簡、一八六七年二月六日付、萩原延壽『慶喜登場　遠い崖―アーネスト・サトウ日記抄4』所収）。また、通訳のアストンも、長州藩主とその大部分の家臣のあいだに見られる友好的な感情の欠如を報告している（日付なし、同右報告）。

この報告を受け取ったパークスは、スタンレー外相にあてて、キング提督は、福岡藩主から満足すべき歓迎を受けたが、長州の歓迎ぶりは劣っていたと書いている（パークスよりスタンレー外相への報告、一八六七年三月一日付）。

このように、イギリス側は、長州藩の歓迎ぶりが不足していたとの印象を受けている。その原因は、藩内に根強く残る攘夷感情に配慮して、会見場所を予定していた交通の要衝である下関を避け、急遽三田尻に変更し、会見場も豪農の家屋をあてて極秘に行ったため、城下町で行った他の三カ所と比較して、不充分であるとの印象を与えたと考えられる。

しかし、キングが、長州藩による下関海峡の一部再武装に関しては黙認してくれ、この時、通訳をつとめた井上馨と遠藤謹助の便乗を許し、兵庫まで送り届けてくれたことでもわかるように、関係が悪化しているわけではない。長州藩にとっては、イギリスが幕府に荷担するのではなく、このまま中立を続けてくれれば良いのであり、その面では、この会見は、一応の役割を果たしたと見ることができる。

むすび

本書で述べてきたことをまとめておくと、以下のようになる。

（1）幕長戦争は、元治元年（一八六四）七月十八〜十九日の禁門の変の後、幕府の要請を受けて、七月二十三日、朝廷が長州藩の追討を命じたことに始まる。その対立軸は、幕府は充分に対外政策の役割を果たしていないとし、早急に攘夷国是《こくぜ》を確立すべきことを求める長州藩と、既存の外交政策の維持を図ろうとする幕府の対外問題を巡る路線の違いにあった。現象面での対立軸は、御所へ向け発砲した長州藩を追及することにあったが、より基底の対立軸を見ておく必要がある。このことは、幕長戦争開戦時の長州藩の応戦理由に、幕府の外交政策に対する批判を掲げていることによっても確認できる。

（2）第一次長州出兵の状況下、長州藩内では、禁門の変や八月五日からの四国連合艦隊下関砲撃の敗北のなかで、藩の政策を主導してきた尊王攘夷派は政権を追われ、かわって幕府へひたすら謝罪することによって藩の保全を図ろうとする保守派が台頭した。

（3）征長軍の広島および小倉集結が行われるなか、征長軍参謀西郷隆盛は、長州藩を内部分裂させ、戦わずして勝利する作戦をとろうとした。その方略として降伏条件を示し、これに従って長州藩主毛利敬親《たかちか》父子は蟄居《ちっきょ》し、伏罪書《ふくざいしょ》および請書を差し出した。また、征長総督府は、山口城破却を確認したことなどにより、降伏条件は達成されたと認め、十二月二十七日、撤兵令を発した。翌慶応元年（一八六五）一月四日、征長総督徳川慶勝《よしかつ》は広島を発して大坂へ向かった。諸藩軍も広島と小倉から続々と撤退した。第一次長州出兵は、戦闘に至らずに終結した。

（4）元治元年十二月十五日夜、高杉晋作は、長府の功山寺で決起し、遊撃隊・力士隊を率いて下関へ進撃した。ついで十七日、長府に屯集していた諸隊は、萩を目指して進発した。慶応元年一月六日、保守派の萩政府の派遣した鎮静軍と諸隊の戦闘が、大田《おおだ》・絵堂で行われ、諸隊が勝利した。以後の戦闘でも、諸隊が勝利し、諸隊の影響下にある政権が成立した。三月二十三日、長州藩は、長府・徳山・清末《きよすえ》の三支藩の同意を得て、幕府に対しては恭順であるが、もし攻撃を受けたときは武力で戦うという「武備恭順」の方針を決定した。この段階では、幕府を武力で討つというレベルまで到達してはいない。幕府の攻撃を受けたら抗戦するというものであり、抗幕政権が成立した。ただし、岩国藩は未参加であり、確立までには至っていない。後、閏五月二十日、岩国藩も含めた抗幕体制が確立した。

（5）慶応元年四月十三日、幕府は、将軍徳川家茂《いえもち》の進発に際しての諸藩の行軍の部署を定めた。十九日、長州藩に容易ならざる企てがあるという理由で、長州藩征討のため五月十六日を期して将軍の進発を行うことを布達した。これを受けて、五月五日、幕府軍の一番手は江戸を出陣し、従軍する部隊は漸次出陣した。幕府直轄軍の進発総数は、二万一五四八人にのぼった。このうち中核となる幕府陸軍は、西洋式軍隊であった。

（6）九月二十一日、幕府は、長州再征の勅許を得た。これに対し、薩摩藩西郷派は再征勅許への反対運動を展開した。

（7）十一月七日、幕府は征長軍諸藩の攻撃部署を決定し、進発を命じた。十一月十五日、幕府陸軍、彦根藩軍、高田藩軍等は大坂を出陣し、広島城下に集結した。また、十二月一日、福山藩軍は、福山城下から石州方面へ進発した。

（8）慶応二年（一八六六）一月二十一日、京都において長州藩代表の木戸孝允と薩摩藩西郷派との間に薩長盟約が成立した。盟約第一条は、幕長戦争が開戦すると、薩摩藩は、直ちに二〇〇〇余の兵士を急いで上京させ、京都・大坂を固めると規定し、幕府軍本隊の駐屯する大坂を固め、長州藩を後方から支援するものであった。第二条から五条は、幕長戦争が開戦した後に想定される様々な事態に対応して、薩摩藩は長州藩の冤罪（八月十八日政変で京都における政治的地位を奪われたこと）をはらすため朝廷工作に尽力すると規定していた。第六条は、高次の目標として、薩長両藩が協力して、朝廷の権威回復を目標に尽力することを掲げていた。

（9）一月二十二日深夜、幕府は、長州処分の勅許を得た。二月七日、処分通告のため、小笠原長《なが》行《みち》が広島に下向し、長州藩に処分受諾を迫った。これに対し長州藩は、第一次長州出兵での謝罪で処分は済んでいるとして受諾を拒否した。交渉のつばぜり合いが続いたが、五月九日、小笠原は、長州藩主毛利敬親名代の宍戸備後助などを拘禁し、ここに平和交渉の途は実質上断たれた。小笠原は、五月二十九日までに長州藩が処分受諾の請書を提出しない場合、六月五日を期して進撃するよう征長軍に命じた。大島口、芸州口、石州口、小倉口の幕府直轄軍および諸藩軍は、進撃を開始した。

(10) 六月七日、幕府蒸気軍艦は、長州藩領の熊毛半島先端を砲撃し、さらに周防大島を砲撃した。ここに幕長戦争は開戦した。ついで六月八日、幕府軍艦四艘は幕府直轄軍を乗せて、大島北側の久賀《くか》村の海上に着いた。幕府軍艦は、沿岸を大規模に砲撃した。

(11) 六月十日午後六時、山口の藩庁政事堂へ大島が大規模に砲撃されたとの報告が到来した。これを受けて、その夜長州藩は応戦を決断し、藩庁政事堂は、諸隊および海軍局へ出動の指令を発した。

(12) 六月十日夜、木戸孝允は、京都薩摩藩邸の大久保利通と品川弥二郎にあてて、応戦を決断したことを知らせる手紙を書いた。大久保へは、応戦の覚悟を表明した。品川へは、予定していた長州藩の正当性を情宣する行動に着手するよう依頼した。鹿児島の西郷隆盛は、開戦の連絡を受けて、直ちに兵士を上京させる手配をした。準備に時間がかかったが、七月十日、取り急ぎ兵士三隊が鹿児島を出港した。さらに後続部隊が八月四日まで続き、合計八隊、一一〇〇余が上京した。開戦とともに兵を上京させるという薩長盟約第一条を忠実に実行した。

(13)　六月十五日、大島口の長州軍は大島に渡島し、反撃を開始した。この反撃により大島を占領していた松山藩軍および幕府直轄軍は敗退し、六月二十日、幕府船は残らず広島方面に撤退した。長州藩藩庁政事堂は、幕長戦争全体の指揮権を掌握し、大島・芸州・石州・小倉の四方面における部隊の移動など、作戦の統一的指揮を行った。組織的な部隊の運用は、少ない兵力を有効に生かす上で効果を上げた。長州軍は、諸隊はもとより、家臣団隊も小隊組織に編制されて西洋軍制化されていた。これらの隊が、各方面軍本陣の指揮下に置かれ、密接に連携を保ちつつ戦闘を展開した。長州軍の作戦は、地形を巧みに利用し、制高を重視し、状況に応じて広く散開し、大砲・小銃を活用するものであった。また、地元民衆の声、篝火、兵糧提供などによる多様な支援があった。

幕府直轄軍は、西洋式軍隊である陸軍歩兵部隊と、海軍の大型蒸気軍艦からの艦砲射撃を組み合わせた最新鋭の強力なものであり、長州軍を苦しめたが、松山藩軍は、旧式のままの軍事編制であり、長州軍の攻撃によって敗退した。

(14)　芸州口においては、六月十四日暁、征長軍先鋒の高田藩軍は藩境の大竹村へ繰り出し、岩国藩領を目当てに大砲を打った。高田藩軍の先制砲撃によって芸州口戦争は開戦した。長州軍は反撃を開始し、旧式の高田藩軍、彦根藩軍を破った。長州軍はさらに広島方面に進撃し、大野村を攻撃したが、ここを守備していたのは西洋式装備の和歌山藩水野忠幹《ただもと》率いる水野軍および幕府陸軍であり、また最新鋭軍艦による艦砲射撃の威力に苦戦して撤退した。以後、激戦が展開し、一進一退が続いた。

八月七日、長州軍は宮内村へ進撃し、高田藩軍・彦根藩軍・明石藩軍は敗退し、広島城下まで撤退した。大野村においては、進撃した長州軍は苦戦し撤退したが、征長軍は、宮内村の敗戦により背後を切断される形となった。危機感を抱いた征長軍は、九日ことごとく広島へ撤退した。九月二日、厳島の大願寺において、長州藩と幕府の間に休戦講和が締結され、芸州口戦争は終結した。

長州軍は、散兵戦術を駆使し、山岳地形を巧みに利用して、制高を重視する作戦を展開した。また、ミニエー銃を標準装備し、征長軍のうち諸藩軍のゲベール銃を圧倒した。また、軍夫の動員体制を確立し、かつ、民衆の協力もあって、兵站《へいたん》を確保した。また、広島藩領においても民衆に配慮した施策を行って民衆を味方に付けた。

これに対し征長軍は、旧式の諸藩軍もいたが、幕府陸軍や和歌山藩軍は、西洋式軍隊であり、また、軍艦は最新鋭の大型軍艦であり、その艦砲射撃は、芸州口に軍艦が配備されていない長州軍を苦しめた。西洋式装備では、総合的に見れば質量ともに征長軍のほうが上回っていた。しかし長州軍は、散兵戦術など西洋式戦法に習熟し、それを充分に使いこなした点に勝因があった。また、征長軍は軍夫の逃亡が相次ぎ、作戦に支障をきたした。さらに広島藩領の民衆を抑圧したため、民衆の反発を招いた。

(15)　石州口においては、福山藩軍、浜田藩軍は益田に集結していたが、長州軍は、六月十五日夜、津和野藩領へ入り、さらに浜田藩領境界に向かった。十六日、長州軍は益田を攻撃し、福山藩軍・浜田藩軍と交戦した。益田の戦闘において長州軍は勝利し、以後、追撃戦を続けて浜田城下に迫った。七月十六日、浜田藩は、城を自焼して撤退し、石州口戦争は終結した。

長州軍は、散兵戦術を駆使し、少ない人数を有効に活用することにより、征長軍に勝利した。また、民衆に対する細かな配慮をすることにより、民衆の支持を得、兵站も順調に機能し、戦争を有利に進めることが出来た。

これに対し、福山藩軍は、一部西洋式装備であったが、基本は旧式の軍事編制であり、軍夫の逃亡などもあって武器を確保できず、長州軍に敗退した。浜田藩軍は、旧式の軍隊であり、民衆の抵抗により軍夫の動員が順調に機能しなかった。石州口に派遣された和歌山藩軍は、旧式の軍隊であり、士気が低く、また石見国の民衆を虐待したため、民衆から追われる事態となった。松江藩軍は、武器は最新の西洋式であったが、積極的参戦は行わなかった。鳥取藩軍は、武器は旧式であり、戦闘への出動はほとんど行わなかった。総じて石州口の征長軍は、旧式の封建制軍隊であり、西洋式兵器があってもそれを生かしきれなかった。

石見国民衆は、長州藩を支持し、逆に征長軍の軍夫動員には抵抗運動を起こした。また、動員された後も、逃亡を繰り返し、征長軍の軍事作戦遂行に支障を与え、長州軍勝利の要因の一つとなった。ただし長州藩は、戦争終結後に起こった百姓一揆は鎮圧しており、百姓一揆の立場に立つ政治勢力ではなかった。人々の活力は引き出したが、歴史は段階を追って進展するのであり、一挙に民主主義政権が出現するわけではない。

(16) 小倉口においては、小倉藩は六月四日、下関の対岸に出陣した。長州軍は六月十七日、軍艦による砲撃のもと、陸軍の渡海作戦を行い、小倉藩軍を打ち破った。次いで七月三日、大里村《だいり》戦争に勝利したが、七月二十七日の赤坂戦争では、守備していた熊本藩軍と激戦して敗退し、幕長戦争で最大の犠牲者を出した。しかし、長州軍の士気は衰えず、七月三十日、九州方面の指揮に当たっていた小笠原長行は、小倉から脱出した。諸藩軍も小倉から撤退したため、八月一日、小倉藩は、城を自焼して内陸部へ撤退した。九月二日の芸州口での休戦締結後も、小倉口では局地戦が継続したが、慶応三年（一八六七）一月二十三日、国喪（孝明天皇死去）につき解兵の命令が出され、幕長戦争は終結した。

長州軍は西洋式戦法に習熟しており、とりわけ散兵戦術を駆使した。さらに、藩庁政事堂の統一的指揮のもとで、効果的な部隊や軍艦の配置が行われ、各部隊、軍艦、砲台の密接な連携のもとで作戦が展開された。長州藩では、農兵による地域の防備体制が確立し、背後を突かれるという憂いがなく作戦に集中出来た。また、軍夫の動員も、困難な状況ではあるが、支障なく行われた。

これに対し小倉藩軍は、大砲などは優秀なものを装備していたが、旧来の軍事編制のままの軍隊であり、有効に使いこなせず、長州軍に敗退した。小倉藩では、軍夫の逃亡が相次ぎ、また、動員への抵抗があり、戦争遂行に影響を与えた。

熊本藩軍は、旧来の軍事編制のままの軍隊であったが、最新の大砲を装備し、高所の陣地に拠って防御する形態の戦闘であったため、力攻めをした長州軍を敗退させた。

幕府軍は、ミニエー銃を装備した西洋式軍隊であったが、戦闘には投入されなかった。また、海軍は、当時最新で最強の軍艦を持ち、長州海軍を圧倒していたが、各艦の戦闘の稚拙さから効果的な作戦が出来なかった。

(17)　幕長戦争は国際問題も関係した戦争であった。幕府は敗戦の続くなか、戦局を挽回しようとして、老中小笠原長行、同板倉勝静《かつきよ》、徳川慶喜は、フランス公使ロッシュに対し、長州藩攻撃のためフランスの軍事援助を要請した。ロッシュは軍事支援を承諾した。また、長州藩へ降伏を勧告する威圧を行い、長州藩に関する軍事情報を幕府に提供するなど、幕府を支援した。

西洋列強に敗退した経験を持つ長州藩にとって、フランスから幕府への軍事援助の問題は、重大な脅威であり続けた。一方で、フランス本国は、ロッシュの外交政策に違和感を持ち始めていた。この動きは、当時ヨーロッパに派遣されていた薩摩藩留学生によって素早くキャッチされた。この情報は、薩摩藩の手によって、慶応二年八月十二日長州藩に伝えられた。ロッシュが必ずしもフランス本国の支持を受けていないという情報は、ロッシュの威圧を受け続けていた長州藩にとって、戦争遂行の自信を与える上で有益な情報であった。それは薩長盟約に基づく薩摩藩による支援の一環であった。

イギリス公使パークスは、幕長戦争に関しては厳正中立の立場をとった。イギリス外務省は、日本の内紛に対して、特定の政治勢力を支援することは禁じていた。この中立方針のためパークスが長州藩を支援したわけではないが、長州藩の下関海峡再武装は黙認され、長州藩にとっては幕府との戦争に集中することを可能にし、長州藩が幕長戦争へ勝利することに一定の影響を与えた。

幕長戦争の実像　幕長戦争は、これまでの通説では、西洋式兵器をそろえた長州藩が、旧式兵器のままの征長軍を破ったとされてきた。このイメージは、きわめて常識的範囲のもので納得しやすく、戦争過程を改めて検証しようとする研究関心は生じなかった。また、征長軍として動員された諸藩の関係史料が全国に散在し、しかも未整理のままのものが多く、史料収集が困難なこともあって、本格的研究は行われてこなかった。

しかし、戦争の過程を正確に復元すると、幕府直轄軍や和歌山藩軍の兵器は、長州藩の兵器と互角のレベルであり、とりわけ海軍力においては、幕府は、当時最新鋭の大型蒸気軍艦をそろえており、長州藩を圧倒していた。しかるになぜ長州藩は勝利することができたのか。このことを解明することが、本書の最大の課題である。そのために、征長軍側の史料と長州藩側の史料を相互に突き合わせることにより、可能な限り正確な戦争の諸事実を明らかにしようとした。その結果、両者が決定的に違うのは、長州軍が散兵戦術など西洋式戦法に習熟し、それを充分に使いこなしたという点、つまり兵士の自発性の有無を中心とした質の差、兵站を担う軍夫の積極性の有無の差、さらにはその背後にいる民衆の支援の有無の差にあったことが明らかとなった。

幕長戦争の意義　幕長戦争の意義は、とりもなおさず両政治勢力の歴史的性格の差の解明につながってくる。つまり封建身分制の維持を前提とする幕府・諸藩と、それを克服し、諸階層の活力を引き出し、近代国家の成立を目指そうとする勢力の差である。「戦争は、政治的手段とは異なる手段をもって継続される政治にほかならない」（クラウゼヴィッツ『戦争論』）と言われる。戦争の実践過程の中に両交戦団体の政治的性格が最も端的に表れる。政局史では、政治勢力の発言は政略的なものであり、本音が語られることは少ないが、戦争過程は現実そのものである。本書の第一の目的は、戦争過程の基礎的諸事実を明らかにしようとするものであるが、関心はむしろ政治過程のほうにある。

幕長戦争は、幕末の政治過程において重要なターニングポイントとなった戦争であった。軍事政権である幕府にとって、敗戦はいかなる言い訳も通用しない。幕府の権威は決定的に下落し、諸藩は幕府の命令に従わなくなった。幕長戦争は、長州藩が勝利した後、追撃戦を行っていないことに象徴的に現れているように、討幕を目指す戦争ではなかった。このことは厳然たる事実である。しかし、戦争の過程で幕府を完全に見限った政治勢力によって、慶応三年になると、討幕の動きは現実のものとなってくる。その動きについて若干の展望を述べておきたい。

慶応三年の政治過程　幕長戦争は慶応三年一月二十三日解兵したが、長州処分問題は終わったわけではなかった。徳川慶喜は、長州処分をうやむやにすることは、幕府の統治権にかかわるとして、処分を追及する構えを崩そうとはしなかった。この問題は、慶応三年五月、島津久光・伊達宗城《むねなり》・松平慶永・山内容堂の四侯会議の意向と激突することになる。

久光は、長州藩の復権を主張し、それが実現されることにより幕府の反正（正にかえる）の態度が証明されるとした。しかし、長州藩の復権を認めることは、幕府自らの非を認めることになる。五月二十三日・二十四日の朝議において、慶喜は自己の主張を強硬に迫り、兵庫開港と長州処分の寛大処置を幕府に命ずる沙汰書を得た。しかし、寛大な処置の内容は、幕府に委ねられた。さらに、幕府は寛大な処置を行う条件として、長州藩に嘆願書の提出を求めた。幕府は自らの非は認めなかったのである。

ここにおいて久光は、慶喜を完全に見限り、六月十六日、薩摩藩京都藩邸に滞在していた山県有朋と品川弥二郎を招き、討幕の決意を伝え、山県に手ずから六連発の拳銃を与えたのである。しかし、慶喜によって急速に西洋式に改革整備が進められた二万四〇〇〇の幕府軍は、脅威であり続けた。巨大な軍事力を有している幕府に対し、討幕は容易に出てくるものではなく、少しでも支援してくれる可能性のある政治勢力と提携し、結集する必要があった。

その一つが薩土盟約であった。この対応のため西郷が山口へ行く予定は中止された。西郷が、「渡りに船」と長州藩に伝えているように、基本方針に変更があったわけではない。七月十五日、代理で山口に来た村田新八から京都の情勢が伝えられた。それを受けて、毛利敬親・元徳父子は、七月二十六日付で久光に次のような親書を書いた。

当春已来、皇威御回復朝政御基本凜然《りんぜん》立させられん為、頗被為尽御誠力《すこぶるごせいりょくをつくされ》、不堪欽慕《きんぼにたえず》、しかのみならず敝国《へいこく》之事件迄もしばしば預御建言奉感佩《かんぱい》候、近頃禁中之御様子、遥に謹聞仕候得は、恐《かし》こくも新帝御幼冲被為在候処、於幕府も更ニ反正之行無之趣、いかにも痛哭《つうこく》悲歎之至御座候、就而は不一形《ひとかたならざる》御苦心可被為成と奉想像候、はた防長之義、斯《かく》まて御周旋被成下候は、実以望外之仕合御座候、然とも千一も其辺よりして神州之紛乱ニ立いたり候而は、奉対天朝《てんちょうにたいしたてまつり》、人臣之職片時も不安候得は、生等一身之上いかに相成候も素り遺憾無御座、只管《ひたすら》政権帰上、万民安悦仕候様有之度奉祈願候

（『鹿児島県史料　玉里島津家史料』五）

この書簡は、上京する直目《じきめ》付《つけ》の柏村信《かしわむらまこと》に託され、久光に届けられた。長州藩主が公式に意向を表明したものとして重要である。久光のこれまでの尽力に感謝し、幕府への批判を強めている。藩主の書簡なので、自分の身はどのようになってもかまわないが、神州の紛乱にならないようにと謙遜の表現になっている。しかし、このことは逆に、久光が紛乱を覚悟していることが伝えられたことを前提としたものであり、両者の間に討幕の意志が成立していることが判明する。以後の政治史は、王政復古に至るまで諸勢力の妥協と対立が繰り返されて複雑をきわめるが、そこにおいて、幕長戦争において幕府が敗退したという事実は、あらゆる政治主体の判断を規定する重要な役割を果たしたのである。

最近、慶応三年の政治過程の研究が進み、討幕は従来いわれてきたような単純で順調なものではなかったと指摘されるようになった。そのこと自体は研究の進展にとって有益であるが、一方で、その

ことを強調しすぎると、時に妥協しつつも、困難を乗り越えて進展しようとした討幕の過程があいまいになる危険性がある。そのためにも、幕長戦争の諸事実をしっかり固め、その上に立った政治史を構築する必要があろう。

あとがき

幕長戦争の研究を始めたのは、一九八三年から四年にかけて、東京大学史料編纂所で国内研究員として研究する機会を与えられた時にさかのぼる。この間は、「大日本維新史料稿本」四二〇〇冊の読破に明け暮れたが、幕末維新期の厖大な史料を編年的に読み進めながら、一つの史実を巡って、様々な立場や視点から書かれた史料があり、史実は、関連するあらゆる史料の丹念な突き合わせと、歴史の全体状況の中での位置付けによって真実を明らかにしなければならないという確信をえることができた。また、幕末維新期の政治上の事件について、事件とは直接関係しない地域の動向まで網羅して日々の動きを伝える厖大な史料群を見ることにより、その中から自然と浮かびあがってくる、幕末維新期の社会の大きなうねりを実感することができた。

この実感は、政局を突き動かしている社会の動きを基底に据え、村落の視点を組み込んだ明治維新政治史の構築の必要性を痛感することになった。さらに、歴史を突き動かすのは、政局における諸交渉や意見表明よりも、実践過程のほうがはるかに重いということを確認することにもなった。そして、幕府崩壊における実践過程の中でも、幕長戦争は幕府崩壊を決定づける最大の事件として、その解明が必要であると思った。

しかし、戦争史料は、自己の戦闘を誇大に書く傾向があるのは常であり、当事者による当時の史料であっても、交戦団隊双方の記述に矛盾があり、史料批判なしでは使用することはできない。この点で、主として長州藩側の史料に依拠して叙述している『修訂防長回天史』には限界があり、誤記も多い。また、伝聞史料を多く集めた『藤岡屋日記』や『連城紀聞』などは、直接戦場にいて見聞したのではなく、間違った伝聞情報をそのまま収録している場合があり、当時の史料であっても取り扱いに注意が必要である。このため、可能な限り多様な立場の史料を集めることを目ざし、史料編纂所において「大日本維新史料稿本」以外にも、維新史料編纂会引継本の高田藩関係史料をはじめとする諸史料や、「編年雑録」のような当時の情報探索史料を収録した多様な史料を収集することができた。

一方、長州藩側の史料は、山口県文書館に集中的に整備されており、短期間に収集することができた。しかし、幕府側の史料は、まとまった形では残っておらず、従軍した諸藩の史料は全国に散在しており、調査は容易ではなかった。

一九九二年、山口県史の編纂事業が始まり、明治維新部会では幕末維新期の史料編を七冊刊行することとなった。その一冊として、幕長戦争関係の史料を全国調査に基づいて網羅することになり、その過程で諸藩の史料を補充調査することができた。本史料集は、『山口県史　史料編幕末維新四』として、山口県から二〇一〇年刊行された。本史料集に収録できたのは、紙幅の関係で収集した史料の一部にしか過ぎないが、他の六冊の幕末維新の史料集とともに、学界の共有財産として活用されることを念願している。

ともあれ、本書は、東京大学史料編纂所、山口県文書館、山口県史編纂室をはじめとする諸機関、史料調査など様々な機会を通してご支援いただいた多くの方々のご援助によりまとめることができた。史料編纂所での指導教官小野正雄先生をはじめ、いちいちお名前をあげることは控えさせていただくが、多くの方々の学恩と関係機関に深く感謝したい。

二〇一二年十二月

三宅紹宣

関係年表

年号	西暦	事項
嘉永　六	一八五三	六月三日、ペリー、軍艦四隻を率い、浦賀に来航
安政　元	一八五四	三月三日、幕府、ペリーと日米和親条約を締結し、下田・箱館を開港する
安政　五	一八五八	六月一九日、幕府、ハリスと日米修好通商条約を締結し、箱館・神奈川・長崎・新潟・兵庫の開港と江戸・大坂の開市などを認める
安政　六	一八五九	五月二八日、幕府、神奈川・長崎・箱館を開港し、ロシア・フランス・イギリス・オランダ・アメリカと貿易を許す
文久　元	一八六一	二月三日、ロシア軍艦ポサドニック号、対馬に来航し、八月一五日まで占拠を続ける 三月二八日、長州藩直目付長井雅楽、藩主毛利敬親へ「航海遠略策」を建言する。敬親の承認を得、長州藩は、「航海遠略策」にそって公武周旋することを方針とする 四月二八日、イギリス艦四隻、下関に来航し、無断で測量を強行し、瀬戸内海沿岸諸村で対外的危機が発生する。五月二〇日にいたり退去する
文久　二	一八六二	七月六日、長州藩、京都藩邸における御前会議で、藩の方針を攘夷に転換する 九月二一日、朝廷、攘夷方針を決定する 一二月一二日、高杉晋作ら、品川御殿山に建築中のイギリス公使館を焼打ちする
文久　三	一八六三	二月七日、長州藩主毛利敬親、萩に帰る途中岩国に立ち寄り、吉川経幹に対し、以後は支藩の

元治元	一八六四	礼をもってすることを伝える 三月四日、将軍徳川家茂、上洛する 四月一一日、孝明天皇、攘夷祈願のため石清水八幡宮に行幸する 四月一六日、長州藩主毛利敬親、萩から山口中河原の御茶屋に移る（山口移鎮） 四月二〇日、幕府、五月一〇日を攘夷期限と上奏する。二一日、朝廷、その勅を発す 五月一〇日、長州藩、下関海峡においてアメリカ商船を砲撃し、攘夷を実行する 五月一二日、井上馨・伊藤博文・山尾庸三・遠藤謹助・野村弥吉、イギリス留学のために横浜から出航する 五月二三日、長州藩、下関海峡においてフランス軍艦を砲撃する 五月二六日、長州藩、下関海峡においてオランダ軍艦を砲撃する 六月一日、アメリカ軍艦、下関海峡において報復攻撃し、長州藩軍艦を沈める 六月五日、フランス軍艦、下関海峡において報復攻撃し、長州藩砲台を破壊する 六月七日、高杉晋作、長州藩主の命により、下関において奇兵隊を結成する 六月一八日、長州藩、政事堂を山口中河原の御屋形内に設け、山口政事堂と称する 七月八日、朝廷の攘夷監察使正親町公董、山口に下向し、長州藩の攘夷実行を賞す 七月二〇日、長州藩、山口移鎮を告諭する 八月一三日、攘夷親征のための大和行幸の詔が出る 八月一八日、朝廷の議が一変し、大和行幸の詔を撤回し、長州藩の御所堺町門の警衛を停止する（八月一八日政変）。三条実美ら七卿は参朝を停止され、長州藩に下る（七卿落ち） 二月一日、長府藩主毛利元周、長府御殿（城）から勝山城に移る

年号	西暦	事項
元治元	一八六四	六月五日、京都池田屋に新選組が斬り込み、尊王攘夷派の志士が多数犠牲となる（池田屋事件） 六月一六日、長州藩家老福原越後、兵を率いて山口を進発する 六月二四日、長州藩の志士ら、攘夷国是を確立することを嘆願する。以後、たびたび嘆願に及ぶ 七月一四日、長州藩世子毛利元徳、三条実美ら五卿とともに兵を率いて三田尻を出帆する 七月一七日、長州藩福原越後・国司信濃・益田右衛門介の三家老ら、京都近郊の男山八幡宮に会議する 七月一八日夜半、長州藩兵、京都へ向け進発を開始する。翌一九日、御所を警備する会津藩・薩摩藩などと激戦を展開し、敗退する（禁門の変） 七月二〇日、毛利元徳、禁門の変の敗報を讃岐国多度津の沖で聞き、船を返して、二三日上関に着く 七月二三日、朝廷、長州藩追討の命を一橋慶喜に下す 八月二日、幕府、長州藩追討を諸藩に命ずる 八月五日、英仏蘭米の四国連合艦隊、下関を砲撃し、長州藩敗退する 八月一四日、長州藩と四国連合艦隊との和議成立する 一〇月三日、長州藩主毛利敬親、山口城から萩城に移る 一〇月一一日、長州藩領三田尻屯集の奇兵隊、膺懲隊、佐波郡徳地に転陣せんことを請い、こ

慶応元	一八六五	の日許される。一〇月二〇日、三田尻を発し、徳地に転陣する 一〇月二一日、長州藩の萩政府（保守派政権）、諸隊解散令を下す 一一月一日、征長総督徳川慶勝、大坂を発し、一六日、広島に至る 一一月四日、奇兵隊など山口に転陣、諸隊もまた相次いで山口に入る 一一月一一日、長州藩家老益田右衛門介・国司信濃は徳山において、翌一二日、福原越後は岩国において自刃する 一一月一七日、諸隊、五卿を奉じて長府に転陣する 一一月一八日、広島の征長軍、自刃した三家老の首実検を行う 一一月一九日、征長総督徳川慶勝、岩国藩主吉川経幹に毛利敬親父子の伏罪書提出、山口城の破却、三条実美等五卿の差し出しを命ず 一二月一五日夜半、高杉晋作、藩論を回復せんとして長府の功山寺に決起し、翌一六日、下関新地会所を襲う 一二月二〇日、徳川慶勝の名代石河佐渡守、幕府目付戸川鉡三郎、山口城破却の状況を点検し、この日萩に着く。翌二一日、萩城内を巡検し、敬親父子の謹慎の状況を視察する 一二月二五日、萩政府、諸隊鎮静令を発し、毛利宣次郎を総奉行に任じ、明木に兵を進める 一二月二七日、徳川慶勝、征長諸藩に撤兵帰休を命ずる 一月二日、高杉晋作・伊藤博文ら再び下関に挙兵し、討奸檄を掲げる 一月六日夜半、諸隊は長州藩領美祢郡絵堂村の萩政府軍の本陣を襲い、大田・絵堂の戦起こる 一月七日、御楯隊山田顕義ら、長州藩領小郡宰判勘場に来、軍資金の借用を要請する 一月一〇日、長州藩領山口宰判矢原村豪農吉富藤兵衛ら、井上馨を幽囚中より奪い、井上を総

年号	西暦	事項
		督とする鴻城隊を山口に組織する
慶応 元	一八六五	一月一〇日、萩政府軍、長州藩領美祢郡大田に諸隊と交戦し、敗退する 一月一四日、三条実美ら五卿、長府を発して、筑前大宰府へ向かう 一月一六日、諸隊、長州藩領美祢郡赤村および阿武郡佐々並村に萩政府軍を破る 一月一六日、萩において保守派に対抗し、中立派家臣団が立ち上がり、鎮静会議員と称す 一月二八日、毛利敬親、藩政府の改革に着手し、政府員の更迭を行い、保守派を退ける 二月二二日、長州藩内が鎮定したことにより、毛利敬親、萩の祖霊社において臨時祭を行う 二月二七日、毛利敬親、萩を発し、二八日、再び山口に移る 三月七日、長州藩、改めて諸隊の定員および駐屯地を定める 三月一五日、長州藩、鎮静会議員に干城隊の名を賜う 三月二三日、長州藩主毛利敬親、長府・徳山・清末藩主の諮問に応え、藩論を武備恭順に決す(抗幕政権の成立。ただし岩国藩は未参加) 四月一二日、幕府、将軍徳川家茂の五月一六日を期しての進発を令す。翌一三日、彦根藩以下に出兵を命じる 四月二六日、木戸孝允、但馬国から下関に帰着する 五月一六日、将軍徳川家茂、征長のため江戸城を進発する 閏五月五日、木戸孝允、下関に来た坂本龍馬と会談し、長薩和解の動きが起こる 閏五月二〇日、長州藩、岩国藩の参加を得て、抗幕体制を確立する

慶応　二	一八六六	九月七日、長州藩主毛利敬親・元徳父子、薩摩藩主島津忠義とその父久光宛の書簡を上杉宗次郎に託す 九月二一日、朝廷、幕府の長州再征を勅許する 一〇月五日、朝廷、条約を勅許する。ただし、兵庫の開港は不許可とする 一一月七日、幕府、彦根藩以下三一藩に長州征討の出兵を命じる 一一月二〇日、幕府大目付永井尚志ら、広島の国泰寺において長州藩宍戸備後助らを訊問する 一月二一日、西郷隆盛ら、木戸孝允と会談し、薩長盟約が成立する 一月二二日、一橋慶喜、参内して長州藩処分を奏請し、深夜、処分の勅許を得る 二月四日、老中小笠原長行、長州処分を言い渡すため、大坂を出発し、二月七日、広島に着く 二月二二日、老中小笠原長行、長州処分を言い渡すため長州藩老臣および支藩主以下を広島に召致するよう広島藩に命ず。二六日、広島藩、使者を長州藩に派遣する 三月一八日　これより先、長州藩家老益田家領阿武郡弥富村において農民等が蜂起する。さらに近村にも及ぶことを恐れ、藩政府は国貞直人を派遣し、その指導者を逮捕し、鎮撫の策を行わせる。さらに一八日、藩政府は、奇兵隊・集義隊に書を贈り、益田家家臣の隊に在る者を返し、共に鎮撫の策を講じ領政の前途を定めさせる 四月五日、第二奇兵隊士一〇〇名余りが、熊毛郡石城山の本営を脱走する。四月一〇日、備中倉敷の幕府代官所を襲う 四月一四日、大久保利通、大坂城において薩摩藩の長州出兵拒否の建白書を提出する 五月九日、小笠原長行、広島において長州藩主毛利敬親の名代宍戸備後助らを拘留する 五月二四日、幕府、長州藩が五月二九日までに処分の請書を提出しない場合、六月五日を期し

年号	西暦	事項
慶応　二	一八六六	て進発するよう征長軍各軍に命ずる 六月五日、征長先鋒総督徳川茂承、広島に到着する 六月七日、幕府軍艦、長州藩領熊毛半島先端を砲撃し、さらに大島郡安下庄（屋代島）を砲撃し、幕長戦争始まる 六月八日、幕府軍艦、長州藩領大島郡油宇村を砲撃し、松山藩軍が上陸。次いで安下庄を砲撃する。夕方、幕府軍艦、大島郡久賀村を砲撃・放火する 六月一〇日夜、長州藩の藩庁政事堂、征長軍に対し応戦の指令を出す 六月一一日、幕府軍、長州藩領大島郡久賀村を砲撃し、上陸する。また安下庄を砲撃し、松山藩軍が上陸する 六月一四日、彦根・高田藩軍、長州藩と広島藩との境の小瀬川口に進み、岩国藩領和木村を砲撃し、芸州口開戦する。長州軍は遊撃隊を中心として反撃し、彦根・高田藩軍は敗退する 六月一五日、第二奇兵隊ほかの長州軍、長州藩領大島に上陸し、松山藩軍および幕府軍と戦う 六月一五日、長州軍、石見国益田方面に向け進軍を開始する 六月一六日、長州軍、松山藩軍を長州藩領大島の清水峠・笛吹峠・源明峠等に破る。松山藩軍、自領に退く 六月一六日、石州口の南園・精鋭・育英隊および北第一大隊は、益田の浜田・福山藩軍を攻め、石州口開戦する 六月一七日、長州軍、幕府軍を長州藩領大島郡久賀村に破り、幕府軍、大島から撤退する

六月一七日、長州軍、益田を攻め、浜田・福山藩軍、浜田方面に敗走する
六月一七日、長州軍海軍および陸軍、小倉藩領田野浦・門司を攻撃し、小倉口開戦する。小倉藩軍、大里に敗退する
六月一九日、長州軍、広島藩領小方・松ケ原の両方面より進み、大野村屯在の幕府歩兵・和歌山藩軍を攻撃するが、撃退される
六月二〇日、宮津藩軍、広島藩領津田村で長州軍と交戦し、長州軍は浅原へ退却する
六月二四日、フランス公使ロッシュ、下関に来航し、長州藩に対し幕府へ降伏するよう勧告する
六月二四日、ロッシュ、小倉において小笠原長行と会談し、フランスの軍事支援を承諾する
六月二五日、長州軍、再び広島藩領大野村を攻めるが、和歌山藩軍による反撃を受け、小方に退く
六月二六日、イギリス公使パークス、長州藩に対し、幕長戦争における中立の方針を伝える
七月二日、ロッシュ、兵庫において老中板倉勝静と会談し、フランスの軍事支援を承諾する
七月三日、長州軍、小倉藩軍を大里に破り、赤坂に退却させる
七月一三日、長州軍、浜田藩領内田村に進み、松江・福山藩軍と戦う
七月一五日、長州軍、浜田藩領大麻山の浜田藩軍を攻めて破る
七月一六日、長州軍、和歌山・松江・鳥取・福山藩軍を周布村などの戦いで破る
七月一八日、浜田藩、浜田城を自焼して浜田から退去する
七月二〇日、将軍徳川家茂、大坂城において死去する
七月二四日、石見国安濃郡鳥井村で米価の値下げを要求して小前百姓が蜂起し、安濃郡、邇摩

年号	西暦	事項
慶応 二	一八六六	郡へ波及し、豪農六七軒を打ち壊す。以後、石見国において百姓一揆が続発する 七月二七日、長州軍、小倉藩領大里に上陸し、赤坂に迫るが、熊本・小倉藩軍に迎撃され、撤退する 七月二八日、征長軍、広島藩領大野村と明石村の長州軍を攻撃するが、日没により両軍とも退く 七月二九日、朝廷、一橋慶喜に、徳川宗家相続および征長の家茂（実は死去）の名代出陣を許す。慶喜、出陣準備を推し進める 七月三〇日、老中小笠原長行、小倉を脱出する。諸藩軍も小倉から撤退を開始する 八月一日、小倉藩、小倉城を自焼し、小倉藩領田川郡へ向かう 八月一日、小倉藩領京都郡苅田村から一揆が蜂起し、仲津・築城・上毛郡に波及し、豪農層を打ち壊す。以後、小倉藩領において百姓一揆が続発する 八月二日、征長軍、広島藩領大野村四十八坂および松ケ原から長州軍を攻撃し、海軍は、玖波村沖の海上から砲撃する。長州軍、迎撃し、征長軍は、玖波宿の人家を放火して退く 八月七日、長州軍、広島藩領大野村・宮内村屯集の征長軍を攻撃する。松ケ原方面から大野村への進撃は、征長軍の防戦により退却する。宮内村では、征長軍を敗走させる 八月九日、広島藩領大野村屯集の征長軍、広島城下へ撤退する 八月一〇日、小倉藩軍、企救郡曽根村の長州軍を攻撃する。長州軍、迎撃し、一一日にかけて激戦が展開する。長州軍、企救郡葛原村まで後退する。以後、狸山口で戦闘が続く

慶応　三	一八六七	八月一一日、徳川慶喜、出陣延期を朝廷に申し出る 八月一六日、朝廷、徳川慶喜の出陣辞退を認める 八月一六日、長州軍、企救郡徳力村の小倉藩軍を攻撃したが、小倉藩軍に反撃され、城野村まで退く。以後、金辺峠口において戦闘が続く 九月二日、幕府側の勝海舟と長州側の広沢真臣・井上馨らとの会談が厳島（宮島）で行われ、休戦講和が結ばれる 九月四日、征長先鋒総督徳川茂承、芸州口・石州口の征長軍に解兵を命じる。諸藩軍、順次、広島から撤兵する 一〇月八日、小倉藩の使者、大宰府の三条実美ら守衛の熊本藩士と薩摩藩士に、長州藩との和議交渉を依頼する 一〇月二二日、薩摩藩修交使黒田嘉右衛門、山口に来る 一一月一五日、木戸孝允ら、修交使として鹿児島に使す 一二月五日、徳川慶喜、将軍職を拝し、一三日、将軍宣下を布告する 一二月二五日、孝明天皇崩御 一二月二九日・三〇日、イギリス東インド艦隊司令長官キング提督、長州藩領三田尻に来たり、毛利敬親父子・吉川経幹と会見する 一月二三日、長州藩と小倉藩の和議成立 一月二三日、幕府、国喪につき征長の解兵を達す。幕長戦争終結する 五月二四日、朝廷の議、兵庫開港を許し、長州藩の処分を寛にすることに決す。ただし、長州藩に寛典処分を願い出させる形式としたため、幕府の反正の実は示されず

年号	西暦	事項
慶応　三	一八六七	九月一九日、薩摩藩と長州藩、討幕出兵を協約する 十二月八日夜、朝廷、毛利敬親父子の官位を復して入京を許す 十二月九日、王政復古の大号令を発し、摂政・関白・将軍等の職を廃し、新たに総裁・議定・参与を置く

参考文献

一 著書・論文

青山忠正『明治維新と国家形成』 吉川弘文館 二〇〇〇年

青山忠正『高杉晋作と奇兵隊』 吉川弘文館 二〇〇七年

案浦照彦『鎮西の風雪』 陸上自衛隊第四師団司令部 一九七三年

家近良樹『徳川慶喜』 吉川弘文館 二〇〇四年

家近良樹『西郷隆盛と幕末維新の政局—体調不良問題から見た薩長同盟・征韓論政変—』 ミネルヴァ書房 二〇一一年

家近良樹編『もうひとつの明治維新』 有志舎 二〇〇六年

維新史料編纂会編『維新史』第四巻 明治書院 一九四一年、吉川弘文館復刻 一九八三年

石井寛治『大系日本の歴史12 開国と維新』 小学館 一九八九年

石井孝『増訂 明治維新の国際的環境』 吉川弘文館 一九六六年

石井孝「慶応二年の政治情勢—第二次長州征伐をめぐって—」(『歴史評論』三四) 一九五二年

石村禎久『石見銀山異記』下 石見銀山資料館 一九八二年

井上勲『王政復古』 中央公論社 一九九一年

井上勲編『日本の時代史20 開国と幕末の動乱』 吉川弘文館 二〇〇四年

井上勝生『幕末維新政治史の研究』 塙書房 一九九四年

井上勝生『日本の歴史18 開国と幕末変革』 講談社 二〇〇二年

石見町誌編纂委員会編『石見町誌』下 石見町 一九七二年

梅渓　昇『高杉晋作』 吉川弘文館 二〇〇二年

大島町誌編纂委員会編『周防大島町誌』 大島町 一九五九年

大竹市史編纂委員会編『大竹市史 本編』第一巻 大竹市 一九六一年

大塚武松『幕末外交史の研究 新訂増補版』 宝文館出版 一九五二年

小川亜弥子『幕末期長州藩洋学史の研究』 思文閣出版 一九九八年

小川亜弥子「幕末期長州藩西洋兵学実践の経済的基盤」（『福岡教育大学紀要 社会科編』五二） 二〇〇三年

小野正雄『幕藩権力解体過程の研究』 校倉書房 一九九三年

加部巌夫編『於杼呂我中』 中山和助 一九〇五年、マツノ書店復刻 一九八二年

芳　即正「薩摩藩と薩長盟約の実行」（明治維新史学会編『明治維新の新視角』） 高城書房 二〇〇一年

岸本　覚「長州藩元治内乱における鎮静会議員と干城隊」（『人文学報』七三） 一九九四年

北九州市市史編纂委員会編『北九州市史 近世』 北九州市役所 一九九〇年

木戸公伝記編纂所編『松菊木戸公伝』上 明治書院 一九二七年、臨川書店復刻 一九七〇年

久賀町誌編集委員会編『山口県久賀町誌』 久賀町 一九五四年

久住真也『長州戦争と徳川将軍』 岩田書院 二〇〇五年

久住真也「長州再征の目的」（家近良樹編『もうひとつの明治維新』） 有志舎 二〇〇六年

久留島浩『近世幕領の行政と組合村』 東京大学出版会 二〇〇二年

江津市誌編纂委員会編『江津市誌』 江津市 一九八二年

小倉市誌編纂委員会編『小倉史誌』上編　小倉市役所　一九二一年
佐々木克編『幕末維新の彦根藩』　彦根市教育委員会　二〇〇一年
佐々木　克『幕末政治と薩摩藩』　吉川弘文館　二〇〇四年
佐々木　克『坂本龍馬とその時代』　河出書房新社　二〇〇九年
芝原拓自『明治維新の権力基盤』　御茶の水書房　一九六五年
末松謙澄『修訂防長回天史』　末松春彦　一九二一年
大和村誌編纂委員会編『大和村誌』上　大和村教育委員会　一九八一年
高橋秀直『幕末維新の政治と天皇』　吉川弘文館　二〇〇七年
高橋文雄『内海忠勝伝』　内海忠勝顕彰会　一九六六年
田口由香「幕長戦争段階における木戸孝允の政治構想」（『広島大学大学院教育学研究科紀要　第二部　文化教育開発関連領域』五一）　二〇〇二年
橘町史編集委員会編『橘町史』　橘町　一九八三年
田中　彰『明治維新政治史研究』　青木書店　一九六三年
田中　彰『高杉晋作と奇兵隊』　岩波書店　一九八五年
田中　彰『幕末維新史の研究』　吉川弘文館　一九九六年
田中　彰『長州藩と明治維新』　吉川弘文館　一九九八年
田辺市史編纂委員会編『田辺市史』二　田辺市　二〇〇三年
戸川安宅編『旧幕府』　富山房　一八九七―一九〇一年、マツノ書店復刻　二〇〇三年
時山弥八編『もりのしげり』　赤間関書房　一九六九年
徳見光三『長府藩報国隊史』　長門地方史料研究所　一九六六年

豊津町史編纂委員会編　『豊津町史』下　豊津町　一九九八年
鳥取県立博物館編　『贈従一位池田慶徳公御伝記』三　鳥取県立博物館　一九八八年
布引敏雄　『長州藩維新団』　解放出版社　二〇〇九年
野口武彦　『幕府歩兵隊』　中央公論新社　二〇〇二年
野口武彦　『長州戦争』　中央公論新社　二〇〇六年
廿日市町史編纂委員会編　『廿日市町史 通史編』上　廿日市町　一九八八年
原平三・遠山茂樹　「江戸時代後期一揆覚書」（『歴史学研究』一二七）　一九四七年
長部薫　「譜代高田藩と長州戦争―『宮川家文書』を中心に―」（『上越市史研究』八）　二〇〇三年
八王子市教育委員会編　『八王子千人同心史 通史編』　八王子市教育委員会　一九九二年
原口清　『原口清著作集1　幕末中央政局の動向』　岩田書院　二〇〇七年
原口清　『原口清著作集2　王政復古への道』　岩田書院　二〇〇七年
日比野利信　「小倉藩と福岡藩の明治維新観（1）」（『北九州市立自然史・歴史博物館研究報告』B類歴史、第一号）　二〇〇四年
広島県編　『広島県史 近世2』　広島県　一九八四年
古田耕次　「長州征伐における紀州藩農民の動向―在夫徴発をめぐって―」（『歴史評論』九八）　一九五八年
保谷（熊澤）徹　「幕末の軍制改革と兵賦徴発」（『歴史評論』四九九）　一九九一年
保谷（熊澤）徹　「幕府軍制改革の展開と挫折」（坂野潤治ほか編『シリーズ日本近現代史1　維新変革と近代日本』岩波書店　一九九三年、『幕末維新論集3　幕政改革』再録）　吉川弘文館　二〇〇一年
保谷（熊澤）徹　「慶応軍役令と歩卒徴発」（『歴史評論』五九三）　一九九九年
保谷徹　『幕末日本と対外戦争の危機』　吉川弘文館　二〇一〇年

又　野　　誠　「元治―慶応期長州藩農村の交通夫役負担と庄屋層の機能」（田中彰編『幕末維新の社会と思想』）　吉川弘文館　一九九九年
松　浦　　玲　『坂本龍馬』　岩波書店　二〇〇八年
松　尾　正　人　『木戸孝允』　吉川弘文館　二〇〇七年
松　平　直　亮　『松平定安公伝』　松平直亮　一九三四年
松　本　健　一　『日本の近代1　開国・維新』　中央公論社　一九九八年
松山市史編集委員会編　『松山市史　第二巻』　松山市役所　一九九三年
三　谷　　博　『明治維新を考える』　有志舎　二〇〇六年
宮崎ふみ子　「幕府の三兵士官学校設立をめぐる一考察」（近代日本研究会編『年報近代日本研究3　幕末・維新の日本』）　山川出版社　一九八一年
三　宅　紹　宣　「幕末期萩市勇隊の結成と展開」（『山口県地方史研究』四七）　一九八二年
三　宅　紹　宣　「明治維新への歩み」（『萩市史』一）　萩市　一九八三年
三　宅　紹　宣　「幕末・維新期長州藩における民衆意識」（『山口県地方史研究』六三）　一九九〇年
三　宅　紹　宣　『幕末・維新期長州藩の政治構造』　校倉書房　一九九三年
三　宅　紹　宣　「長州藩慶応二年の百姓一揆」（『山口県地方史研究』七八）　一九九七年
三　宅　紹　宣　「幕末維新期における豪農層の動向」（『民衆運動史3　社会と秩序』）　青木書店　二〇〇〇年
三　宅　紹　宣　「幕長戦争における良城隊の戦闘状況」（『山口県地方史研究』八六）　二〇〇一年
三　宅　紹　宣　「薩長盟約の歴史的意義」（『日本歴史』六四七）　二〇〇二年
三　宅　紹　宣　「長州戦争と明治維新」（『山口県史研究』一二）　二〇〇四年
三　宅　紹　宣　「幕長戦争大島口戦の展開過程」（『山口県地方史研究』九四）　二〇〇五年

三宅紹宣「幕長戦争をめぐる国際問題―幕府とフランスとの関係を中心として―」(『山口県地方史研究』九七) 二〇〇七年
三宅紹宣「幕長戦争小倉口戦争の展開過程」(『山口県地方史研究』一〇〇) 二〇〇八年
三宅紹宣「芥川龍之介実父新原敏三と長州藩御楯隊」(『日本歴史』七二四) 二〇〇八年
三宅紹宣「幕長戦争の展開過程―芸州口戦争を中心として―」(『史学研究』二三六) 二〇〇九年
三宅紹宣「幕長戦争石州口戦争の展開過程」(『山口県史研究』一七) 二〇〇九年
三宅紹宣「薩長盟約の成立と展開」(『日本歴史』七六一) 二〇一一年
三宅紹宣「幕末期長州藩村落における対外的危機」(『山口県地方史研究』一〇六) 二〇一一年
宮崎克則「戦争と打ちこわし―慶応二年豊前小倉の打ちこわしを素材に―」(『新しい近世史5　民衆世界と正統』) 新人物往来社 一九九六年
宮地正人『幕末維新期の社会的政治史研究』 岩波書店 一九九九年
宮地正人「中津川国学者と薩長同盟―薩長盟約新史料の紹介を糸口として―」(『街道の歴史と文化』五) 二〇〇三年
宮地正人『幕末維新変革史 上・下』 岩波書店 二〇一二年
宮本常一・岡本定『東和町誌』 東和町 一九八二年
門司市史編纂委員会編『門司市史』 門司市役所 一九二一年
森田誠一「幕末・維新期における肥後熊本藩」(福岡ユネスコ協会編『明治維新と九州』) 平凡社 一九七三年
矢富熊一郎『長州征伐石州口戦争』 益田史談会 一九六四年
矢野健太郎「幕末長州藩の石見・豊前における地方支配」(『瀬戸内海地域史研究』第七輯) 一九九九年
和木町史編纂委員会編『和木町史』 和木町 二〇〇三年

渡辺尚志『東西豪農の明治維新』　塙書房　二〇〇九年

二　史料

「厚狭毛利一格家来豊前出張戦争人員付出」　毛利家文庫　山口県文書館蔵
「浦靫負日記」（『山口県史　史料編幕末維新』三）　山口県　二〇〇六年
『浦滋之助日記―四境戦争を中心に―』　柳井市立柳井図書館　一九九二年
「江戸藩邸没収一件」　毛利家文庫　山口県文書館蔵
『愛媛県史　資料編幕末維新』　愛媛県　一九八七年
『大久保利通文書』一　日本史籍協会　一九二七年、東京大学出版会覆刻　一九六七年
「大島征討日記」（『千人同心の長州出兵』二　八王子千人同心関係史料第八集）　八王子市教育委員会　二〇〇一年
「小瀬口戦争私記」（『岩国市史　史料編二近世』）　岩国市　二〇〇一年
「大田戦争一件」　毛利家文庫　山口県文書館蔵
「御小納戸日記」　毛利家文庫　山口県文書館蔵
「思ひ出のまゝ」　清水広博（「慶応丙寅役高田武士懐旧談」東京大学史料編纂所蔵）
『海舟日記』（『勝海舟全集18』）　勁草書房　一九七二年
『改訂肥後藩国事史料』六　国書刊行会復刻　一九七三年
『回天実記』一、二　東京大学出版会覆刻　一九七二年
『鹿児島県史料　忠義公史料』七　鹿児島県　一九八〇年
『鹿児島県史料　玉里島津家史料』四　鹿児島県　一九九五年
「官軍幕府長防諸隊中戦争已来諸駈ヶ引応答書抜帳」（『大竹市史　史料編』第一巻）　大竹市役所　一九六二年

『吉川経幹周旋記』全六冊　日本史籍協会　一九二六—七年、東京大学出版会覆刻　一九七〇—一年
『木戸孝允関係文書』一—四　東京大学出版会　二〇〇五—九年
『木戸孝允日記』二　日本史籍協会　一九三三年、東京大学出版会覆刻　一九八五年
『木戸孝允文書』二　日本史籍協会　一九三〇年、東京大学出版会覆刻　一九七一年
「久保松太郎日記」　毛利家文庫　山口県文書館蔵
「慶応二寅年　門司戦争　赤坂戦争」　旧小倉図書館所蔵小笠原文書　北九州市立自然史・歴史博物館蔵
「慶応二寅年　戦功書取」　旧小倉図書館所蔵小笠原文書　北九州市立自然史・歴史博物館蔵
「慶応二寅年　七月三日　大里戦争注文」　旧小倉図書館所蔵小笠原文書　北九州市立自然史・歴史博物館蔵
「慶応二寅年　戦争書取九月」　旧小倉図書館所蔵小笠原文書　北九州市立自然史・歴史博物館蔵
「慶応二寅年　九月二日より同廿七日迄　戦功書取」　旧小倉図書館所蔵小笠原文書　北九州市立自然史・歴史博物館蔵
「慶応二年長州戦争における被害調書」（『佐伯町誌　資料編』一）　佐伯町　一九八一年
「京師変動以来控」　毛利家文庫　山口県文書館蔵
「京師変動始末」　毛利家文庫　山口県文書館蔵
「芸州小瀬川合戦略図　慶応二年」（『和木町史』）　和木町　二〇〇三年
「芸州表出張日記」　野村家文書　山口県文書館蔵
「芸州口戦記」　毛利家文庫　山口県文書館蔵
『芸藩志』六二—七一　文献出版　一九七七年
「公宛諸士尺牘謄本」七—一〇　宮内庁書陵部蔵
「御進発御供中諸事筆記下（慶応二年五月より十一月まで）」（『秋川市史　史料集』第九集）　秋川市教育委員会社会教育課　一九八〇年

「御用留　磯竹村上組　庄屋友治郎」　林家文書　島根大学附属図書館蔵
「御用書留　石見国邑智郡粕淵林章九郎」（『邑智町誌』上）　邑智町　一九七八年
『西郷隆盛全集』二　大和書房　一九七七年
「在京在坂中日記」（『日本庶民生活史料集成』12）　三一書房　一九七一年
『坂本龍馬全集』　光風社書店　一九七八年
『上越市史　別編6藩政資料二』　上越市　二〇〇〇年
「諸記録綴込」　毛利家文庫　山口県文書館蔵
「諸口戦闘日録」（「柏村日記」一〇三）　毛利家文庫　山口県文書館蔵
「松氏春秋」（『大和村誌』上）　大和村教育委員会　一九八一年
「昭徳院殿御在坂日次記」（『続徳川実紀』第四篇）　吉川弘文館　一九六七年
「諸隊会議所日記」　毛利家文庫　山口県文書館蔵
「白石正一郎日記」（『白石家文書』）　下関市教育委員会　一九六八年
「陣営中雑記」（『田辺市史』五）　田辺市　一九九〇年
「征長関係記録綴」　榊原家文書　高田市立図書館蔵
「戦功御賞帳」　旧小倉図書館所蔵小笠原文書　北九州市立自然史・歴史博物館蔵
「戦場役夫死傷御恵一件　槙村半九郎」　毛利家文庫　山口県文書館蔵
「増訂振武隊記」　毛利家文庫　山口県文書館蔵
『続再夢紀事』四　日本史籍協会　一九二二年、東京大学出版会覆刻　一九七四年
「尊攘録」　永青文庫蔵　熊本大学附属図書館寄託
「大日本維新史料稿本」　東京大学史料編纂所蔵

『高杉晋作史料』第一巻　マツノ書店　二〇〇二年
「忠正公一代編年史」　毛利家文庫　山口県文書館蔵
「長州藩応戦録」　一般郷土史　山口県文書館蔵
「長州再征記事」四冊　山口県立山口図書館蔵
「長征石見戦争聞書」（『古代文化研究』一五）　二〇〇七年
「長征記」上・中・下　毛利家文庫　山口県文書館蔵
「長州戦争大野戦記」（大島忞『続古文書への招待』）　大野町　一九九一年
「長征風聞日記」（『大和村誌』下）　大和村教育委員会　一九八一年
「長防追討録」二四冊　内閣文庫　国立公文書館蔵
『定本奇兵隊日記』上・中・下　マツノ書店　一九九八年
「徳川十四代将軍上洛之図」　維新史料引継本　東京大学史料編纂所蔵
『徳川慶喜公伝　史料篇』二・三　日本史籍協会　一九一八年、東京大学出版会覆刻　一九七五年
『中岡慎太郎全集』　勁草書房　一九九一年
「中島日記」　毛利家文庫　山口県文書館蔵
「長門練兵場蔵板　活板散兵教練書」（『山口県史研究』一六）　二〇〇八年
『南紀徳川史』　清文堂出版復刻　一九八九―九〇年
「年度別書翰集」　毛利家文庫　山口県文書館蔵
『林勇蔵日記』　小郡町　二〇〇三年
「彦根藩届書」（『新修彦根市史　第八巻史料編近代一』）　彦根市　二〇〇三年
「福山藩左先鋒吉田隊大木秀蔵実験記」（森本繁『福山藩幕末維新史』）　内外印刷　一九八二年

「福山藩某書翰抄書」（明治文化研究会編『新聞薈叢』）　岩波書店　一九三四年

『藤岡屋日記』一二－一四　三一書房　一九九三－四年

「伏水行日誌」石川範之（『宇部市史　史料篇』上巻）　宇部市　一九八七年

『豊前国仲津郡国作手永大庄屋御用日記』　福岡県文化会館編　一九八八年

「豊前小倉戦争記　筑前藩秘録抜抄」　毛利家文庫　山口県文書館蔵

「古谷道庵日乗」八四・八五　下関市蔵　烏山民俗資料館保管

「編年雑録」　東京大学史料編纂所蔵謄写本　臼杵市教育委員会原蔵

「防州境小瀬川幷芸州宮内村戦闘始末略記」『上越市史　別編6藩政資料二』　上越市　二〇〇〇年

「豊倉記事　巻一～巻八」　小笠原文庫　福岡県立育徳館高等学校錦綾同窓会蔵

『豊倉記事』巻一～巻四　豊前叢書刊行会　一九六五年

「備忘」（『廿日市町史　資料編』Ⅲ）　廿日市町　一九七七年

『戊辰戦争従軍日記』　ビッグフォー出版　一九七八年

「槙村半九郎西方諸宰判事情報告　慶応二」　毛利家文庫　山口県文書館蔵

「益田孫槌一手芸州友田口戦争日記」毛利家文庫　山口県文書館蔵

『松山市史史料集　第八巻近世編七』　松山市役所　一九八四年

『松山叢談　第十四上』　豫陽叢書刊行会翻刻　一九三六年

「御楯隊芸州戦闘略記」　毛利家文庫　山口県文書館蔵

「御楯隊支配帳」（『山口県史　史料編幕末維新』六）　山口県　二〇〇一年

『山口県史　史料編幕末維新』四　山口県　二〇一〇年

第一部「柏村日記」

第二部「四境戦争一事　大島郡」「第二奇兵隊大島郡出陣中日記」「浩武隊其他諸兵大島郡戦争記」「槙村正直蔵書雑載」「長防御進発御供道中広島在陣中日記 附防州大島郡討入大野村玖波戦争日録留」「月窓之巻」

第三部「四境戦争一事　小瀬川口」「四境戦争一事　山代口」「集義隊芸州出張日記」「良城隊芸州出陣日記」「膺懲隊芸州浅原口出軍日記」「芸州表出陣中日記」「彦根藩井伊家文書」「吉介翁自筆見聞雑記」「防州境小瀬川戦闘始末記」「征長関係記録綴」「長征咄シ」「中丸某日記（慶応二年〔自六月七日至八月九日〕日記）」「宮津藩届書写　慶応二年六月二十一日」「彦根藩届書写　慶応二年八月六日」「慶応二年　脇坂安宅より陣中脇坂安斐への密書」

第四部「四境戦争一事　石州口」「石州大森長州本陣民政方沙汰控」「四境戦前後清末藩軍備」「征長一件」

第五部「四境戦争一事　馬関口」「四境戦争一事　小倉口」「慶応仮日記」「上野原竈　小倉戦争御目附御横目聞方写」

『山口県史　史料編幕末維新』六　　山口県　二〇〇一年

「良城隊戦書御賞典書写」　毛利家文庫　山口県文書館蔵

『連城紀聞』一・二　　日本史籍協会　一九二二年、東京大学出版会覆刻　一九七四年

『連城漫筆』一・二　　日本史籍協会　一九一九年、東京大学出版会覆刻　一九七四年

索　　引

あ　行

か　行

さ　行

た　行

な　行

は　行

ま　行

や 行

ら 行

わ 行

著者略歴

一九四九年　広島県生まれ
一九七七年　広島大学大学院文学研究科博士課程単位取得退学
現在、広島大学大学院教育学研究科教授、博士（文学）

〔主要著書〕
『幕末・維新期長州藩の政治構造』（校倉書房、一九九三年）

日本歴史叢書　新装版

幕長戦争

二〇一三年（平成二十五）三月二十日　第一版第一刷発行

著　者　三宅《みやけ》紹宣《つぐのぶ》
編集者　日本歴史学会
代表者　笹山晴生
発行者　前田求恭
発行所　株式会社　吉川弘文館
東京都文京区本郷七丁目二番八号
郵便番号一一三―〇〇三三
電話〇三―三八一三―九一五一〈代表〉
振替口座〇〇一〇〇―五―二四四
http://www.yoshikawa-k.co.jp/
印刷＝株式会社 精興社
製本＝誠製本株式会社
装幀＝清水良洋・宮崎萌美

ISBN 978-4-642-06668-6

『日本歴史叢書』（新装版）刊行の辞

歴史学の研究は日に日に進み、新しい見解の提出や新史料の発見も稀ではない。そうした日本歴史研究の発展の中で、ある事件、ある問題、ある人物などについて、まとまった知識を得ようとすることは、歴史研究者と自認する人でも容易ではない。まして多くの方がたにとって、現在の日本歴史研究の成果を身近のものとすることは困難なことである。

日本歴史学会では、それぞれの研究に基づく正確な歴史知識の普及発達を計るために、『人物叢書』と『日本歴史叢書』の刊行を進めてきた。その目的達成のためには、それぞれの題目について最も権威ある執筆者を得ることが第一の要件であったが、幸いにすぐれた執筆者を得ることができて、学界に於ても高く評価され、多くの方に読者になって頂いた。

『日本歴史叢書』は四九冊に達したが、既に品切れになったものも多く、求められる方の希望に添えないことも稀ではなくなった。そこで、今回既刊本の体裁を一新し、定期的に配本できるようにして、読書界の要望に応えるようにした。なお、未刊の書目についても、鋭意刊行を進める方針であり、その体裁も新形式をとることとした。これによって正確な歴史知識の普及という当初の目的に添うことができれば幸いである。

平成六年八月

日本歴史学会

代表者 児玉幸多

日本歴史叢書〈新装版〉 日本歴史学会編集

①②③＝通巻番号

日本歴史叢書〈新装版〉
日本歴史学会編集

㊲宇佐宮　中野幡能著
㊳天保の改革　藤田覚著
㊴寛永時代　山本博文著
㊵洋学　沼田次郎著
㊶古代東北の兵乱　新野直吉著
㊷絵巻の歴史　武者小路穣著
㊸庄内藩　斎藤正一著
㊹国絵図　川村博忠著
㊺日本の鉄道　原田勝正著
㊻安政の大獄　吉田常吉著
㊼日韓併合　森山茂徳著
㊽熊野修験　宮家準著
㊾武士の成立　元木泰雄著
㊿肖像画　宮島新一著
51 維新政権　松尾正人著
52 豊臣秀吉の朝鮮侵略　北島万次著
53 日本の貨幣の歴史　滝沢武雄著
54 帝国議会改革論　村瀬信一著
55 近世の飢饉　菊池勇夫著
56 興福寺　泉谷康夫著
57 荘園　永原慶二著
58 中世武家の作法　二木謙一著
59 戦時議会　古川隆久著
60 朱印船　永積洋子著
61 津藩　深谷克己著
62 ペリー来航　三谷博著
63 弘前藩　長谷川成一著
64 日本と国際連合　塩崎弘明著
65 参勤交代　丸山雍成著
66 佐賀藩　藤野保著
67 キリシタンの文化　五野井隆史著
68 城下町　松本四郎著
69 幕長戦争　三宅紹宣著

▽残部僅少の書目もございます。品切の節はご容赦ください。